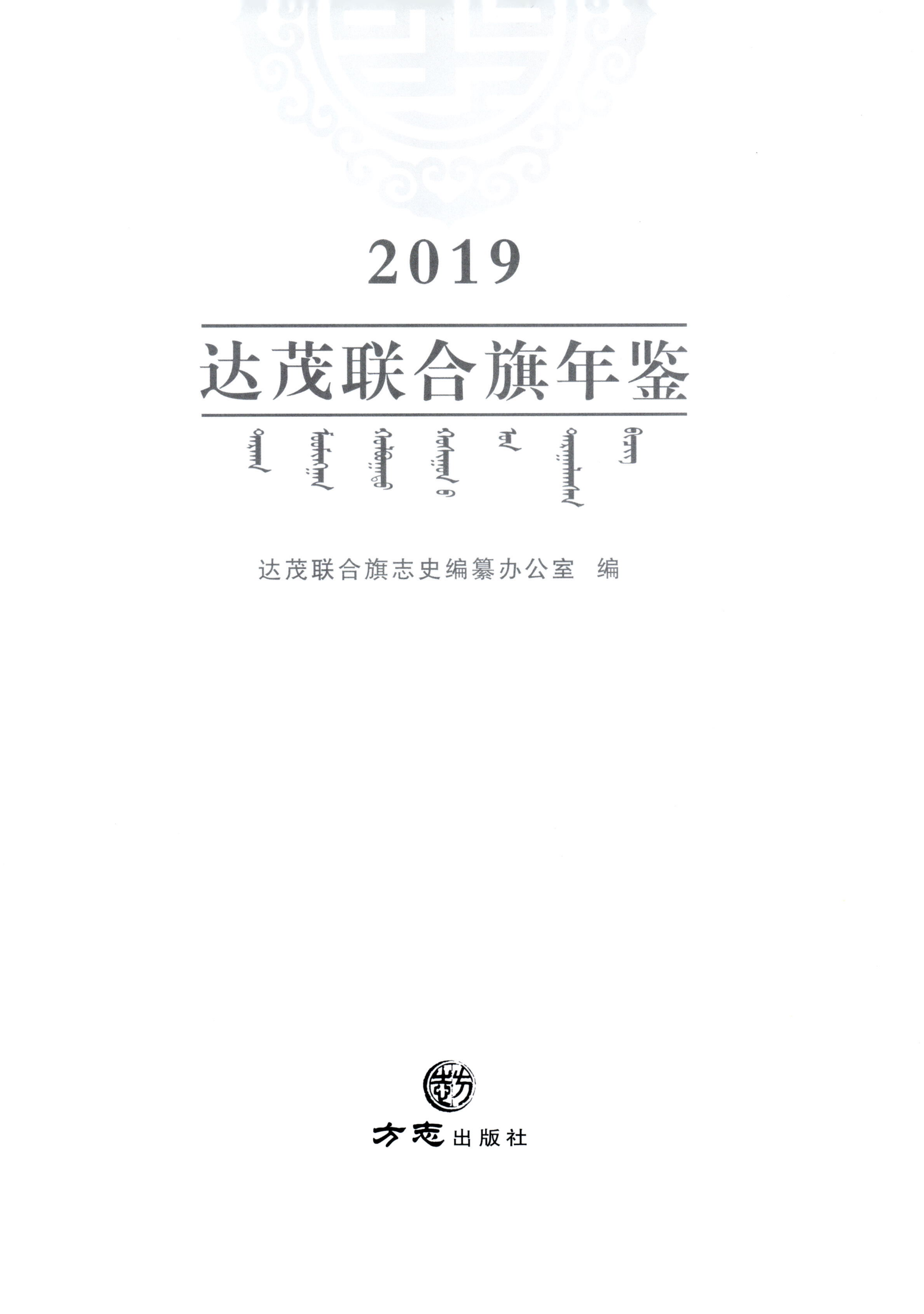

# 2019

# 达茂联合旗年鉴

达茂联合旗志史编纂办公室 编

方志出版社

**图书在版编目(CIP)数据**

达茂联合旗年鉴. 2019 / 达茂联合旗志史编纂办公室编. -- 北京:方志出版社, 2020.12

ISBN 978-7-5144-4748-4

Ⅰ. ①达… Ⅱ. ①达… Ⅲ. ①达尔罕茂明安联合旗-2019-年鉴 Ⅳ. ①Z522.64

中国版本图书馆 CIP 数据核字(2021)第 214841 号

**达茂联合旗年鉴(2019)**

**编　　者**:达茂联合旗志史编纂办公室

**责任编辑**:冯　松

**出 版 者**:方志出版社

地址　北京市朝阳区潘家园东里 9 号(国家方志馆 4 层)

邮编　100021

网址　http://www.zgfzcb.cn

**发　　行**:方志出版社图书经销中心

电话(010)67110500

**经　　销**:各地新华书店

**印　　刷**:包头市京精彩色印务有限责任公司

**开　　本**:889×1194　1/16

**印　　张**:18.25

**字　　数**:382 千

**印　　数**:001～300 册

**版　　次**:2020 年 12 月第 1 版　　2020 年 12 月第 1 次印刷

ISBN 978-7-5144-4748-4　　　定价:180.00 元

# 《达茂联合旗年鉴（2019）》编纂委员会

# 编辑说明

一、《达茂联合旗年鉴(2019)》坚持以马克思列宁主义、毛泽东思想、邓小平理论、“三个代表”重要思想、科学发展观、习近平新时代中国特色社会主义思想为指导，记载达茂联合旗2018年度自然、政治、经济、文化、社会等各个方面发展情况，力求达到存史资治的作用。

二、《达茂联合旗年鉴(2019)》共设特载、达茂概览、大事记、中国共产党达茂联合旗委员会，达茂联合旗人民代表大会，达茂联合旗人民政府，中国人民政治协商会议达茂联合旗委员会，纪律检查委员会、监察委员会，军事，法治，人民团体，综合经济管理，财政税务金融，农村牧区经济，工业与园区建设，商贸流通，城乡建设，环境和生态保护，交通运输，信息通信，教育，文化体育广电旅游，卫生计划生育，民政民族宗教，人力资源和社会保障，苏木乡镇等类目，约20万字。

三、记录时限为2018年1月1日至12月31日，收录资料的地域范围为达茂联合旗行政区域。

四、《达茂联合旗年鉴(2019)》所载内容均由达茂联合旗旗属和驻旗各机关、企事业单位、社会团体提供。

# 目 录

## 审　计



## 统　计



## 国土资源管理



## 市场监督管理



## 安全生产监管



## 招商引资服务



# 财政 税务 金融

## 财　政

**税　务**



**金融监管**



**工商银行**



**信用合作**



**邮政储蓄**



**包商村镇银行**



**商业保险**



## 农村牧区经济

**农牧业发展**

## 交通运输



## 信息通信



## 教育

# 特载

# 在旗委十三届九次全会第一次会议上的讲话

旗委书记 雪 松

（2018年2月9日）

这次会议的主要任务是，坚持以习近平新时代中国特色社会主义思想为指导，深入贯彻党的十九大、十九届二中全会、中央经济工作、中央农村工作等会议精神，全面落实自治区党委和包头市委全会精神，总结2017年工作，安排部署2018年工作。

**一、旗委常委会一年来的工作**

2017年以来，旗委常委会团结和带领全旗各族干部群众攻坚克难、扎实苦干，推动经济社会各项事业持续健康发展。

一是生态文明建设扎实推进。草原生态保护全面加强，林业建设深入推进。全面建立旗乡两级河长制，6大水系86条河流纳入“一河(湖)一策”管理。中央环保督察反馈自治区环保问题涉及我旗10项，完成整改9项，剩余1项正在整改中。

二是改革开放水平不断提升。改革工作有序推进，承接上级改革99项，开展自主改革36项，已全部完成。对外开放水平持续提升，开工建设互市贸易区、进口肉类指定口岸等项目，建成出境免税店，满都拉口岸至塔温陶勒盖煤矿实现首次运输，口岸过货量达到226.12万吨。

三是社会民生事业明显改善。城乡居民收入逐步提高，城镇和农村牧区常住居民人均可支配收入达到37223元和13757元，分别增长8.3%和8.4%。落实扶贫资金1.2亿元，1283人实现脱贫。包满铁路三期、百灵通用机场建设顺利推进。经过全旗上下共同努力，国家健康促进旗通过考核评估。我旗被评为国家卫生县城、自治区文明城市。

四是党的建设水平显著提高。坚持把学习宣传贯彻党的十九大精神作为全部工作的主线，党员、干部学习实现全覆盖。推进“两学一做”学习教育常态化制度化。牢牢把握意识形态工作领导权、主动权和话语权。完成旗乡两级人大、政府和旗政协换届，旗监察委员会正式成立。认真落实党的民族宗教政策，全面加强统战工作，各层次各领域政治参与有序扩大。

这些成绩的取得，是中央、自治区党委和包头市委正确领导的结果，是全旗各级党组织和广大党员群众共同奋斗的结果。在此，我代表旗委常委会，向所有为达茂旗建设与发展作出贡献的同志们、朋友们，表示衷心感谢并致以崇高敬意！

在肯定成绩的同时，我们也要清醒地认识到，对照人民群众日益增长的美好生活需要，工作中还存在一些问题和不足：三次产业发展不均衡，改革开放动力不足，企业创新能力不强，尤其是防范化解重大风险、精准脱贫、污染防治任务艰巨。城乡居民创业就业服务体系尚需完善，老百姓增收致富渠道仍需拓宽。禁牧政策落实不彻底，生态保护建设压力较大；境内河湖界线管理范围不清晰、土地权属不明确，私围、乱挖、挤占河道严重，河湖和水利工程保护形势严峻。党组织履行党风廉政建设主体责任意识还不够强，少数干部作风不实、责任心不强，懒政怠政的现象和不正之风依然存在，作风建设仍需持续发力。对此，我们必须高度重视，并切实加以解决。

**二、深入学习贯彻党的十九大精神，牢牢把握经济工作的正确方向**

党的十九大确定了习近平新时代中国特色社会主义思想的历史地位，阐明了未来一个时期党和国家工作的战略部署，为我们做好各项工作提供了根本遵循。全旗上下要深刻领会党的十九大精神的思想精髓、核心要义，准确把握新发展理念，努力创造无愧于新时代的新业绩。

2018年工作的总体要求是：坚持以习近平新时代中国特色社会主义思想为指导，全面贯彻党的十九大、十九届二中全会精神，认真落实中央经济工作会议、自治区党委和包头市委全会精神，坚持全面从严治党，坚持新发展理念，坚持以人民为中心的发展思想，坚持稳中求进工作总基调，统筹推进“五位一体”总体布局，协调推进“四个全面”战略布局，以供给侧结构性改革为主线，以振兴实体经济为关键，统筹推进稳增长、促改革、调结构、惠民生、防风险各项工作，坚决打好防范化解重大风险、精准脱贫、污染防治三大攻坚战，不忘初心、牢记使命，为决胜全面建成小康社会，实现达茂旗高质量发展而努力奋斗！

综合考虑各方面因素，确定今年主要经济预期目标是：地区生产总值增长7%左右，固定资产投资增长7%左右，一般公共预算收入增长6%左右，社会消费品零售总额增长6%左右，城乡常住居民人均可支配收入分别增长8%和8.5%左右；城镇新增就业1500人，城镇登记失业率控制在3.9%以内；全面完成节能减排任务；财政金融风险有效防控，化解政府债务完成年度任务。

做好当前和今后一个时期经济工作，要把握好“五个坚持”。

——坚持把推动高质量发展作为根本要求。高质量发展是我国经济发展进入新时代的基本特征，是能够满足人民日益增长的美好生活需要的发展，也是破除经济增长受资源制约的必由之路。要深刻认识、主动适应社会主要矛盾变化，推动经济发展从追求速度转向追求质量，努力做到经济总量提升与结构优化有机统一，城镇与农村牧区融合发展，经济建设与生态保护协调并进，社会事业水平与人民生活质量同步提高。

——坚持把供给侧结构性改革作为根本动力。深化供给侧结构性改革是建设现代化经济体系的战略措施，是调整经济结构、转变经济发展方式的治本良方，也是经济持续保持平稳健康发展的重要途径。必须坚持质量第一、效益优先，着力优化土地、资本、劳动力等要素配置，着力优化供给结构，着力优化现有产品和服务功能，提高供给体系质量和效率，有效降低实体经济成本，为经济持续健康发展打造新引擎、构建新支撑。

——坚持把稳中求进工作总基调作为重要原则。“稳”是基础，推进各项工作必须审时度势、尊重规律，确保经济运行保持在合理区间，城乡居民收入和经济增长基本同步。“进”是关键，必须把发展作为解决一切问题的治本之策，在破解难题上要进，在筑牢发展基础上要进，在扶弱助困补齐短板的民生事业上要进，以积极的举措解决发展不平衡不充分的问题。要坚持“稳”和“进”辩证统一，发挥优势、抢抓机遇，加快转变经济发展方式、优化经济结构、转换增长动力，推动经济社会转型升级。

——坚持把尽力而为、量力而行作为解决民生问题的重要方针。尽力而为、量力而行，是习近平总书记提出的解决民生问题的重要原则。“尽力而为”就是要发挥主观能动性，调动一切积极因素努力为群众办实事、办好事；“量力而行”就是不超越财政支撑能力，有多大能力办多大事。坚持一切从实际出发，以中央、自治区和包头市民生政策为依据，不另立名目、不随便提标，集中力量做好普惠性、基础性、兜底性民生建设，提高基本公共服务能力，增强保障和改善民生的持久力。

——坚持把加强党对经济工作的领导作为根本保证。经济工作是党治国理政的中心工作，党的领导要在中心工作中得到充分体现。我们要把加强党对经济工作的领导作为推动高质量发展的重要保障，深入学习贯彻习近平新时代中国特色社会主义经济思想，以新理念新思想新战略引领经济社会发展。各级党委要对经济工作负总责，加强对发展大局的分析把握，及时提出贯彻执行中央大政方针和上级党委决策部署的政策措施，确保党对经济工作的领导落到实处，保证经济沿着正确方向发展。

**三、牢牢把握重点领域和关键环节，推动各项工作实现新突破**

2018年，是贯彻落实党的十九大精神的开局之年，是改革开放40周年，是实施“十三五”规划承上启下的关键一年。我们必须以习近平新时代中国特色社会主义思想为指引，奋力推动全旗经济社会高质量发展。

（一）抓住关键，坚决打好三大攻坚战。打好防范化解重大风险、精准脱贫、污染防治三大攻坚战，是当前和今后一个时期的重点工作，我们必须采取有力措施，抓紧抓好抓出实效。

一要坚决打好防范化解重大风险攻坚战。彻底摸清债务底数，通过预算安排、盘活存量资源等举措，建立工作台账，细化还债计划，明确责任人，稳妥有序化解存量债务，坚决完成年度化债任务。严控债务增量，严格规范政府投资项目、举债融资和购买公共服务行为，完善政府债务终身问责机制和倒查机制，加强审计监督和督查问责，坚决杜绝盲目举债。防范化解金融风险，规范投融资行为，强化互联网金融、小额信贷、金融担保等监管，严厉打击非法集资，加强农村牧区高利贷综合治理，坚决守住不发生系统性金融风险的底线。

二要坚决打好精准脱贫攻坚战。落实“六个精准”“五个一批”要求，坚持动态管理，做到扶贫对象精准；产业项目重点向农区四个乡镇倾斜，做到项目安排精准；落实好扶贫资金的使用，做到资金使用精准；一村一个脱贫产业、一户一项脱贫措施，做到措施到户精准；落实干部包联帮扶机制，做到因村派人精准，最终实现脱贫成效精准，确保268户565名贫困人口稳定增收。重点抓好产业培育，细化措施，完善龙头企业与贫困户利益联结机制，强化企业风险防控，争取项目、资金、政策扶持，集中优势资源打好攻坚战。注重“志智双扶”，激发贫困人口内生动力，切实巩固脱贫成果。

三要坚决打好污染防治攻坚战。落实“大气十条”“水十条”“土十条”，着力解决突出环境问题。加强大气污染防治，落实大气环境质量约束性指标，坚决抓好主要污染物减排和重点行业、重点企业污染物排放监管，完成宝鑫特钢脱硫、富磊热力环保设施技改等项目，完成年度节能减排目标任务。加强水污染防治，实施流域区域污染综合治理，做好新达茂稀土工业废水资源化利用、重点河道生态修复治理等工作，确保水生态安全。加强土壤污染防治，加大闲置土地清理和废弃居民点、工矿废弃地复垦力度，集中整治关闭废弃矿井（洞），加快原黑脑包废弃堆场清理和绿色矿山建设，提高土壤环境质量。

（二）强化约束，建设优美生态环境。绿色是达茂的底色和价值，也是达茂的基础和优势。必须牢牢守住生态红线，处理好经济发展与生态环境保护的关系，筑牢祖国北疆生态安全屏障。

一要强化生态保护红线约束。严格落实“多规合一”生态底线要求，统筹各部门规划的生态保护界线，优化国土、林业、城镇建设等各种功能布局，明确禁止开发、限制开发的红线和具体内容，形成统一的生态管控边界，构建生产与生活相协调、保护与利用相促进的山水林田湖草治理体系。坚守生态功能保障基线，推动生态功能区产业准入负面清单尽快获得审批，划定并严守草原生态保护红线，严控生态红线范围内各类开发建设活动，有序清退巴音杭盖自然保护区内的工矿企业。坚守环境质量底线，建立项目环评审批与规划环评、现有项目环境管理、区域环境质量联动机制，从源头防范环境污染和生态破坏。坚守自然资源利用上线，实行最严格的水资源管理，实施节水行动，降低能耗、物耗和水、土地消耗强度，推进资源全面节约和循环利用。

二要加强生态保护与建设。强化草原生态保护建设，加大草原执法监管力度，严厉查处滥采滥挖等破坏草原行为。严格落实草原生态保护补奖机制，坚决做好禁牧工作，进一步恢复草原植被。强化林业生态建设，实施京津风沙源治理、退耕还林还草等工程，开展重点区域国土绿化，完成国有林场改革，妥善解决牧区“一地两证”问题。严格征占用林地管理，落实森林资源管理目标责任制，力争森林覆盖率达到14.7%。强化水生态环境治理保护，推动小流域综合治理，全面推行河（湖）长制，严格落实“一河（湖）一策”管理保护方案，所有河流实现精细化管理。

三要加快生态文明制度建设。完善生态文明建设考核机制，科学推进领导干部自然资源资产离任审计制度，建立生态环境损害责任终身追究制。严格落实党政同责、一岗双责，巩固巡视反馈和环保督察问题整改成果，坚决完成整改任务。加强环保制度约束，规范工矿企业开发建设行为，严防严控环境违法行为。完成“费改税”改革任务，加大环境保护税征管力度。落实污染物排放许可制度，有序推进环境监测监察改革任务。

（三）把握重点，深化供给侧结构性改革。坚持发展第一要务，提高供给体系质量和效率，加快建设现代化经济体系。

一要大力振兴实体经济。加强项目建设，组织实施好88个亿元以上重点项目，加快推动氟化铝、稀土脱硝催化剂等一批重点项目，力争年内完成投资84.27亿元、竣工35个。加大招商引资力度，实施招商引资“旗长工程”，整合招商资源，加强队伍建设，提升工作精准度。推动实施“最多跑一次”改革,对确需多次办理的事项,探索实行“你不用跑我来跑”服务模式,进一步优化招商服务环境。深化“放管服”改革,简化审批流程,探索试行涉企收费目录清单管理,降低制度性交易成本和企业税费负担,鼓励和引导企业通过创新管理、改进工艺、节能降耗等多种手段降低成本。实施创新驱动发展战略,围绕新时代信息网络、现代农牧业等领域,运用新技术新业态改造升级传统产业,拓展数字消费、电子商务、现代物流等新兴服务业,强化科技创新对供给侧结构性改革的支撑和引领作用。

二要加快工业转型升级。优化升级传统产业,充分发挥比较优势,做强做优存量,推动传统产业提档升级,提高产品技术、工艺装备、能效环保水平,推动巴润公司、石宝铁矿等企业引进新技术、新工艺,新达茂稀土公司、华碳石墨等企业增品种、提品质、延链条,提高传统产业经济效益。壮大新能源产业,争取可再生能源消纳产业示范区落户达茂,促进可再生能源电力就地消纳,提高新能源企业助推地方经济发展能力。加快推动百灵220千伏开闭站升级500千伏变电站工程,有效解决清洁能源电力输出问题。2018年,力争规模以上工业增加值增长7%以上。制定实施园区振兴计划,完善巴润工业园区基础设施,启动巴润工业园区调区工作,将新型工业园区纳入其中,引导工业项目落地园区。强化区域合作,探索与白云矿区共同发挥巴润工业园区的集聚作用,实现合作共赢,提升园区对经济增长的贡献率。

三要提升第三产业发展质量。加快旅游业发展,加大旅游企业招商引资工作力度,推动百灵那达慕园区、吉穆斯泰等4A级景区提档升级,强化希拉穆仁旅游景区管理。发展特色跨境旅游,抓好满都拉口岸旅游区建设,打造杭吉口岸至哈腾宝力格等3条出境旅游线路。办好第六届中国游牧文化旅游节,推动国家全域旅游示范区创建工作。增强商贸服务业带动能力,培育引进商贸服务业和第三方物流大中型企业,发展冷链物流、城乡配送等新业态,建成覆盖城乡的消费流通体系。谋划建设达茂电子商务平台,扩大毕力格泰奶制品、白记粮油等特色农畜产品网上销售规模,在重点城市新增农畜产品直营店、体验店,努力拓宽达茂旗农畜产品销售渠道。做大做强金融服务业,重点引进中国银行、建设银行、包头农商银行在我旗设立分支机构,提升地方金融机构的资产规模和盈利能力。加大金融服务实体经济的力度,将更多资金投向有效领域和优质企业,完善对小微企业的金融服务,着力解决融资难融资贵的问题,降低企业融资成本。

(四)补齐短板,全面推进乡村振兴战略。坚持把解决好“三农三牧”问题作为全旗工作重中之重,突出乡村产业发展方向和重点,夯实全面建成小康社会的坚实基础。

一要推进新型城镇化发展。准确定位建制镇建设，立足基础条件和产业优势，突出地域特色和民族文化，加快推进特色小镇建设，希拉穆仁镇重点提升旅游吸引力，建成旅游特色小镇；满都拉镇重点增强商贸服务功能，建成口岸边贸小镇；明安镇依托旅游资源，建设民俗特色小镇。石宝镇、乌克忽洞镇等其他各建制镇结合比较优势，建成各具特色的小城镇，增强城镇对农牧业转移人口的吸引力和承载力。加快推进城镇提档升级，完善城镇配套服务设施，实施镇区提档升级项目，加快建设污水处理扩能改造工程，推动城镇水质提升。全面完成棚户区改造任务，加快棚改腾空区土地整理和开发利用，完善基础设施、公共服务设施和综合配套设施。严格执行城乡建设规划，优化城镇整体空间布局，坚决查处和打击违章建筑、规建不符等行为，提高城镇管理服务水平。

二要大力发展现代农牧业。全力构建现代生产体系，加快推进土地流转步伐，推广农业良种良法等实用技术，全面提高农牧业机械化和标准化水平，力争肉羊良种率达到87%以上。加快推进产业化进程，稳定马铃薯种植面积，发展特色经济作物种植20万亩，构建多元化种植结构。积极引进牛羊肉深加工企业，落实订单养殖20万头(只)以上，农畜产品加工转化率达到55%以上。全面提升组织化程度，高效运行希勒德格肉羊良种繁育基地，规范运行黄花滩现代农牧业产业园区，依托达茂草原羊、达茂马铃薯等品牌，培育新型农牧业经营主体。健全农牧民与企业利益联结机制，努力拓宽农牧民增收渠道。培育农牧业发展新动能，推进农牧业观光与文化旅游深度融合，发展乡村旅游、健康养生等新产业新业态，引导支持农村牧区电商发展，促进农村牧区一二三产业融合发展。深化农牧业供给侧结构性改革，推动农牧业从产量导向转向质量效益导向，调整种养结构，增加优质农畜产品供给。实施品牌化战略，扩大无公害绿色有机农畜产品生产，加强质量监管，创建国家农畜产品质量安全监管示范旗。

三要加快美丽宜居乡村建设。坚持农牧业农牧区优先发展，研究制定我旗乡村振兴战略实施方案，明确城乡在要素配置、产业发展、公共服务等方面的工作举措和年度任务，推动要素、资金等向“三农三牧”倾斜，培育壮大嘎查村集体经济。推进乡风文明建设，实施公民道德建设工程，提高乡村社会文明程度。夯实农村牧区基层基础，健全自治、德治、法治相结合的乡村治理体系，确保乡村社会充满活力、和谐有序。强化环境综合治理，推动乡村基础设施管理服务提档升级，完善新建村庄水电路、环卫等设施，构建长效管护机制。实施农村牧区人居环境整治三年行动计划，积极推动“厕所革命”,努力补齐影响群众生活品质短板。

四要加大基础设施建设力度。推动包满铁路、百灵通用机场投入运营,希拉穆仁至百灵庙、乌兰敖包至乌珠尔、白云鄂博至满都拉口岸公路通车运营。推进通村公路建设,把农村牧区公路建好、管好、护好、运营好。实施农牧区网电升级工程303户、新能源设备升级工程1288户,建设110千伏变电站2座,提高供电稳定性。新增百灵庙镇居民小区直饮水2271户,实施牧区水窖工程2204户,提高城乡居民用水质量。加强信息、物流等网络建设,增强基础设施对经济社会发展的支撑和保障能力。

(五)扩大对外开放,全面深化改革。发挥口岸独特优势,积极参与“一带一路”建设,打造自治区向北开放重要战略支点。

一要全面深化各领域改革。推进重点领域改革,严格落实习近平总书记先行先试要求,争取在生态文明制度建设、完善龙头企业与农牧民利益联结机制、深化与俄蒙合作等方面形成有分量的改革成果。推进基础性关键领域改革,深化机构和行政体制改革,认真梳理行政管理中职责交叉、工作不明确、贯彻执行不到位等问题,优化整合各类机构设置,提高工作人员积极性和主动性,实现由“要我干”转变成“我要干”。承接自治区、包头市试点改革任务,结合我旗实际大胆探索自主改革任务,增强改革的针对性和可行性,通过改革补短板、强弱项、防风险,做到人民有所呼,改革有所应。

二要全面提升口岸建设水平。优化口岸建设,积极推动满都拉口岸集装箱园区、物流园区汽贸中心等工程,建成互市贸易区一期、进口肉类指定口岸等项目,完善功能性设施。提高通关服务质量,扩大“三互通关”范围,推动“单一窗口”电子口岸连通自治区平台,提升通关效率。强化互联互通,重点解决蒙方口岸基础设施落后、运力不足等中蒙口岸设施不匹配的问题,推进满都拉口岸至珠恩巴音跨境铁路年内取得蒙古国审批并开展前期工作,力争满都拉口岸至赛音山达跨境公路、满都拉口岸至塔温陶勒盖矿运公路年内获批建设,畅通跨境运输通道,缩小通关能力差异。今年口岸过货确保完成300万吨,力争突破500万吨。

三要全面扩大对外交流合作。创新对蒙合作机制,深入研究蒙方产业、资源、法律等各方面政策,筹建中蒙跨境经济合作区建设项目。加强对蒙人才培养,建立健全对蒙政策研究机构、驻蒙办事机构,强化中蒙双方企业合作洽谈,促进经济、文化、教育、卫生等全方位合作,培育对蒙经济合作新优势。实施区域协同发展战略,推进与周边区域要素、资源、基础设施、园区和生态治理等方面的共建共享,全力服务和支持包钢,构筑山北地区协调发展新优势。发挥白云、达茂区位优势，优化资源配置，推动稀土资源综合利用、风光新能源、现代煤化工等产业发展，推动形成协同发展的良好局面。

（六）坚守底线，做细做实民生工作。坚持尽力而为、量力而行，更好地满足人民日益增长的美好生活需要。支持创业就业，做好高校毕业生、农民工、困难人员等群体创业就业服务工作，提高城乡居民收入水平，探索群众增收新渠道。发展教育事业，强化教师队伍培训，提高教师业务能力和业务素质。加强教育基础设施建设，提升教育教学质量，努力办人民满意的教育。推进“健康达茂”建设，提升医疗服务水平，深化医药卫生体制和公立医院改革，巩固完善基本药物制度，配齐苏木乡镇流动卫生计生服务站，优化配置城乡医疗卫生资源。推动文化事业发展，践行社会主义核心价值观，推动全国文明县城创建。实施好文化惠民工程，加快文化基础设施建设，构建覆盖城乡、惠及全民的公共文化服务体系。弘扬传统民族文化，发展文化创意产业，强化旅游、城乡建设、网络信息等领域的文化植入，推动融合发展。支持乌兰牧骑事业发展，创作更多接地气、传得开、留得下的文艺精品，为广大群众提供丰富的精神食粮。加强社会保障，完善城乡社会救助体系，严格城乡最低生活保障审批，做好孤儿、特困人员、城镇“三无”人员供养，启动失能特困人员护理保障，实现动态管理下的应保尽保。同步做好档案、志史、妇女儿童等各项社会事业。深化“平安达茂”创建，落实“三见警”“四级巡控”等措施，开展扫黑除恶专项斗争，健全依法处理信访工作机制，完善社会治理体制。加强工业、交通、建筑等各领域安全监管，强化安全生产红线意识和底线思维。开展“七五”普法，重点抓住严格执法、公正司法、全民守法关键环节，推动“法治达茂”建设。贯彻党的民族政策和宗教工作基本方针，巩固拓展民族团结进步创建成果。开展双拥共建，推进党政军民融合发展。加强出入境人员管控，严防敌对势力渗透破坏活动，筑牢祖国北疆安全稳定屏障。

**四、贯彻新时代党的建设总要求，深入推进全面从严治党**

牢记全面从严治党永远在路上，坚持和完善党的领导，毫不动摇把党建设得更加坚强有力。

（一）强化政治建设，坚决服从党的领导。

牢固树立“四个意识”，坚决维护党中央权威和集中统一领导，坚定不移执行党的政治路线、政策方针，始终同以习近平同志为核心的党中央保持高度一致。认真执行新形势下党内政治生活若干准则，严格规范各党组织民主生活会、组织生活会，增强党内政治生活的政治性、时代性、原则性和战斗性。大力弘扬忠诚老实、公道正派、实事求是、清正廉洁的价值观,加强党性锻炼,提高政治觉悟,永葆共产党人政治本色。

(二)强化思想武装,始终牢记初心使命。

深入学习贯彻党的十九大精神,坚持学懂弄通做实,将思想和行动统一到党的十九大精神上来。牢牢把握党对意识形态的绝对领导权,守好意识形态阵地,引导广大干部强化道路自信、理论自信、制度自信和文化自信。推进“两学一做”学习教育常态化制度化,深入开展“不忘初心、牢记使命”主题教育,用党的创新理论武装头脑。

(三)强化党管干部,提升干部队伍素质。

树立正确选人用人导向,打造一支信念过硬、政治过硬、责任过硬、能力过硬、作风过硬的干部队伍。加强干部监督管理,建立激励机制和容错纠错机制,为敢于担当、踏实做事、不谋私利的干部撑腰鼓劲。全力做好草原英才、鹿城英才等重点人才的挖掘培育,加强对本土人才和蒙汉兼通人才的培养,鼓励优秀人才向贫困地区、基层一线流动。

(四)强化政治功能,加强基层党组织建设。

深入实施北疆基层党组织固本工程,统筹推进各领域基层党建工作,扩大党的组织覆盖和工作覆盖。从严从实整治软弱涣散基层党组织,加强嘎查村后备干部挖掘和培育。完善“四个一”联系服务群众工作模式,提高服务效率和工作水平,增强党组织凝聚力和战斗力。加强党员教育管理,注重在农牧民、青年致富能手等人群中发展党员,稳妥有序优化党员结构,充实壮大党员队伍。高质量完成嘎查村(社区)党支部、村委会和村监委会换届选举工作,进一步明确和细化选人标准,把政治标准放在首位,严格进行把关,真正把思想好、重公道、有文化、有本领、真心实意为群众办事的人选出来,切实发挥班子成员在推动发展、服务群众、促进和谐方面的作用,团结和带领广大群众积极投身乡村振兴战略。

(五)强化基层基础,优化苏木乡镇工作。

落实旗级领导包联制度,协同苏木乡镇理清发展思路,帮助解决发展中存在的困难和问题。支持苏木乡镇工作,理顺基层站所管理体制,在信息建设、运行经费等方面加大支持力度,提高工作效率和公共服务能力。强化苏木乡镇作风建设,严肃工作纪律,健全考勤考核等制度,坚决杜绝干部“吃空饷”“走读”等现象。

(六)强化作风建设,持之以恒正风肃纪。

巩固拓展落实中央八项规定精神成果,严查严防形式主义、官僚主义的“十种新表现”,防止“四风”问题反弹回潮。强化“六大纪律”建设,注重抓早抓小、防微杜渐,让党员、干部知敬畏、存戒惧、守底线。践行群众路线，坚决纠正和惩处损害群众利益的行为，保持党同人民群众的血肉联系，提高凝聚群众、服务群众的本领。

（七）强化高压震慑，持续推进反腐倡廉。

坚持反腐败无禁区、全覆盖、零容忍，重点查处扶贫、民生等领域发生的贪污腐败问题，以铁腕反腐的力度赢得民心。加强巡察工作，健全完善巡察工作配套制度办法，推动巡察发现问题，形成震慑。深入推进国家监察体制改革试点工作，按照要求完成留置场所建设，积极推进并巩固提升各项工作，实现对所有行使公权力的公职人员监察全覆盖。

（八）强化自身建设，全面增强执政本领。

深入推进学习型领导班子建设，营造善于学习、勇于实践的浓厚氛围。建立旗委法律顾问制度，提升旗委常委会法治水平、法治能力。支持人大及其常委会依法履行职责，支持政协及其常委会积极参政议政，支持统战人士扩大团结面、凝聚正能量，支持法检两院依法独立行使审判权、检察权，支持工会、团委、妇联等群团组织创新开展工作。

新时代需要新作为，新时代召唤新使命。让我们紧密团结在以习近平同志为核心的党中央周围，高举习近平新时代中国特色社会主义思想伟大旗帜，不忘初心、牢记使命，守望相助、团结奋斗，以吃苦耐劳、一往无前的蒙古马精神，全力开创我旗经济社会高质量发展新局面！

# 在旗委十三届九次全会第二次会议上的讲话

雪　松

(2018年2月9日)

在大家的共同努力下，旗委十三届九次全会暨全旗经济工作会议圆满完成各项议程,即将闭幕。这次会议,我们全面总结了2017年各项工作,确定了2018年工作的总体要求、发展目标和重点工作。张永文同志安排部署了全旗2018年经济工作。这次会议，既是一次统一思想、凝心聚力的大会，也是一次求真务实、推动发展的大会。全旗各级各部门要深刻领会大会精神实质，深入学习贯彻习近平新时代中国特色社会主义思想，真正在武装头脑、指导实践、推动工作上下功夫，动员组织全旗广大党员和各族干部群众，为实现大会确定的目标任务而努力奋斗。

下面，就进一步贯彻落实好本次会议精神,我再提几点要求。

**一、高举旗帜,把学习宣传贯彻党的十九大精神引向深入**

推动习近平新时代中国特色社会主义思想和党的十九大精神深入人心、落实落地，是当前和今后一个时期的首要政治任务。全旗各级党组织和广大党员干部必须进一步提高重视程度、提升学习成效,立足全旗实际,着力将学习贯彻成果转化为武装头脑、指导实践、推动工作的执政本领。

(一)在学懂上下功夫,提高贯彻落实的自觉性。要在前期学习宣传的基础上持续用力，推动习近平新时代中国特色社会主义思想和党的十九大精神入脑入心。要紧扣原文,一字一句读原文、悟原理，全面理解习近平新时代中国特色社会主义思想涵盖的政治、经济、文化、社会、生态、外交、军事等各领域思想内涵,深刻理解十九大的重大理论观点、重要战略部署,确保内化于心、外化于行。要汲取精髓,重点领会“四个伟大”“八个明确”“十四个坚持”等核心内涵、基本方略，深刻理解习近平新时代中国特色社会主义思想的精神实质和丰富内涵。要持续深化学习，从深层次上把握十九大精神中蕴含的坚定政治立场、强烈历史担当、真挚为民情怀，在反复学习中学深学透，在强化武装中锤炼党性，不断增强“四个意识”和“四个自信”。

（二）在弄通上下功夫，坚决有力统一思想步调。要坚持系统的观点，把学习宣传贯彻十九大精神与学习马克思主义基本原理贯通起来，不断提高运用辩证唯物主义和历史唯物主义认识问题、分析问题、解决问题的能力。要坚持全面的观点，把学习宣传贯彻十九大精神同落实党中央的决策部署贯通起来，与学习十九届二中全会、习近平总书记视察内蒙古重要讲话精神等结合起来，更好地把十九大提出的重要思想、重要观点、重大判断、重大举措理解透彻。要坚持联系的观点，把学习宣传贯彻十九大精神同做好全旗经济社会发展和党的建设工作贯通起来，带着问题学习，联系实际思考，确保全旗经济社会各项事业始终沿着党中央指引的正确方向前进。

（三）在做实上下功夫，全面贯彻党中央决策部署。学习宣传贯彻党的十九大精神，关键要抓好党中央各项决策部署的贯彻落实，这是根本所在。要坚持理论联系实际，把政策研究贯穿学习宣传贯彻十九大精神始终，更加自觉地把达茂旗经济社会发展放到“中国特色社会主义新时代”的大背景下来谋划，使发展战略、工作思路、推进措施更加符合十九大精神，更加符合发展规律，更加符合达茂旗实际。要强化调查研究，准确把握我旗发展面临的新形势新任务新矛盾，找准贯彻落实党的十九大精神的着力点和突破口，用党中央的要求来定位和指导达茂旗发展，确保达茂旗发展方向和党中央保持高度一致。要研究解决重大问题，立足全旗历史方位、主要矛盾和战略机遇的精准分析，抓重点、补短板、强弱项，坚决打赢防范化解重大风险、精准脱贫、污染防治三大攻坚战，加快现代化经济体系建设，深入推进全面从严治党，把十九大的各项安排部署落实好，把各项重点工作抓紧抓好，谱写出党的十九大精神在达茂旗的生动实践。

**二、强化落实，全面提升干部队伍能力素质和精神状态**

一分部署，九分落实。抓好落实，是坚持发展第一要务、解决发展不平衡不充分问题的关键。全旗各级党组织和广大党员干部务必统一思想、提高认识，积极适应新时代发展要求，大力弘扬吃苦耐劳、一往无前的蒙古马精神，全身心投入决胜建成全面小康社会的热潮，为全旗现代化发展贡献自己的力量。

（一）坚持以永不懈怠的精神推动落实。干部的精神状态决定一个地区的发展状态。保持积极的精神状态，才能抓好工作落实。要激发积极向上的信心。正确认识我旗发展形势，既要看到眼前财政收支矛盾突出、转型发展任务艰巨等困难，也要看到全旗经济总体向好的基本面，坚定“稳”的信心和“进”的决心，充分挖掘资源、区位、口岸等优势，以昂扬向上的状态、积极乐观的心态推动经济社会各项事业发展。要保持奋发有为的激情。增强争先进位的紧迫感、不进则退的危机感，坚决摒弃得过且过的思想，坚持在其位谋其职，分管旗领导要全力以赴推动分管战线工作；旗直部门该请示报告的要请示报告，该决策拍板的要敢于决策拍板，努力推动本部门工作取得更好成绩；苏木乡镇要敢管敢抓，坚定不移执行旗委、政府决策部署，以工作新的进展、新的业绩赢得百姓信任。要拿出攻坚克难的勇气。抓落实决不能拈轻怕重、遇到矛盾问题绕着走，领导干部特别是“一把手”，面对任何困难，都必须知难而进、迎难而上，既要善于居中指挥、牵头抓总，也要敢于身先士卒、冲锋在前。要到群众意见多的苏木乡镇化解矛盾，到推进不力的项目现场解决问题，挑最重的担子，啃最硬的骨头，当好“领头雁”，以敢闯敢拼的韧劲，坚决破除障碍，用实际行动诠释忠诚干净担当。

（二）坚持以科学化的措施推动落实。抓落实必须有科学的工作方法。方法正确，事半功倍，方法不对，事倍功半。全旗各级领导干部特别是主要负责同志，一定要强化学习意识、提高能力素质，以科学的工作措施推动落实。要善抓关键重点。推进工作、制定措施必须善于抓住关键和要害，区别轻重缓急、分清主次，抓重点、抓短板、抓弱项。比如，推进项目建设，要抓住制约项目落地的手续、资金、土地等重点和关键，采取部门联动、重点攻关等有效措施，创新工作方式方法，以重点工作带动整体工作突破。要健全完善工作实绩考评机制，把考核的重点放在工作成效上，以科学的考评推动工作落实。要坚持联系实际。推进工作必须从全旗实际出发，决不能好大喜功，少提不切实际的高指标，少开口号满天飞的“空头支票”。要突出问题导向，坚持具体问题具体分析，制定符合达茂旗发展实际、符合群众需求的措施，做到办法跟着问题想，工作奔着问题去，靠问题的有效解决推动工作的高效落实。比如，在制定出台落实上级文件精神的措施时，决不能简单照抄照搬，必须结合我旗实际，结合工作需求，因地制宜、实事求是地制定措施。要勇于改革创新。把中央、自治区、包头市精神与全旗实际结合起来，把尊重新时代发展规律与积极作为结合起来，把着眼长远与抓好当前结合起来，敢闯敢试，大胆干事。要着眼新时代、新任务，与时俱进地推动工作，无论是产业转型发展中遇到的困难，还是项目建设遇到的障碍，都要坚持用改革的办法来解决，从不同的侧面化解矛盾，向不同的层面争取支持，以创新的举措破解发展难题。特别是苏木乡镇干部，要善于带动嘎查村干部，引导群众理解和支持我们的各项工作，提高矛盾调解、信访工作、社会综治等工作实效。

（三）坚持以精细化的工作推动落实。天下大事必作于细。各级各部门必须树立精细化意识，强化“责任在我、执行在我、落实在我”的理念，确保决策落地有声、工作落实有效。要明确责任。大到旗委重大决策部署落地，小到部门单项工作推进，都要定性、定量，明确时间节点要求，做到责任、人员、标准、时限“四明确”，把旗委、政府确立的各项目标任务分解到单位、具体到项目、落实到岗位、量化到个人，把履行责任的过程变成抓落实的过程。对一些跨部门、跨行业的工作，分管旗领导要亲自挂帅、亲自调度，牵头部门要主动担责、统筹协调，参与部门要积极配合，各司其职。要注重细节。坚持高标准、严要求，树立一丝不苟的工作作风，对待工作要有举轻若重的态度，从大处着眼、小处入手，从做好每一件小事做起，做实工作的每一个环节、每一个细节。要以“工匠精神”抓细节、抓具体、抓实效，用好“绣花”功夫，精益求精地把每项工作做细、做精、做优，不放过任何可能影响工作成效的细枝末节。在安全生产监管上，尤其要注重细节，无论是大的隐患还是小的问题，必须严格按照有关要求严肃整改，一个都不能放过，确保规范操作、安全生产。要强化督查。紧扣中央、自治区、包头市各项决策部署的落实，紧扣全旗重点工作、重大项目推进加强督查，对涉及全局性的重要事项要随时督查，对群众关心的热点、难点问题要及时跟踪落实，对项目建设、民生改善等重点工作要分阶段限期督办，切实提高督查效果；对在督查中发现的问题，该通报的要及时通报，该整治的要坚决整治，督查成果要与奖惩考核挂钩，与选人用人衔接，使督查成为抓落实的利剑。

（四）坚持以高效化的作风推动落实。作风就是形象，作风关乎成败。全旗各级各部门务必发扬求真务实的精神，提高工作效率，推动工作落实到位、见到成效。要自觉深入基层。坚持俯下身子抓落实，既要吃透上情，也要掌握下情，真正沉下去到基层一线、到问题最集中的地方调研走访，畅通民意渠道，倾听群众呼声，收集群众意见，了解掌握民情第一手情况，多做一些群众最盼望、最迫切、最需要的实事，千方百计帮助群众排忧解难。特别是在推进精准脱贫攻坚战中，必须站在第一线，把精力用在察实情、出实招上，决不允许把“精准脱贫”变成“精准填表”。要坚持真抓实干。发扬“马上就办”的作风，以等不起、慢不得的态度推动各项工作，该办的事坚决办，决不能拖；能办的事马上办，决不能等；难办的事想办法办，决不能放。要健全经常抓、反复抓、持久抓的工作机制,一以贯之、一鼓作气、一抓到底。比如,招商引资既要着眼长远发展,也要立足现实,决不能急功近利,要盯住大项目、好项目,用项目落地率、开工率检验工作成效。要树立实干导向。坚持用事业考察干部,用实践锻炼干部,用落实成效检验干部,把防范化解重大风险、脱贫攻坚、污染防治、重点项目建设作为考验干部的战场,以压力逼动力,重用真抓实干、埋头苦干的干部,提拔干得好干得快的干部,责罚作风漂浮、哗众取宠的干部,让干和不干不一样、干好干坏不一样,形成有为者有位的选人用人导向,充分调动广大党员干部的积极性、主动性和创造性。

**三、明确重点,全力做好年初各项工作**

当前正值岁末年初,是全面总结、积极谋划今年工作的关键时期。"一年之计在于春"。全旗各级各部门要严格落实这次大会的部署和要求,切实增强担当意识、责任意识,进一步强化工作执行力,全身心投入到各项工作中,为圆满完成2018年全年工作任务奠定良好基础。

一要全力推进一季度经济工作。要抓好项目推进,紧抓冬春季节手续办理重要时间段,全面梳理重点项目手续办理情况,重点督促、协助手续不健全的项目业主加快办理手续,为项目开复工奠定基础。积极谋划一批符合国家产业政策和自治区、包头市扶持方向的项目,争取上级资金配套,力争更多重大项目落户我旗。要抓好存量企业开复工,做好生产要素供应调节、企业生产运营协调调度,督促企业做好设备检修、资金筹措、产销衔接等工作,帮助企业解决正常生产、复工复产中存在的问题和困难,夯实经济基础。要抓好春季农牧业生产,做好灾害性天气预报,提前谋划春耕备耕、接羔保育、牲畜防疫等工作,稳定农牧业生产。要加大禁牧管护巡查力度,严厉打击违规养畜大户,巩固草原生态保护建设成果。

二要精心做好春节期间各项工作。要做好困难群众生活保障工作,各部门单位要做好统筹安排,认真做好贫困人口、困难群众帮扶救助工作和慰问工作,各级各类救助资金、慰问物资要在春节前全部发放到位,满足弱势群体基本生活需求。要保障春节期间群众物质需求,市监局等有关部门单位要加大市场监管力度,组织好货源,加强市场供应保障,确保日常生活用品充足供应,满足节日期间群众需求。水务、供电、经信等行业主管部门要加强对供水、供电、供暖以及成品油销售企业的监管,做好产品供应、设备检修、安全检测各项工作,确保水电油气安全供应。发改局要强化物价监管,保持生活必需品价格基本稳定,维护正常市场秩序,保障群众利益。要精心组织节假日期间群众文化生活,坚持把安全放在首位,按照"隆重热烈、简朴务实"的要求，精心筹备组织节假日期间各类文化活动，努力营造欢庆祥和的节日气氛。

三要一刻不放松地抓好安全稳定。要时刻绷紧安全这根弦，加大安全生产检查和专项治理力度，重点对消防安全、烟花爆竹、交通运输、油气供应、食药安全、非煤矿山等领域，深入一线开展全方位检查，确保不留问题、不留隐患，保障群众生命财产安全。同时，要全面做好春季森林、草原火灾隐患排查，严防发生草原火灾事故。要严格认真做好春节假期值班工作，提前做好应急预案，安排足够力量在岗值守，特别是安监、卫计等部门和苏木乡镇，必须严格执行 24 小时值班制。领导干部要认真做好带班工作，遇到突发事件或紧急情况要立即请示报告，并及时采取有效措施妥善应对，确保节日期间信息畅通、突发事件处置及时。要严谨认真做好社会稳定保障工作，提前开展全国“两会”信访隐患排查，确保节假日和重要会议期间不发生非访、越级访、群体访行为。认真做好节日期间社会治安工作，扎实做好社会面巡控，严厉打击“两抢一盗”等违法犯罪活动，提高人民群众的安全感和满意度。

2018 年是贯彻落实党的十九大精神、决胜全面建成小康社会的关键一年。我们要更加紧密地团结在以习近平同志为核心的党中央周围，深入贯彻党的十九大精神和中央经济工作会议精神，全面落实自治区党委、包头市委全会和经济工作会议精神，守望相助、团结奋斗、一往无前，努力创造经济社会高质量发展新业绩，为“建设亮丽内蒙古，共圆伟大中国梦”书写达茂旗新篇章。

# 在旗委十三届九次全会第一次会议上的讲话

张永文

(2018年2月9日)

下面，我就贯彻雪松书记的讲话精神，做好今年的工作，讲三点意见。

**一、准确把握形势，进一步坚定发展的信心和决心**

认清形势、统一思想，是做好工作的前提和基础。全旗上下要准确把握旗委对当前经济形势的判断和作出的安排部署，进一步增强推动发展的信心和勇气。

一要客观看待2017年工作，增强实现高质量发展的自觉性、坚定性。2017年，我们以习近平新时代中国特色社会主义思想为指引，坚持稳中求进工作总基调，全面贯彻落实新发展理念，经济社会发展保持平稳态势，许多瓶颈制约取得突破、深度破题，许多领域工作可圈可点、成效显著。白彦花煤田矿区总体规划获得国家发改委批复，千万千瓦级风电基地列入国家“十三五”风电发展规划，新型工业园区获得市政府批准；1000多公里的公路建设全面推进，包满铁路修到边境口岸，全市第一家通用机场完成建设；满都拉口岸过货量历史性突破200万吨大关；旅游市场秩序整治取得阶段性成果，两家景区晋升为4A级，打破了我旗没有4A景区的历史；以“零容忍”的态度依法坚决打击私挖盗采行为，全面推行河长制，关停整治废弃矿井(洞)158处，中央巡视和环保督察反馈问题得到有效解决；百灵庙镇供水管网改造全面铺开，棚户区征拆接近尾声，上万农牧民喜迁新居，1283名国贫人口稳定脱贫。成功举办建旗65周年系列活动，荣获国家卫生县城、全区文明旗县城、自治区园林城市等荣誉。达茂发展变化有目共睹，知名度、影响力持续提升。

一年来的成绩让我们感到欣慰，但前进的道路上也面临着新的形势变化，规范政府债务管理、化解“十个全覆盖”等工程欠款、解决经济数据不实和财政收入虚增空转等新任务、新要求一一摆在我们面前,如何啃下这些“硬骨头”是必须面对的新课题。对此,我们不回避、不退缩,在旗委的坚强领导下,以客观理性的态度和敢于克难攻坚的勇气,众志成城,沉着应对,积极化解。停建、缓建、“瘦身”政府投资项目35个,压减投资15.56亿元,压减规模达28%;全面梳理甄别政府债务,制定化解方案,以“十个全覆盖”为重点化解债务2亿多元;从严压实经济数据,审慎调减2016年一般公共预算收入和2017年收支预算目标,实事求是“挤水分”,卸下包袱,轻装上阵,使经济发展回归本真,为科学决策提供了准确依据,为经济发展奠定了坚实基础。

二要理性分析我旗发展面临的形势,增强实现高质量发展的紧迫感、责任感。我旗产业门类比较齐全,经济发展相较同类地区基础较好,地区生产总值、财政收入等排名居自治区牧业旗县区前列。但进入新时代新常态,经济发展与高质量的要求不相适应的矛盾进一步显现,一些结构性、体制性、制度性矛盾日益突出,发展正在面临“两难”甚至“多难”的境地。一是在日益趋紧的政策约束下,经济转型升级任务紧迫。由于生态环保、安全生产、主体功能区等方面的政策约束,我旗以资源型为主的传统产业发展越来越难、已走到尽头,而新的符合国家产业政策的替代产业尚未形成规模。同时,由于我旗距离市区较远,人才资源匮乏,配套服务跟不上,商务综合成本较高,一些新兴产业项目落地也比较困难。二是税源支撑不足,财政支出矛盾突出。受经济下行影响,新增有效税源较少,存量企业复产复工困难,2017年仅工业税收与2012年相比就减少3.5亿元,加之“营改增”等政策影响,财政收入不断减少。同时,工资、民生等刚性支出却在逐年加大,财政收支矛盾日益显现出来。特别是中央要求从严管理政府债务,严控地方举债融资,堵住了举债的口子、刹住了借钱的车,实现财政收支平衡、正常运转愈发不易。三是生态基础脆弱,破坏草原等行为时有发生。近年来,我旗在生态建设上投入不少财力物力,取得了一定成效。但个别地区生态并没有明显好转,偷挖盗采、违规取土、车辆碾压、占用草原林地等破坏生态的行为屡禁不绝;部分干部“绿水青山就是金山银山”理念树得不牢,没有意识到像总书记讲的那样“只有恢复了绿水青山,才能使绿水青山变成金山银山”,实现绿色发展任重道远。四是优质公共服务资源缺乏,群众对卫生、教育、就业等方面仍有不少意见。近些年,我旗在民生领域做了大量卓有成效的工作,城镇居民、农牧民的生产生活条件得到很大改善。但与人民群众日益增长的美好生活需要相比还有不小差距,特别是优质的教育、医疗、文化等公共服务供给不足,导致大量人才流失,孩子到城里读书,病人到市里就医,生活成本居高不下,必须下功夫认真解决。五是干事创业的浓厚氛围有待增强,少数干部担当精神严重不足。客观地讲,前些年达茂旗的干部以善于沟通协调、善于争取资金项目而闻名,但近几年发生了很大变化,优势正在转化为劣势。有的干部学习能力不足、本领欠缺,思维跟不上形势变化,在理解把握和用足用好上级政策上有所欠缺;有的干部面对纪律规矩约束,思想顾虑多,工作放不开手脚,敢闯敢拼的工作劲头有所减弱;有的干部不耻于平庸、得过且过,不是亲力亲为,而是置身事外,甘当“旁观者”“阅卷人”。特别是少数干部严重缺乏担当精神,遇事推脱躲闪,理由一大堆,尸位素餐、碌碌无为,严重影响了一个地区、一个部门的发展。这些做法与守土有责、守土尽责的要求背道而驰,与好干部标准格格不入,必须下大力气尽快改变。

三要科学把握我旗发展面临的机遇,增强实现高质量发展的积极性、主动性。习近平总书记深刻指出,我国正处于一个大有可为的历史机遇期。机遇抓住了就是良机,错失了就是挑战。当前,党的十九大确定的习近平新时代中国特色社会主义思想,为我们谋全局、定思路、把方向、干成事提供了根本遵循;自治区开启全面建设现代化内蒙古新征程、加快建设亮丽内蒙古和包头市作出重振钢铁稀土产业、支持山北地区协同发展等新部署新要求,为我们转变经济发展方式带来了良好机遇。更重要的是经过这些年的发展积淀,我旗具备了向高质量发展的有利条件。在区位优势上,我旗位于呼包鄂城市群向北开放发展的重要支点上,满都拉口岸在“一带一路”背景下必将成为对外开放的桥头堡;随着铁路、公路、机场等重大基础设施的建成,对蒙基础设施互联互通的实现,完全有条件成长为新的增长极。在资源优势上,今年以来,铁精粉、碳酸稀土价格明显回升,调动了企业的生产积极性;煤炭市场不断好转,带动了口岸过货量的迅猛增长;风光能源富集,建设千万千瓦级风电基地潜力巨大;农牧业绿色品牌优势明显,形成了各具特色的发展格局;中国游牧文化旅游节等节庆活动深入人心,草原观光游、低空飞行游、边境口岸游等发展前景看好。在成本优势上,随着清洁能源就地消纳、综合电价改革试点项目的争取落地,电力成本优势将会更加明显;巴润工业园区和新型工业园区土地价格低廉且都位于铁路和公路主干线附近,运输条件和成本优势相对较好,对项目的落地实施具有较大的吸引力。只要我们解放思想、凝聚共识,抓住一切发展机遇,用好这些有利条件,就一定能把机遇优势转化为发展新动能,在高质量发展上取得新突破。

**二、突出关键重点,切实抓好今年各项工作**

关于今年工作，雪松书记已经作了全面、系统、具体的部署,我们要认真进行深化、细化和落实,在全面推进中突出重点,在明确路径中精准发力。

(一)坚决打好“三大攻坚战”。打好防范化解重大风险、精准脱贫、污染防治“三大攻坚战”，是党的十九大围绕决胜全面建成小康社会作出的重大部署,是全面建成小康社会必须跨越的关口。“攻坚战”意味着要过“深水区”、啃“硬骨头”,必须用改革的思维、科学的方法,瞄准靶子,精准发力,稳扎稳打,攻克难关。要以朝斯夕斯、念兹在兹的现实紧迫感，坚决堵住新增债务口子，确保政府债务只减不增;要把提高脱贫质量放在首位，志智双扶,激发贫困人口内生动力,确保脱贫成果经得起历史和实践的检验;要着力解决环境突出问题，找准生态环境问题的根子,决不能搞“黑色增长”,坚决打赢蓝天保卫战、环境保卫战。要强化责任担当,从旗委政府到乡镇部门,建立更加明晰的责任体系，形成严格的督查督办制度和责任追究制度，切实在稳扎稳打中实现稳中有进、行稳致远。要抓好巩固提升,坚持高标准、严要求推进“三大攻坚战”,不能粗线条、一般化、简单化,确保工作的稳定性和实效性。

(二)切实加强生态保护建设。小康全面不全面,生态环境是关键。习近平总书记强调,“良好生态环境是最公平的公共产品,是最普惠的民生福祉”。老百姓过去“盼温饱”、现在“盼环保”,过去“求生存”、现在“求生态”。禁牧这些年来,我旗草原生态有了很大改善，但生态脆弱的问题仍然没有根本改变。有些牧民开始“回流”,重返牧区继续放牧;有的将草场转租倒包谋取利益；个别企业和项目建设随意占用草原，却没有履行任何手续;有的借发展旅游、发展农牧业合作社之名,行占用草原、土地之实。生态脆弱是我们的基本旗情，保护生态既是历史赋予我们的神圣使命，也是我们生存的现实需要。各级各部门要牢固树立和践行“绿水青山就是金山银山”理念,既要牢牢守住生态底线、像保护眼睛一样保护好现有的绿水青山，又要努力修复生态,统筹山水林田湖草系统治理,实施生态保护和修复工程，加强水土流失和草原综合治理,让“风吹草绿遍地花”“一湾碧水映晚霞”的美景永驻达茂大地。

（三）切实提升口岸发展建设水平。满都拉口岸是呼包鄂地区唯一的陆路口岸,基础设施、通关能力已经达到自治区同类口岸一流水平。但过货、加工、贸易等方面发展滞后,尚未形成比较优势。下一步,要更加主动融入“一带一路”建设和呼包鄂区域发展战略，在做大做强做活上下功夫。“做大”,即要建立健全企业“走出去”服务保障机制,支持有条件的企业在蒙古国实施工程承包、劳务合作等项目,实现对外贸易向优质优价、优进优出转变，同时充分调动过货企业积极性，千方百计增加过货量，今年要必保300万吨、力争达到500万吨。“做强”,即要立足构建开放型基础设施体系、产业体系和市场体系，坚持政府引导和市场化运作,继续加强基础设施建设,加强矿产资源、清洁能源、观光旅游、绿色环保等领域的合作,加快推动口岸物流、进口加工、互市贸易等配套产业发展,增强口岸发展后劲和增长动力。“做活”,即要深刻领会、自觉贯彻中央关于深化对蒙合作的战略意图,树立正确利益观,加快提升要素流动便利化水平，尽快打通中蒙贸易运输通道，积极争取上级出台扶持口岸发展的政策措施，更好地把与蒙古国在医疗、教育、文化等方面的交流合作搞起来、深下去,努力建成呼包鄂地区向北开放重要桥头堡。

(四)切实加快发展全域旅游。旅游业被称为“永远的朝阳产业”,具有“一业旺、百业兴”的特点。我旗境内既有草原、口岸等独特资源,又有游牧、祭祀等特色文化,既有自治区最早开放的希拉穆仁草原旅游景区,又有后来居上的吉穆斯泰、那达慕文化产业园等景区,发展旅游业具有得天独厚的自然风光、多姿多彩的民族风情、异彩纷呈的人文底蕴和光辉灿烂的红色传承。但客观地讲,目前我旗旅游发展层次、水平尚处在低级阶段,独特的旅游资源优势尚未转化为发展优势和产业优势。下一步,要着眼发展全域旅游、四季旅游,树立全旗旅游“一盘棋”思想,深入实施“旅游+”战略,围绕“时尚牧旅、自在达茂”主题,深入挖掘文化、历史资源,在产品培育、产业融合、补齐短板、完善机制、宣传推介等方面聚焦聚力,加快发展草原游、自驾游、航空游、边境跨境游,不断擦亮“诗画草原、英雄达茂”品牌,创建成为国家全域旅游示范区。

(五)切实加大招商引资力度。招商引资是推动经济发展最根本的抓手、最重要的途径,谁能招来商引来资,谁就能在发展和竞争中抢占先机、站稳脚跟、赢得主动。近年来,我们在招商引资方面做了一些工作,也引进了一些项目,但仍然是大项目少、好项目少、落地项目少。当前，单纯由政府投资建设项目的路子已行不通,必须要依靠招商引资借船出海、借梯登高、借鸡生蛋。各级各部门都要把招商引资工作放在重要位置,全员出动、全体参战,强化措施、强力推进,提高招商引资的质量和水平。要突出“精准”,不能搞大水漫灌,“胡子眉毛一把抓”;要根据我旗的基础和优势,做到有的放矢,不能考察的时候热热闹闹、洽谈的成果寥寥无几。要发挥“韧劲”,多沟通、常联系、盯得住,千方百计、千辛万苦把资金和项目引进来。要加强对接,主动走出去,把企业请进来，把达茂的潜力优势宣传出去,找到合作的契合点。要坚持标准,我们强调抓招商引资,不是什么项目都要、都引，不能“捡进篮子都是菜”，招进来的项目必须符合国家产业政策和我旗产业发展规划，重点引进技术含量高、附加值高、市场前景好的项目。

（六）切实推进城乡融合发展。推进城乡融合发展，是全面建成小康社会的必然要求。这些年，我们在城乡建设管理上做了大量工作，成绩有目共睹，很多外地的朋友对达茂这几年的变化都给予高度评价，这是值得我们骄傲和自豪的，但问题和不足也很多。比如，地下管网老化严重，遇到雨天部分道路就会“望洋兴叹”；再比如，农村牧区杂物乱堆、污水乱排、垃圾乱倒、秸秆乱烧等生活陋习尚未改变，有新村无新貌问题仍然突出，这些都要认真研究解决。要加快百灵庙镇城市化转型，实施“功能完善、景观提升、交通优化、文旅融合”城市双修工程，努力将百灵庙镇打造成为“碧水环绕、绿树成荫、独具特色、如诗如画”的北疆风情文化旅游名镇。要深入实施乡村振兴战略，按照产业兴旺、生态宜居、乡风文明、治理有效、生活富裕的总要求，推进农村牧区一、二、三产融合发展，进一步改善生产生活面貌，缩小城乡发展差距，补齐全面建成小康社会短板。

（七）切实提高保障和改善民生水平。习近平总书记强调，“要像抓经济建设一样抓民生保障，像落实发展指标一样落实民生任务”。多年来，我旗一直重视保障和改善民生工作，财政支出三分之二用于民生事业，但同全区平均水平相比，公共服务水平和民生状况还有一定差距，工作中也还存在不实不细甚至事与愿违的问题。各级各部门要把坚持以人民为中心的发展思想与坚持实事求是的思想路线很好地统一起来，真正把好事办好、实事办实，给人民群众带来更多的获得感、幸福感。要保障基本、守住底线，抓牢筑实普惠性、基础性、兜底性民生政策，让每个孩子有书读、有学上，让城乡群众看得起病，让每个劳动者就业更充分、收入更稳定。要全民普惠、突出重点，健全完善救急难保障体系，对因天灾人祸造成生活极度困难、鳏寡孤独等特殊群体给予特殊救助，对贫困边缘人口给予临时救助，确保不跌入贫困“圈子”。要坚持尽力而为、量力而行，优化财政支出结构，确保基本民生支出，严格兑现政策体系内的补贴措施，不搞锦上添花、吊高胃口，更不能节外生枝、突破冒进，坚决反对福利主义的民生政策。

（八）切实维护社会和谐稳定。安全稳定的环境是达茂各项事业健康发展的根本保障，也是筑牢祖国北疆安全稳定屏障的重大政治责任。习近平总书记在自治区考察时强调，“各族干部群众都要明白，没有民族团结，整天乱哄哄的，哪一个民族也过不上好日子”。近年来，我们立足边境少数民族地区实际，在维护团结稳定、加强社会治理等方面做了许多工作，取得了明显的成效。但也要看到，当前不稳定不和谐的因素仍然不少。去年11月份，我旗发生的“十个全覆盖”包工头赴区信访事件，给自治区和包头市造成很大影响，给我们的工作也带来很大被动，教训极其深刻。各级各部门要牢牢把握稳定第一责任，始终把维稳这根弦绷得紧而又紧，坚持发现在早、防范在先、处置在小，切实妥善应对重点领域矛盾纠纷和风险隐患。要突出“事要解决”，健全完善社会矛盾化解机制，推动重点问题和信访积案尽快得到有效化解。要牢固树立“两个共同”“三个离不开”“五个认同”思想，深入开展民族团结进步宣传教育活动，激发广大干部群众热爱边疆、建设边疆、守卫边疆的热情。

**三、提高政治站位，狠抓各项工作落实**

新时代、新起点、新开局，要有新起色、新作为、新成绩。今年的各项工作任务已经十分明确，能不能落地生根、开花结果，关键在干部、主要看行动、最终靠落实。各级各部门特别是领导干部必须不驰于空想、不骛于虚声，一步一个脚印，一件事情接着一件事情办，确保旗委、政府各项决策部署落实落地。

一要坚持领导带头。实践证明，领导同志抓和不抓大不一样，实抓和虚抓大不一样。各级干部特别是主要负责同志，必须保持担当尽责、奋发有为、真抓实干的精神状态和工作作风，既要“挂帅”，更要“出征”，坚决反对当“甩手掌柜”，遇到困难绕道走，遇到问题躲着行，切不可手抓一把泥、能和稀泥和稀泥，脚踩西瓜皮、滑到哪里算哪里。要充分发挥“头雁效应”，当好抓落实的“施工队长”，紧紧盯住旗委全会和“两会”确定的各项重点任务，亲自上阵，靠前指挥，求真务实，主动到情况复杂、工作推不开的地方去化解矛盾、破解难题，做到对事业尽心、对工作尽力、对岗位尽责。

二要强化责任担当。再具体的目标任务，如果责任不明、担当不力，落实就会变成“落空”。这次全会对今年的工作作出了全面安排部署，每一项目标任务都是高标准、严要求。各级各部门都要把抓好全会精神的贯彻落实作为分内之事、应尽之责，敢于扛重任，勇于挑大梁，善于打硬仗；要坚决破除一切不合时宜、阻碍发展的思维定式、行为习惯和路径依赖，不能囿于眼前之困而没有信心，不能畏于转型之难而裹足不前，不能惮于履职担责而无所作为。对这次全会确定的重点工作，要明确责任人和牵头地区、部门、单位，明确工作要求、成果形式和时间进度，进一步层层压实责任，切实把各项决策部署从“纸上”落到“地上”。

三要增强过硬本领。对各级干部来说，能不能够抓落实、善不善于抓落实，体现的不仅是工作作风，也是能力水平。当前，我们有的干部不善学习、不好学习、不会学习，对本职工作靠“经验”“老本”对付，缺乏卓有成效的工作思路、符合实际的推进措施；有的学用“两张皮”，运用所学知识推动工作的能力不强，“拍脑袋”作决策时有发生。因此，各级干部要把学习作为增强本领、狠抓落实的根本途径，带头弘扬马克思主义学风，既深入学习习近平新时代中国特色社会主义思想，增强运用科学理论观察事物、分析问题、解决问题的能力；又深化学习经济、文化、社会、科技等方面知识，努力成为经济社会管理的专家和狠抓落实的行家里手，切实增强担当作为的“底气”“硬气”。

*四要转变工作作风*。落而不实，表面上看是方法问题，实质上是作风问题；没有脚踏实地、崇尚实干的良好作风，工作就难以落实，蓝图也只是镜中花、水中月。总体上，达茂的干部队伍作风是务实的，也是能干事、能打胜仗的，但需要不断加强和改进的地方也很多。比如，有的调查研究不深入，对本地区本部门实际情况若明若暗、一知半解，提不出符合实际、科学合理的目标任务、有效措施，各项工作进展到什么程度、存在哪些问题心中无数，工作长期在原地踏步、打不开局面；比如，有的干部纪律观念淡漠，对重要事项、重大事情该报告的不及时报告、该请示的不及时请示，外出请假报备信息简单粗略、大而化之。各级各部门要坚持问题导向，不做表面文章，不玩花拳绣腿，围绕打好“三大攻坚战”、建设现代化经济体系、实施乡村振兴战略、推动文旅融合发展、提升对外开放水平等方面，研究提出更加明确、更为具体、更有力度的思路举措，切实在调查研究、真抓实干中创造出实实在在的发展业绩。

*五要加强督查考核*。再好的决策部署，如果没人去抓、没有督查，也只会是空中楼阁、一纸空文。习近平总书记深刻指出，“在一定意义上说，没有督查就没有落实，没有督查就没有深化”。各级各部门要健全督促检查机制，重要工作一旦部署，相应的督查就要立即跟进，定方案、建台账、明责任、督进度，务求事事有着落、件件有成果。要用好督查问效这个“硬手段”，抓住不落实的事、盯住不落实的人，切实解决干多干少一个样、干与不干一个样、干好干坏一个样的问题，确保各项工作有安排、有落实、有实效。

新的时代已经开启，新的征程已经出发。让我们紧密地团结在以习近平同志为核心的党中央周围，全面贯彻落实中央、自治区党委、包头市委和旗委的决策部署，埋头苦干、锐意进取，为决胜全面建成小康社会、谱写“建设亮丽内蒙古，共圆伟大中国梦”达茂篇章而努力奋斗！

# 达茂概览

**【概况】**达尔罕茂明安联合旗，简称达茂联合旗，1952年10月由达尔罕旗和茂明安旗联合而建(达尔罕意为“神圣不可侵犯”，茂明安意为“千户部落”)，位于阴山北麓，是内蒙古自治区20个边境旗（市)和33个牧业旗之一。东邻乌兰察布市四子王旗，西接巴彦淖尔市乌拉特中旗，南连呼和浩特市武川县、包头市固阳县，北与蒙古国接壤，国境线长88.6公里。全旗辖7个镇、2个乡、3个苏木。总面积18177平方公里，总人口12万，有蒙古、回、满、朝鲜、达斡尔、鄂伦春、藏、苗、土家族等23个民族，少数民族人口1.89万人(蒙古族1.78万人)，是典型的边境少数民族地区。旗政府所在地百灵庙镇距呼和浩特市、包头市均为160公里左右，处于呼包鄂经济区两小时辐射圈内。中蒙满都拉—杭吉国家级双边性常年开放公路客货运输口岸，是对蒙古国开放的重要通道之一。

**【资源禀赋】**达茂联合旗地域辽阔，物产丰富。探明的金属、非金属矿藏达32种，境内有近20亿吨铁矿、86亿吨褐煤、22亿吨石灰石、4.1亿吨磷矿，还有储量可观的稀土、金、锰、铜、萤石等矿产资源。年平均有效风速时数6000小时以上，风能资源总储量达3181万千瓦；年均日照时数为3100小时，年太阳辐射总量6000焦耳/平方米以上。农牧业资源丰富，有1.66万平方公里天然草牧场和120万亩耕地，马铃薯、牛羊肉、皮毛绒等农畜产品畅销全国。

**【名胜古迹】**达茂联合旗名胜古迹众多，人文景观独特。境内有敖伦苏木古城遗址、金堑壕遗址等国家级重点文物保护单位，有哈布图哈撒儿祭奠堂、汉长城、康熙营盘等历史遗迹。1936年，乌兰夫等老一辈无产阶级革命家领导的百灵庙抗日武装暴动，打响了蒙古民族抗日的第一枪；同年11月，傅作义领导发起的百灵庙战役，极大地鼓舞了全国人民抗日的信心和决心。20世纪60年代，草原英雄小姐妹龙梅、玉荣的光荣事迹，就发生在此处。20世纪50年代，达茂人民献出世代祭奠的圣山——白云鄂博，以无私的胸怀支援了包钢建设。2008年，达茂联合旗服从建设祖国北疆生态安全屏障大局，在全区、全国率先实施为期10年的阶段性禁牧，为国家草原生态保护补奖机制的出台探索了成功经验，2万名禁牧牧民因此被评为“感动包头”年度集体人物。

# 大事记

## 一月

1月17日，在达茂联合旗会务中心召开2018年安委会第一次会议。旗委副书记、政府旗长张永文出席会议。

1月20日，旗委副书记、政府旗长张永文主持召开脱贫攻坚工作推进会。旗委副书记马全旺、政府副旗长孟和巴特尔及相关部门负责人出席会议。

1月25日，达茂联合旗第十五届人大常委会举行第一次会议。会议由人大常委会主任弓华主持。

## 二月

2月9日，中共达茂联合旗第十三届委员会第九次全体会议暨全旗经济工作会议在会务中心召开。旗委书记雪松主持会议。 旗领导雪松、张永文、马全旺、汪占元、艾静、朝鲁孟、姚培清、李永新、孙志良等十三届旗委委员、候补委员出席大会。不是旗委委员、候补委员的其他县级领导，旗纪委委员、监委会成员、各苏木乡镇党政领导、人大主席，旗直属各部门、人民团体负责人，旗人大、政协各专委会负责人，副科级以上事业单位负责人，驻旗各部门单位负责人，部分市级党代表和旗级党代表列席会议。

2月26日，2018年“两地三方”民族团结座谈会在达茂联合旗会务中心二楼会议厅召开。旗领导雪松、张永文、弓华、敖特根苏德，包钢(集团)董事长、党委书记魏栓师，白云鄂博矿区区委书记张海峰及各方代表参加座谈会。旗委副书记、政府旗长张永文主持会议。

## 五月

5月16日，全旗脱贫攻坚工作大排查大摸底培训会在旗会务中心召开、雪松、弓华、苏德等旗四大班子领导，市派驻旗督导组负责人、全旗副科级以上领导干部及部分后备干部参加会议。

5月25日，旗委书记雪松结合“作风建设年”活动的开展，带头讲党课，在家旗领导参加学习。

## 六月

6月9日，全旗扶贫开发领导小组2018年第四次会议在旗会务中心召开。会议全面总结近一个阶段全旗脱贫攻坚工作情况,听取了脱贫攻坚工作问题整改情况和包村包户、驻村干部管理有关事宜,安排部署了下一阶段的脱贫攻坚工作。旗委书记雪松主持会议。旗委副书记马全旺,旗委常委、组织部部长李永新,政府副旗长、财政局局长杨阳,政府副旗长,满都拉镇党委书记孟和巴特尔,旗政协副主席、农工部部长武存保出席会议。

6月24日,达茂联合旗在分会场参加自治区打赢精准脱贫攻坚战旗县(市、区)委书记述职交流视频会。雪松、张永文、弓华等旗四大班子领导参加会议。

## 七月

7月22日,全区上半年重点工作汇报会议召开。自治区党委书记、人大常委会主任李纪恒主持会议并讲话。雪松、张永文等旗四大班子领导在达茂联合旗分会场参加会议。

7月27日,包头市委副书记、市长赵江涛一行到旗调研指导防汛抢险救灾工作。

## 八月

8月15日,10时伴随着庄严雄壮的乐曲,第六届游牧文化旅游节暨达茂联合旗第二十九届那达慕大会拉开序幕。旗委副书记、政府旗长张永文致辞,旗委副书记马全旺主持开幕式。

## 九月

9月28日,自治区党委宣传部常务副部长周纯杰一行到旗调研旗县融媒体中心建设情况,并与包头市委常委、宣传部部长乌云,旗委副书记、政府旗长张永文共同为达茂旗融媒体中心挂牌。

## 十月

10月17日,旗县道X065百灵庙镇南出口段道路改造工程项目启动仪式在百灵庙镇黄花滩隆重举行。市交投集团总经理武强、市交通运输局常务副局长杨树林、市公路工程公司董事长杜成龙、市公路设计院副总工程师曲永珍,以及旗委副书记、政府旗长张永文出席仪式,旗委常委、常务副旗长石钟琴主持,部分旗直部门单位负责人参加启动仪式。

中国共产党达茂联合旗委员会

# 综 述

**【三大攻坚战】**防范化解重大风险方面，达茂联合旗通过预算安排、土地出让、争取上级资金、审价核减等手段，累计化解政府债务18.85亿元，超额完成年度化债任务，其中“十个全覆盖”10项工程欠款7.46亿元全部化解。严控政府债务新增，深入推进金融信贷社会矛盾纠纷排查化解、互联网金融风险专项整治、民间高利贷整治等专项行动，做好刚性兑付、农民工工资支付保障等工作，坚决守住不发生系统性、区域性风险底线。脱贫攻坚方面，突出精准要义，标注、清退582户1475人。全面落实“五个一批”（发展生产脱贫一批、异地搬迁脱贫一批、生态补偿脱贫一批、发展教育脱贫一批、社会保障兜底一批）措施，年内实现脱贫145户318人，完成年度目标的159%。建立旗乡扶贫产业项目库和嘎查村项目清单，建档立卡国贫人口与小尾羊、天创黄芪、金杰光伏等7家龙头企业（合作社）建立稳定的利益联结合作机制，实现有劳动能力的贫困户产业全覆盖。82个单位658名领导干部与贫困人口结对帮扶，扶贫责任体系进一步夯实。扎实推进扶贫领域作风建设，中央反馈自治区、自治区和包头市平时掌握的6类23项问题全部完成整改。污染防治方面，开展矿山地质环境恢复治理、城市黑臭水体治理等行动，实施新达茂稀土废水处理资源化利用、原黑脑包废矿渣堆场治理、富磊热力脱硫等7个综合治理项目。矿山生产地质环境治理率达到100%，其经验做法得到自治区的肯定和推广。中央环保督察反馈涉及达茂联合旗12项问题完成整改11项，中央环保督察“回头看”转办旗18项群众举报问题全部整改完毕。

**【经济发展】**工业经济方面，达茂联合旗亿元以上重大项目完成投资41.24亿元，建成巴润工业园区120万铁精粉输送管道。主要工业产品产量持续增长，铁精粉、熟石灰、水泥熟料产量同比分别增长4.8%、31%和33.7%，工业用电量同比增长29.24%。加快推进清洁能源就地消纳，包头市可再生能源综合应用示范区获国家能源局批复，包头北千万千瓦级风电基地和特高压外送通道已与天津滨海新区签订合作协议。清洁能源并网规模达到341万千瓦，实现产值34.4亿元，同比增长22.4%。实施招商引资“旗长工程”，全年签约口岸开发、新能源等重大项目20

个,引进国内资金 12 亿元。农牧业方面,全面推进“两区划定”,实施农牧业产业化项目 23 个,全面推进“两区划定”,新增灌溉面积 5.4 万亩,农业生产基础进一步夯实。积极与小尾羊公司对接,探索发展家庭牧场、舍饲圈养模式下的现代畜牧业,建成肉牛、肉羊标准化养殖场 8 处。推进“三品一标”(无公害农产品、绿色食品、有机农产品和农产品地理标志)建设,累计成功申报无公害、绿色、有机食品企业 27 家 101 个单品,注册农畜产品商标达到 151 件。现代服务业方面,全面开展希拉穆仁旅游景区整治,推动希拉穆仁草原景区提档升级,国家全域旅游示范区创建通过自治区初审验收。2018 年,接待游客 261.4 万人次、实现旅游收入 18.4 亿元,同比分别增长 12.9%和 22%。落实全市支持服务业发展政策措施,建成旗首家跨境电子商务线下体验店,培育重点电商企业 3 家,商贸服务规模逐步扩大。

**【城乡建设】**城镇建设方面,完成百灵庙镇街景立面改造、哈萨尔公园绿植补种、通道硬化等工程,开工建设艾不盖河水系连通等项目,瑞星等 6 个棚改安置建设项目完成主体工程。新铺设城镇供水管网管道 22.6 公里、燃气管网 10 公里,新增绿化 10 万平方米。推进物业管理提档升级,24 个住宅小区、108 万平方米实施物业管理,较上年增加 31 万平方米。农村牧区建设方面,大力实施乡村振兴战略,抓重点、补短板、强弱项,建成牧区水窖 1587 个,完成 1808 户房屋安全性鉴定。农村牧区人居环境三年整治行动方面,认真做好建制镇市政基础设施维修维护,加强村容村貌整治,实现管理规范化、长效化。石宝镇湾儿图新村获批自治区新农村新牧区(乡村振兴)示范嘎查村。基础设施方面,希拉穆仁至百灵庙一级公路实现双幅通车,国道 210 线、331 线及旅游公路项目共完成路基 353.7 公里、路面 214.7 公里。创建自治区“四好农村路”示范旗,规划实施农村公路项目 18 个、总里程 105.6 公里。通用机场建设工程竣工验收并完成校验飞行。建成 500 千伏输变电站,打通近 40 个清洁能源企业、400 万千瓦容量清洁能源外送瓶颈,基础保障能力不断增强。

**【生态建设】**草原生态保护方面,积极推进“多规合一”,划定城市开发边界、永久基本农田、草原生态保护“三条红线”,基础地理信息平台建设取得重大进展。严格落实新一轮草原生态补奖政策,集中开展禁牧管护,大力查处非法征占用草原案件。改良天然草地 5 万亩,山体复绿 3300 亩,植被盖度达到 27%。林业生态建设方面,实施京津风沙源治理、退耕还林还草、重点区域绿化等工程,完成封山育林 9 万亩、人工造林 2 万亩、义务植树 30.5 万株。实施场圃 2 万亩低产林改造和自营良种育苗等项目,稳步推进国有实验林场改革。发展柠条林下经济和林带间种植中药材等经济作物 2000 亩,落实柠条平茬3万亩，以林业产业带动农牧民增收。水环境治理方面，健全完善两级河湖长制，建立旗、苏木乡镇、嘎查村级河湖长体系，“一河一策”“一湖一策”推进6大水系101条河流保护。实施沙源二期、小流域治理、塔尔洪河道治理工程，种植水保生态林565公顷，治理水土流失面积65平方公里、河道6.6公里，水面面积达到66.5平方公里。

**【对外开放】**深化改革方面，全年实施12个领域105项改革任务，出台改革成果142项。加快推动“最多跑一次”改革，完成法制事项梳理，实施“一口受理”“一网通办”，达茂联合旗信用平台正式入驻市民大厅。深化商事制度改革，发放“多证合一、一照一码”营业执照611户。统筹开展农村牧区集体产权制度改革，基本完成土地、草牧场确权，土地流转面积达23万亩。口岸经济方面，实施口岸重点项目18个，海关保税仓库、3号仓储大棚主体完工，完成1号大棚整改，推动2号大棚竣工投用，进口肉类指定口岸建成并通过预验收。创新同俄蒙合作机制，积极申报满都拉国家铁路口岸，珠恩巴音至杭吉口岸铁路通过蒙古国议会批准，塔温陶勒盖至杭吉口岸矿运公路取得蒙方同意建设意见。口岸进出口货物首次突破300万吨，达到312.2万吨，贸易总额达到16.19亿元，同比分别增长38.07%、38.49%，保持快速增长势头。

**【社会民生】**民生保障方面，推行定向、订单式培训，举办“春风行动”、就业援助月、专项招聘等活动，城镇新增就业1516人，农牧民转移就业22764人，保持零就业家庭动态清零。完成创业培训566人，发放创业担保贷款3208万元。城乡居民社会养老保险实现参保全覆盖，特困人员、城镇“三无”人员、受灾群众救助金全部发放到位，各项社会保险累计征缴基金1.5亿元，支出2亿元。社会事业方面，投入500多万元改善基层学校办学条件，百灵庙中学与包钢五中深度合作办学，中考重点升学率和人数均实现翻倍，蒙校一名学生中考总分位列全市蒙语授课第一名。深化公立医院改革，实现优质医疗资源上下互通；建成卫生监督综合大楼，蒙医医院整体搬迁并投入使用，国家健康促进旗通过验收。实施文化惠民工程，成功举办第六届游牧文化旅游节，累计送戏送电影下乡1100场，融媒体中心被中宣部确定为全国县级媒体融合发展改革试点，乌兰牧骑被评为自治区“一类乌兰牧骑”。社会大局方面，成功迎战“7·19”洪灾，完成水、电、路、通信等管网和市政基础设施修复，全力组织灾后重建，受灾群众温暖安全过冬。扎实开展扫黑除恶专项斗争，摸排涉黑涉恶线索40条，打掉恶势力团伙4个，完成市委扫黑除恶专项巡察整改，全市首例恶势力犯罪案件在旗人民法院公开开庭审理并宣判。推进平安达茂建设，开展信访矛盾化解“四个攻坚战”行动，信访批次和人次分别同比下降12.6%和20.1%。实施兴边富民行动,巩固民族团结成果,扎实做好新形势下宗教工作,达尔汗苏木被评为自治区爱民固边模范苏木乡镇。落实安全生产责任制,加强道路交通、非煤矿山、危险化学品、建筑施工、食品药品等重点领域监管,消除安全生产隐患点737个。

【党的建设】思想政治建设方面,深入学习党的十九大精神和习近平总书记系列重要讲话精神,组织集中宣讲640场(次),发放蒙汉文学习资料1.8万余册,实现党员干部学习教育全覆盖。扎实开展“作风建设年”活动,372个领导班子、2625名党员干部完成问题整改。全面落实意识形态工作责任,推动意识形态分析研判机制同“大情报”协作机制信息共享,完成属地内87个网宣平台的登记备案。基层基础方面,推进党支部建设规范化,优化组织设置,撤销3个党委,新建5个党(工)委、2个党组。开展光伏项目集体经济试点,持续推进嘎查村集体经济“清零递增”,圆满完成嘎查村(社区)“两委”换届选举。完成77个嘎查村党组织活动场所提档升级,新建800平方米新胜街社区服务中心。持续深化“三务公开”工作,改造升级12个苏木乡镇、77个嘎查村传统信息公示栏,实现党务、村务、财务分栏公开。干部队伍建设方面,实施干部素质提升工程,举办周五大讲堂10期,培训科级干部2400余人次。建立科级干部个人重大事项报告监督档案,完成近三年干部选任过程自查自纠、3437卷干部人事档案专项审核排查整改。加强优秀年轻干部培养,更新科级后备干部库,分类建立了优秀年轻干部和“三少”干部人选信息库。人才工作方面,强化“一把手”抓“第一资源”责任,制定《达茂旗关于深化人才发展体制机制改革的实施方案》。强化重点领域人才队伍建设,引进各类人才195人,其中企业管理人才、高技能中高端技术人才107人,有效解决高层次人才短缺问题。精心开展“专家服务基层”活动,完善建立50名专家库和12个专家服务基地。石宝镇腮吾素村特色种植致富团队入选第八批“草原英才”工程产业创新创业人才团队。党风廉政建设方面,深入开展专项治理、专项巡察和集中整治,共处置问题线索332件,立案94件,组织处理61人,给予党纪政务处分63人。运用监督执纪“四种形态”处理187人次,其中运用第一种形态处理123人次,占处理总人次的65.8%。深化国家监察体制改革试点工作,赋予派驻机构监察职能,向苏木乡镇派出监察办公室,基本实现对所有行使公权力的公职人员监察全覆盖。

# 中国共产党达茂联合旗委员会办公室

**【政务工作】**2018年，完成旗委十三届九次全会讲话以及《关于认真学习宣传贯彻党的十九大精神的实施方案》《关于贯彻落实习近平总书记参加十三届全国人大一次会议内蒙古代表团审议时的重要讲话精神的实施方案》《关于深入贯彻落实中央八项规定精神进一步加强作风建设的具体措施》等一批重点文稿起草任务，全年共撰写各类讲话、汇报提纲、方案措施等文稿420余篇、205万余字。全年组织召开旗委常委会会议28次、书记专题会议29次，撰写习近平总书记重要讲话、中央重要文件以及自治区、包头市重要会议精神传达提纲100余篇，印发会议纪要57篇18万余字。全年制发公文228件，其中正式文头印发83件、便签印发145件。推进党内法规清理、备案，全年报备规范性文件25件；创建4类微信会议通知群，建立三次产业、重大项目、苏木乡镇（嘎查村社区）调研点项目库，全年组织完成各级调研25次、承办各类会议172场，完成“两地三方”民族团结座谈会、全市重点项目观摩推进会等重要会议调研活动。

**【信息报送】**2018年，编发《信息快报》60期、《信息调研工作情况通报》4期、《达茂动态》15期、《重要紧急信息》66期；向自治区党委、市委信息部门报送信息753条（次），在自治区党委信息调研排名跃升至第八名。持续优化信息刊物设置，增设《每日信息摘报》，累计编发67期。先后组织召开旗级信息工作培训会、座谈会3次，深入5个苏木乡镇和部门单位举办信息工作培训班。

**【督促检查】**制发《关于加强新形势下党的督促检查工作的实施方案》和《2018年督查工作要点》。全年围绕上级部门交办事项、“三大攻坚战”、旗委重大决策部署、各级领导批示指示精神落实、网民留言办理等方面内容，通过联合督查、专项督查、明察暗访、会议协调等多种方式，开展督促检查60余次，上报《达茂督查专报》81期，编发本级《督查专报》32期。

**【志史工作】**圆满完成内蒙古年鉴达茂旗部分、包头年鉴达茂旗部分2017卷和2018卷上报工作，完成第一本蒙古语旗志翻译及一校工作；重新修编完成2015年至2017年大事记以及2018年前三季度大事记。

**【保密工作】**坚持24小时值班制

度。全年收发办理密码电报570份、传阅2280人次,明传电报750份、传阅3750人次,上三级及旗内文件992件、传阅4960人次。无一遗失和泄密事件发生。优质高效做好电视电话会议服务保障工作,新建视频会议室2间,全年承办各级各类视频会议120余场。编制了全旗电子通讯录(云翼通讯录),收录100多个部门单位、1300余人电话号码。

**【改革工作】**全年召开全面深化改革领导小组会议10次,编制《全面深化改革2018年重点任务及分工方案》《全面深化改革工作实用手册》等系列文件。全年实施深化"放管服"改革,着力推进"最多跑一次"便民服务等12个领域105项改革任务。大力推动国家级媒体融合试点改革,承办全市融媒体建设现场会,实现媒体融合发展大格局。向自治区委改革办、包头市委改革办报送改革经验成效类信息16篇,刊发《达茂改革》刊物15期,在《包头日报》《漠南时讯》及"英雄达茂"公众号等纸质与电子媒体上刊发改革相关文章83篇。

**【后勤服务】**加强财务管理,保证各项工作正常运转;结合公车改革,强化车辆管理机制,优化提升公车管理质量。引进物业公司管理旗委大楼,引进餐饮公司管理餐厅,管理水平和服务质量进一步提升。更换楼内老旧电路设施,提升办公环境质量,后勤保障能力持续提升。

**【电子政务内网建设】**加强电子政务内网建设,建立电子政务内网网站动态监管、定期筛查制度,累计更新信息300条次。

# 组织建设

**【思想政治建设】**以学习贯彻党的十九大精神为主线，以“三会一课”、专题学习等制度为载体，采取“1268”学习机制，以一个主题、两种语言、六种方式，从严从实抓好党员干部教育培训，推动习近平新时代中国特色社会主义思想和党的十九大精神进农村牧区、机关、企业等八个领域。累计开展集中宣讲640场(次)，发放蒙汉文学习资料1.8万余册、流动送学收音机625台，征集好来宝等优秀文艺作品18篇，实现党员干部学习教育全覆盖。全旗各级党组织严格执行党的组织生活制度，19个党(工)委、25个党组召开民主生活会，231个党支部召开组织生活会，开展民主评议党员工作，评出优秀党员1978名、合格党员4305名。

**【“作风建设年”活动】**聚焦形式主义、官僚主义“十种新表现”，组织开展“作风建设年”活动。建立旗级领导包联苏木乡镇工作机制，推动全面从严治党向基层延伸。各部门单位坚持问题导向、狠抓整改落实、强化建章立制，累计查找梳理出担当不主动、工作不扎实等10个方面问题597个，整改完成564个、长期坚持整改问题33个，新建制度21项，修订制度43项，废止制度15项。围绕党的政策理论、树立正确发展观和政绩观、打好“三大攻坚战”等内容举办各类培训班8期。

**【干部队伍建设】**选人用人方面，落实干部选拔任用相关规定，完善干部选任工作制度，建立干部调整与职数管理联动机制。发挥旗委党校主阵地作用，以领导干部“周五大讲堂”、双休日学习讲座等为平台，全年培训科级干部2500人(次)，选派21名领导干部参加各类挂职锻炼，选派65名领导干部参加包头市组织的各类培训。干部日常管理监督方面，落实领导干部谈心谈话、提醒、函询、诫勉等制度规定，建立科级干部个人重大事项报告监督档案。加强驻村干部队伍管理，健全完善日常考勤、召回调换、工作例会等相关管理制度，补充调整驻村工作队成员。推进“百名年轻干部培养工程”，全年选派13名优秀年轻干部进行轮训。精心做好优秀年轻干部发现、培养、选拔工作，向市委组织部推荐报送优秀年轻干部20名。

**【基层党建】**深化“135”边疆口岸区域化党建工作模式，延伸建设集政策宣讲、矛盾化解、便民服务于一体的“红色蒙古包”30顶。推进抓党建促脱贫攻坚，精准选派49名驻村第一书记,实现全旗77个嘎查村选派第一书记全覆盖,全旗77个嘎查村集体经济全部清零,活动场所全部实现提档升级。抓牢基层基础保障,嘎查村“四项保障经费”居全市前列。深化“四型”机关创建工作,选树水务局、市场监督管理局等7个机关党组织为先进典型。组织社区和各行业单位党组织开展“双服务、双认领”活动,86个机关党组织的1800余名党员认领“微心愿”“微工作”1168件。开展“两新”组织集中排查,建立旗级领导联系点制度,选派19名党建指导员开展“一对一”指导,具备条件的87个非公有制企业和社会组织实现“两个覆盖”,注重发挥非公企业党员作用,为党员职工每月每人增发岗位津贴100元。

**【嘎查村(社区)“两委”换届】**嘎查村“两委”班子的年龄、学历结构不断优化,43个嘎查村实现书记、主任“一肩挑”,比例达到55.8%,7个社区党总支副书记全部为机关事业单位骨干人员。选出嘎查村(社区)“两委”班子成员358人,平均年龄45.4岁,其中党员299名,比例达到83.5%;女性委员106人,实现了每个嘎查村至少有1名妇女干部;少数民族干部116人,确保了每个牧区嘎查都有民族干部;高中以上学历240人,比例达到67%,较上届提高6个百分点。选举产生社区“两委”班子成员69名,平均年龄41.4岁;大专及以上学历42人,比例达到60.9%。嘎查村(社区)党的领导核心地位得到进一步巩固。

**【党组织和党员队伍】**全旗共有建制性党组织266个,其中基层党(工)委19个,党总支21个,党支部226个,设党组25个。共有党员6588名,其中妇女党员1562名、占比23.71%,少数民族党员1803名、占比27.37%,农牧民党员2824名、占比42.87%。全年共发展党员74人,培训党员3643人,慰问党员341人。

**【人才队伍建设】**制定《达茂旗关于深化人才发展体制机制改革的实施方案》,全年引进各类人才195人,举办各类培训270余次,累计培训8000余人次。推荐2018年“草原之光”硕士创业人才、第19批中组部博士服务团人才各2名。石宝镇腮吾素村特色种植致富团队入选第八批“草原英才”创新创业人才团队。建立完善50名专家库和12个专家服务基地。构建创业培训、小额贴息贷款扶持和专家指导服务“三位一体”工作模式,为244名创业人员发放创业贷款3208万元。

# 宣传教育

**【理论宣传】**围绕习近平新时代中国特色社会主义思想、党的十九大精神、全国“两会”精神、改革开放40周年等重大主题,以理论学习“学懂、弄通、做实”为目标,形成以旗委中心组学习为引领,集中讲学研讨为主体,基层讲堂讲吧、全民阅读基地“学习讲堂”为依托,红色蒙古包、“草原学习轻骑兵”、“文艺走基层”等送学下乡为补充的“1+1+1+X”宣讲模式。全年累计开展旗委中心组集中(扩大)学习会14场次,组建“达茂旗中心组”理论学习群,定期推送理论学习文章,实现旗级领导和各级党委(党组)领导班子学习全覆盖;开展《习近平用典》讲习会15场次,开展集中宣讲60余场次,组建党委(党组)理论学习群96个,实现了基层普通党员干部学习全覆盖;开展送学下乡活动44场次,开展流动讲学24场次,实现嘎查村一级党员群众学习全覆盖;发放蒙汉双语插卡收音机1025台,“英雄达茂”微信平台累计推送理论文章、时政动态等理论知识200余篇。

**【新闻报道】**机构设置方面,2018年将官方微信平台“英雄达茂”移交新闻传媒中心运营管理,搭建形成媒体融合综合服务平台,形成新旧媒体相互融合、相互发展、全方位宣传的格局。重大主题宣传报道方面,围绕习近平新时代中国特色社会主义思想和党的十九大、全国“两会”精神等重点选题,报纸、电视、广播分渠道开辟“十九大精神在边疆草原”“新时代新征程”“不忘初心 牢记使命”等专题专栏10余档,“英雄达茂”微信平台开设“政策解读”“热点关注”等专栏12档,2018年全年外宣发稿1512篇条,同比增长44.4%,内宣播发稿件2000余篇条,同比增长35.7%,“英雄达茂”微平台推送各类信息1213篇条、理论学习文章270篇条。达茂联合旗被中宣部列入县级媒体融合改革试点。

**【精神文明建设】**文明创建工作方面,深化县级文明城市、文明示范窗口、文明社区、文明村镇、文明单位(含标兵)、文明家庭、文明校园七大创建活动;命名表彰7个苏木乡镇和嘎查村为旗级“文明村镇”,6个村镇申报包头市级文明村镇,6个村镇申报旗级文明村镇;2个文明单位申报市级文明单位标兵,3个旗级文明单位标兵申报市级文明单位,1个单位申报旗级文明单位;1个服务窗口申报旗级文明示范窗口；对4个自治区文明标兵、9个自治区文明单位和部分包头市级文明单位(含标兵)进行专项复查。弘扬社会主义核心价值观方面，开展“践行社会主义核心价值观·红色记忆文明行”主题实践活动20场，参加活动人数610人次，“道德讲堂”11场；隆重表彰了10名首届“新时代好少年”暨全旗第七届“美德少年”，对荣获包头市第七届“美德少年”提名奖的3名少年、荣获包头市乡村(城市)学校少年宫优秀创新案例、第三届乡村(城市)学校少年宫优秀获奖节目及7名指导教师进行表彰；表彰旗10名身边好人、10名道德模范、7名荣获包头市第六届道德模范和提名奖获得者及6名“包头好人”。“学雷锋”志愿服务活动方面，成立“达茂旗志愿服务联合会”，注册志愿服务队51个、志愿者6041名；开展“助学圆梦”活动，对26名贫困学生进行帮扶。

**【意识形态工作】**组织领导方面，各级党委(党组)及时调整领导小组，发挥苏木乡镇专职宣传委员作用，压实意识形态工作主体责任，形成意识形态工作书记亲自抓、宣传委员具体抓、多部门齐抓共管的工作格局。制度管理方面，制定出台意识形态实施细则，落实阵地管理办法，规范意识形态阵地管理。旗委常委会专题听取意识形态专项汇报2次，对宗教场所、网吧等意识形态阵地摸排检查5次，开展意识形态专项调研督查2次、下发整改通知书54份，组织巡察1次，发放问卷调查400余份，在西河乡召开意识形态工作现场观摩和经验交流会。网络意识形态方面，强化网络意识形态工作责任制落实，加强网军队伍建设，将意识形态分析研判机制同“大情报”协作机制、社会工作联席会议机制相融合，形成月研判、季通报、年总结的网络意识形态长效管控应对机制。及时开展各类网络平台清理整治工作，网信、网监等多部门联动对旗域内45家互联网网站(其中政务类9家，商业网站36家)、8家微博(政务类)、65家微信公众号(其中政务类53家，商业类12家)、453个政务工作微信群进行了集中清查，处理属地内存在高危漏洞网站7次4家，整治关停互联网网站9家、清理被篡改网站25家，约谈网络平台4家，整治存在高危漏洞网站4家、涉网络游戏信息内容网站4家、淫秽色情暴力低俗信息网站1家，累计下发网评任务44次，撰写网评文章36篇，被市级及以上媒体采用8篇，处理舆情信息35条，发布舆情预警信息3条、舆情动态报告16条。组建以在职党员干部为主体的747人的网络文明志愿传播队伍，开展文明传播活动24次，发动志愿者参与3674人次。

**【文艺工作】**公共文化服务建设方面，传媒大厦全面建成并投入使用。组建各类文艺团体20个，参与群众1000余人；开展群众性文化活动110余场、“草原文艺轻骑兵”送文艺下乡102场、综合服务活动15场次。文化产业发展方面，圆满完成第六届游牧文化旅游节宣传任务，重点包装宣传穆斯泰旅游景区、套马沟风情园、希拉穆仁花海等一批旅游项目。文艺讲理论、讲政策方面，强化文联职能，文联下属各协会共计开展文学、书画、摄影、手工艺、歌舞等各类活动近百场，以习近平新时代中国特色社会主义思想为主题，创作书画、剪纸、文学等作品百余篇，编创二人台、三句半、快板书等节目20多个，制作推出4首党性教育主题歌曲，拍摄3部党性教育专题片，完成“水韵达茂”风光画册制作。在“守望相助好家园”首届全区农牧民文艺会演中，旗选派的节目《十九大精神暖人心》作为包头市唯一代表赴自治区参加演出。

# 统一战线

**【党对统战工作的领导】**以习近平新时代中国特色社会主义思想为指导，深入学习贯彻党的十九大精神、习近平总书记考察内蒙古和参加十三届全国人大内蒙古代表团审议时的重要讲话精神，认真贯彻落实中央、自治区、包头市和旗委关于统战工作的一系列方针政策和重大决策部署，紧紧围绕打赢“三大攻坚战”，履行统战工作职能，开展各项工作，推动统战工作再上新台阶。

**【民族宗教】**落实各级民族工作会议精神和《关于加强和改进新形势下民族工作的实施意见》精神，以“一周两月”活动为载体，开展民族团结进步“八进”活动。举办“腊月二十三”、巴音宝格达敖包传统祭祀活动；深入社区及牧民家中开展蒙语解读党的十九大精神活动；在朵兰戈尔社区举办民族服饰手工制作培训班，100多人参加培训。加强蒙古语文工作，举办包头市第十届“艾不盖颂”蒙古语诗歌会，对百灵庙镇社会市面牌匾进行6次大检查，整顿100余块问题牌匾。完成与百镇18个牌匾制作企业对接工作，同时对14名商户下发限期整改通知书。完成“两会”及旗委全会近30万字的翻译工作。

加强宗教事务管理，组织开展《宗教事务条例》学习，举办旗委中心组（扩大）专题学习会，全年选派11名干部参加包头市委统战部举办的宗教工作培训班。会同民族宗教、公安等部门对全旗7个宗教场所进行8次安全防范大排查，倡议宗教团体和宗教人士为“7·19”洪灾捐款1.2万元。

**【党外干部】**选派32名党外干部和少数民族干部参加“达茂旗第二期青年干部培训班”、选派3名党外知识分子和新的社会阶层人士参加《包头市党外知识分子、新的社会阶层人士专题培训班》。按照上级要求,完成全旗279名党外知识分子信息采集工作,并筛选4名党外副县级领导干部和42名少数民族党外知识分子录入自治区信息库。

**【队伍建设】** 规范“三会一课”,制定全年的支部会议、党员大会、党课、党员固定活动日工作计划,把每周五确定为组织生活日,通过座谈、专题学习、专题党课等多种形式,开展新时代中国特色社会主义思想、习近平总书记的重要讲话和各级重要会议精神的学习。开展统战理论、先进典型事迹、《中国共产党纪律处分条例》和意识形态责任制等学习,提高统战干部的理论水平和工作能力。组织开展走访贫困户、“7·19”洪灾进社区送水、百灵庙抗日武装暴动纪念碑重温入党誓词、警示教育、“学习用典”和“双认领、双服务”等丰富多彩的党员固定日活动,提高党支部的凝聚力和号召力。开展作风建设年活动,对查摆梳理出的22条问题制定整改措施并逐条落实整改。对全旗12个苏木乡镇、50多家民营企业、7个宗教活动场所、21户包联贫困户、2名退休党员、2户守边牧民开展调查研究和走访,形成3篇调研报告。落实巡察整改,根据反馈的5项20条主要问题研究制定《达茂联合旗委统战部党支部巡察反馈意见整改方案》,全部从严从速进行整改;建立健全党风廉政长效机制,制订完善学习、考勤、财务、公车使用、公务接待、“三重一大”和微信群管理6项制度。落实意识形态工作责任制,通过“统战新语”、“达茂统战”公众号、“工商联”微信群,广泛开展学习宣传党的十九大精神、习近平新时代中国特色社会主义思想、习近平总书记在内蒙古代表团审议时的重要讲话精神,引导统战人士,更加紧密地团结在以习近平为核心的党中央周围。在宗教场所开展宪法和法律法规、国旗、社会主义核心价值观和中华优秀传统文化“四进”活动,实现全覆盖。通过调研、召开座谈会、考察学习、微信推送等多种形式,在民营企业中宣传贯彻习近平总书记在民营企业座谈会上的重要讲话精神,发放讲话读本和包头市支持民营企业措施汇编各200本,坚定民营企业家加快发展的信心。

# 老干部工作

**【日常工作】** 采取支部学习、专题辅导、座谈讨论等形式，组织广大离退休干部深入学习党的十九大精神和全国“两会”精神。以离退休干部党支部为阵地，认真执行“三会一课”，合理适度地开展党组织活动。编印大字版《达茂旗老干部学习资料汇编》90册，发给全体离休老干部和退休旗级老干部中进行学习。购置10台语音点播收音机开展上门学、家庭学等多种活动，实现学习教育全面覆盖。精准开展老同志“一对一”个性化、亲情化服务。对居住在旗内的老干部实行“三访”制度，高度重视解决老同志信访反映的困难和问题。全年共解决和解答老干部来人来电涉及工资、医药费报销、人事身份信息验证、报刊投送等问题28人次，办结率为100%。

# 机构编制

**【事业单位分类改革】** 按照包头市编办《关于抓紧做好事业单位分类后续收尾等工作》的通知，针对分为承担行政职能类的4家事业单位所承担的行政职能开展清理工作，对其承担的行政职能所依据的法律、法规进行逐一细致的审查；依照自治区《承担行政职能事业单位转行政所需行政编制数测算操作办法》，对承担行政职能类事业单位完成所需编制测算，为承担行政职能事业单位回归打好基础。

**【综合行政执法改革】** 组织研究制定《达茂联合旗综合行政执法改革工作实施方案》，整合交通运输系统分散承担的行政执法职能，组建交通运输综合执法大队；整合卫计系统分散承担的行政执法职能，组建卫生计生综合监督执法局；整合农牧业系统分散承担的行政执法职能，组建农牧业综合执法局；在城市管理领域推进跨部门综合行政执法改革；整合文体广电、旅游系统分散的行政执法职能，组建文化旅游综合执法大队；在12个苏木乡镇组建综合执法中心。

【经济发达镇行政管理体制改革】贯彻落实党的十八届三中全会提出的“对吸纳人口多、经济实力强的镇,可赋予同人口和经济规模相适应的管理权”精神和加快推进新型城镇化的部署要求,组织人员进行摸底调查后,将“达茂联合旗百灵庙镇”“达茂联合旗满都拉镇”“达茂联合旗明安镇”申报为经济发达镇改革试点。

【政府工作部门职责梳理】开展政府工作部门职责梳理工作,在安排部署职责梳理工作前期,与上级编办沟通,实地学习先进地区的做法经验,结合实际,提出开展政府工作部门职责,梳理工作安排及思路,组织印发《关于对政府工作部门进行职责梳理调整工作的通知》。

【“审改”工作调整交接】提请旗人民政府召开推进行政审批制度改革领导小组专题会议,对行政审批制度改革牵头单位进行调整交接,并对下一步权责清单梳理、公共服务事项梳理和中介服务“回头看”等重点工作进行安排部署。

【创新公益类事业单位编制管理】按照公立医院改革相关要求,在人员总量控制管理方面形成基数测算数据,待自治区公立医院编制备案制管理意见出台后,统筹谋划开展人员总量管理试点改革工作。跟踪旗中小学机构编制配备及职能运行情况,按照包头市编委《关于重新核定达茂旗中小学教职工编制的通知》精神,制定旗中小学编制分配方案。

【事业单位登记管理】开通并使用“事业单位在线”网站。截至年底,全旗共设立事业单位239家,取得事业单位法人资格证书的有207家,完成全旗207家事业单位年度报告公示工作;为机关群团赋码发证55本、垂直管理单位赋码发证2本,达到总数的97%;完成对旗水利工程管理站、明安镇农牧业服务中心、满都拉镇人口和计划生育服务中心、旗供销合作社联合社四家单位“双随机一公开”的抽检工作,确保事业单位法人事中事后监管规范有序进行。

【围绕中心服务大局】先后成立保密局、贸易促进会、苏木乡镇基层司法所、巴音杭盖自然保护区管理站、医疗保险管理中心、旗委巡察机构、机关事务管理服务中心、蒙中医药管理局等机构;为旅游局、志史编纂办公室等20家行政、事业单位调剂行政事业编制62名。

【信息化管理】全面推行网络版实名制信息管理,数据实时监督更新,如期完成统计工作。开展网上名称管理,网站挂标规范化督导工作,清理挂标不规范及“僵尸”网站19家,全旗党政机关、事业单位网站开办实现实体机构与网上名称的“名实相符、名称规范”。强化政务和公益机构域名(中文域名)注册工作,共注册237个,注册率达到95%。切实加强机构编制网站维护,及时准确更新网站信息。初步完成“云上编制”基础数据采集行政机构“三定”方案和组织沿革录入工作。

# 党　校

**【概况】**核定编制14人。在编人员12人,其中教师4人、行政人员6人、工勤人员2人。高级讲师2人,讲师1人。旗委副书记兼任校长，有1名常务副校长、1名副校长。

**【干部培训】**学员管理方面,强化与组织部门和学员单位的协调配合，坚持以人为本，形成并完善党校培训与干部使用相结合的制度和机制。加强对党校教师的思想教育,严格落实"科研探索无禁区、党校讲坛有纪律"的要求,始终站在党的立场规范教学言行。校园文化建设方面，努力营造风清气正的基层党员干部教育培训环境，预约聘请外校教授和本旗专家、学者、领导到校授课;完善本校教师、客座教授、专家学者"三位一体"的师资队伍建设。采取听课、演讲、答辩、座谈、实地考察、情景模拟等丰富多彩寓教于乐的形式对广大党员干部进行培训。为改善教学环境,修缮党校大楼楼顶,排除安全隐患。2018年,举办各类学习班13期，培训党员干部1826人(次)。

**【教学科研】**参加培训学习6人次，购买图书48本,征订报纸杂志38份。把各级党委和政府的重要会议精神及工作报告、领导重要讲话、时事政策列为新课题,统一学习、分工备课、集中讨论、修改完善,用蒙汉两种语言文字集体备课14个专题,撰写调研报告和论文4篇。

**【宣讲任务】**旗委党校坚持"阵地战"与"运动战"相结合方针,与旗委讲师团组成流动党校,"走出去" 深入各苏木乡镇、旗人大等机关、社区、企业单位,巡回讲课20场次,听讲人数达1272人次,巩固提高"蒙古包党校"和"炕头党校"学习型品牌,相关内容被包头电视台和达茂电视台先后播报4次。

# 合作交流

**【概况】**达茂联合旗接待办公室成立于2007年1月20日,是经2006年12月8日旗机构编制委员会研究并报旗十一届五次常委会同意后成立的,为旗人民政府直属事业单位。2009年根据《关于变更达茂旗接待办公室隶属关系的通知》,根据常委会议决定事项通知(达党决字〔2009〕1号)精神,同意将原由旗人民政府管理的接待办公室划归旗委管理;2009年8月经自治区组织部批准为参照公务员管理事业单位,设领导职数2名,均由行政领导兼任。2017年12月更名为合作交流办。

**【接待工作】**2018年,共完成接待各级来宾1123批、13109人次。其中重要来宾12批、104人次。

# 达茂联合旗人民代表大会

# 重点工作

【常委会会议】2018年，全年共组织召开9次常委会会议，听取和审议“一府两院”专项工作报告4项，开展执法检查3项，依法做出决定决议7项，向“一府两院”提出审议意见12项34条。

【监督工作】经济运行方面监督。常委会落实《中华人民共和国预算法》，组织财经委员会成员和预决算审查人员开展学习培训，提高审查监督能力；依法推进预算公开，增强预算透明度，接受社会监督。听取和审议旗政府2018年计划、预算上半年执行情况的报告，提出保障存量企业正常生产，加速产业结构调整和转型升级；推进重点项目建设，精准招商引资等审议意见。财政审计方面监督。常委会落实《中华人民共和国预算法》，组织财经委员会成员和预决算审查专家开展学习培训。依法推进预算公开，增强预算透明度，接受社会监督。听取和审议审计工作报告、审计发现问题整改落实情况报告，督促加大审计监督力度，切实提高资金使用绩效。民生工作方面监督。对《内蒙古自治区工资集体协商条例》实施情况进行执法检查，要求健全完善工资集体协商的组织体制、工作机制，形成政府统筹主导、三方密切配合的工作格局。对草牧场确权工作开展专题调研，提出规范工作程序，健全完善相关档案资料，依法依规把工作做细做实。对民族宗教工作进行专题调研，提出加强统筹协调，保障宗教活动正常开展；加强组织建设，充分发挥宗教管理“三级网络”作用等3条审议意见。热点问题方面监督。农业环境保护工作是落实乡村振兴战略的需要，旗人大常委会组成调研组对全旗农业面源污染综合治理情况进行专题调研，要求提高广大群众的环境保护意识；加强对农产品的质量安全和农药残留的检测，确保农产品的安全。围绕《中华人民共和国大气污染防治法》实施情况开展执法检查，提出强化建筑工地、棚改区抑尘措施和稀土园区环境整治的审议意见。常委会组成人员认真学习《中华人民共和国食品安全法》和《中华人民共和国药品管理法》，围绕食品药品监管工作开展专题调研，向旗政府提出把依法行政的各项要求落实到保障食品药品安全工作的各个方面、每个环节，切实提高执法人员依法行政能力；加强职业道德教育和法律业务培训，全面推进食品药品监管队伍建设的审议意见。司法工作方面监督。先后听取和审议旗人民法院民商事审判工作情况的报告、旗人民检察院关于司法体制和检察工作的报告。要求旗人民法院牢固树立服务发展大局观念，为全旗加快发展提供优质高效的司法服务。加强人民陪审员制度建设，保障人民陪审员在案件评议中的话语权。加快青年法官培养,提高青年法官的司法能力和水平。要求旗人民检察院做好普法宣传工作，进一步建立符合检察工作特点和司法规律的检察人员管理机制，促进检察队伍人才专业化建设。完善规范性文件备案审查工作机制，推动全旗规范性文件备案审查工作深入开展。

**【人事任免】**2018年,依法任免“一府一委两院”工作人员70名。加强干部任后监督,执行旗人大常委会《关于实行政府组成部门负责人履职承诺制的办法》,对政府组成部门主要负责人开展履职评议,并进行满意度测评。

**【代表工作】**提高代表履职能力,组织开展旗十五届人大代表集中培训2次,邀请内蒙古党校、市人大常委会等领导和专家为代表们作专题讲座。为代表征订《内蒙古人大》《包头人大》等资料和书籍,让代表掌握人大工作动态。组织人大代表先后赴孝感市、呼伦贝尔市、土右旗等地区考察交流,学习人大代表主题活动先进经验。一年来,共邀请76位代表列席人大常委会会议、参加视察、专题调研、执法检查等活动，帮助代表找准履职着力点,提高履职能力和水平，激发代表履职活力。2018年，旗人大常委会将人大代表活动主题确定为“助力精准扶贫,保护草原生态环境”。旗乡两级人大组织人大代表围绕精准扶贫和草原生态保护开展调研,提出建议12条。常委会先后听取旗政府关于人大代表建议意见办理情况的报告3次,对加强移动通信网络建设等重点建议进行跟踪督办,组织人大代表深入实地进行督查。代表提出的63件建议、批评和意见,已基本办结,一批群众关心关注的突出问题得到有效解决。强化代表履职管理,健全旗人大常委会组成人员联系代表和代表联系选民的“双联”机制,常委会组成人员定期深入所在选区 “人大代表之家”参加活动,协调帮助解决选区实际困难。建立人大代表与民情信息员长效联系机制,健全完善代表联系选民和接受选民监督机制,规范代表述职评议活动,使代表的履职情况置于选民的监督之下。组织2名市人大代表在常委会上述职并进行满意度测评；指导各苏木乡镇人大组织旗、乡两级人大代表向选民述职,进一步增强人大代表的履职意识和密切联系群众意识。加强代表履职管理,推进基层代表履职平台建设,本着“全面建家、驿站补充、流动覆盖、突出特色”的原则,创建“人大代表草原驿站”“流动人大代表之家”和“驼队人大代表之家”,在百灵那达慕产业园新建1处富有民族特色的旗级“人大代表之家”,并指导苏木乡镇人大对“人大代表之家”进行提档升级。

# 达茂联合旗人民政府

# 重要会议

**【全体会议】**达茂联合旗人民政府2018年召开全体会议2次。4月4日政府第1次全体会议暨廉政工作会议,传达习近平总书记在参加十三届全国人大一次会议内蒙古代表团审议时重要讲话精神;特邀旗委常委、旗纪委书记、监委主任姚培清作专题辅导;审计局、农牧业局、科扶办、口岸局、乌克忽洞镇、满都拉镇负责人表态发言。12月29日政府第2次全体会暨第20次常务会议,研究《政府工作报告(讨论稿)》《达茂联合旗2018年国民经济和社会发展计划执行情况与2019年国民经济和社会发展计划(草案)的报告(讨论稿)》《达茂联合旗2018年预算执行情况和2019年预算(草案)的报告(讨论稿)》,研究国土资源局提交的近期土地开发利用、巴润工业园区管委会提交的购买相关公共服务合同、住房和城乡规划建设局提交的关于百灵庙镇供热特许经营协议有关事宜。

**【党组会议】**中共达茂联合旗人民政府党组2018年召开党组会议16次。1月15日第1次会议,传达学习中央经济工作会议精神、中央农村工作会议精神、全国扶贫开发工作会议精神和习近平总书记在学习贯彻党的十九大精神研讨班开班式上重要讲话、赵江涛市长在市十五届人大一次会议上代表市政府所作《政府工作报告》和在达茂代表团讲话、自治区党委十届五次全会暨全区经济工作会议、十九届中央纪委二次全会精神、《包头市关于各级党委(党组)管党治党责任追究细则(暂行)》,以及市委、市政府《关于深入贯彻落实中央八项规定精神进一步加强作风建设的实施办法》,自治区纪委机关、自治区党委组织部《关于呼和浩特市清水河县宏河镇党委党内政治生活不严肃问题的通报》精神,研究政府党组贯彻落实意见。2月12日第2次会议,传达学习中共十九届二中全会、自治区“两会”、市委十二届五次全会、旗委十三届九次全会精神,研究政府党组贯彻落实意见,研究组织部提交的关于敖登图亚等人的任免职事宜。3月1日召开第3次会议,传达学习《中国共产党中央委员会关于修改宪法部分内容的建议》、党的十九届三中全会精神、自治区政府打好“三大攻坚战”工作推进电视电话会议精神,研究政府党组贯彻落实意见,研究《中共达茂联合旗政府党组2018年工作要点》、近期大额度资金分配使用情况有关事宜。3月26日第4次会议,传达学习习近平总书记在打好精准脱贫攻坚战座谈会、参加内蒙古代表团审议时,以及在十九届中央政治局第四次集体学习时的重要讲话精神和全国“两会”精神,研究贯彻落实意见;传达学习中办《关于严明纪律切实保证党和国家机构改革顺利进行的通知》、自治区党委书记李纪恒在自治区党委理论学习中心组2018年第2次集体学习时的讲话精神和《中国共产党党务公开条例(试行)》精神;研究《中共达茂联合旗政府党组2018年党建工作要点》《政府党组落实意识形态工作责任制分工方案》。4月20日第5次会议,研究组织部提交的关于汪占元的免职事宜。5月2日党组第6次会议,传达学习习近平总书记对中国游客在朝鲜发生重大交通事故重要批示精神、《地方党政领导干部安全生产责任制规定》、国务院第一次廉政工作会议精神、中国共产党内蒙古自治区第十届委员会第六次全体会议精神、自治区脱贫攻坚推进会精神,研究贯彻落实意见;研究《政府党组关于认真学习宣传贯彻习近平总书记在参加十三届全国人大一次会议内蒙古代表团审议时重要讲话精神的实施方案》《达茂联合旗2018年政务公开工作要点》《政府党组开展“作风建设年”活动实施方案》。6月7日第7次会议,传达学习自治区党委关于对脱贫攻坚中不担当不作为的3名旗县党政正职进行问责的通报精神、自治区党委书记李纪恒在锡林郭勒盟调研时的讲话和在自治区扶贫开发领导小组会议上的讲话精神、包头市市长赵江涛调研精神,研究贯彻落实意见;研究《关于切实加强政府党组成员及班子成员学习和调查研究的工作方案》《2018年度政府领导班子落实“两个责任”清单》《达茂联合旗政府常务会工作规则》。6月11日第8次会议,传达学习中央第二环境保护督察组对内蒙古自治区开展“回头看”工作动员会、中共包头市第十二届委员会第80次(扩大)会议精神及自治区党委常委、市委书记张院忠6月5日调研达茂联合旗指示精神;传达学习全国人大常委会在内蒙古检查大气污染防治法实施情况、《真督察岂容假整改中央环保督察人员揭开和林格尔县两张封条的秘密》及自治区党委书记李纪恒、自治区主席布小林批示精神。6月25日第9次会议,研究人事任职事宜,研究旗长、副旗长、巴润工业园区管委会主任工作分工事宜;传达学习习近平、李克强、韩正在全国生态环境保护大会上的讲话、《中共中央、国务院关于全面加强生态环境保护坚决打好污染防治攻坚战的意见》,传达学习习近平总书记、李克强总理对脱贫攻坚批示、自治区打赢精准脱贫攻坚战旗县(市、区)委书记述职交流视频会、自治区党委《关于查处扶贫领域形式主义官僚主义问题的情况通报》精神,传达学习习近平总书记在十九届中央国家安全委员会第一次会议、中央外事工作会议上的重要讲话精神，传达学习《中共中央办公厅关于加强调查研究提高调查研究实效的通知》和《中共包头委员会巡察工作办法》、市纪委监委关于给予朝某某开除党籍公职处分的决定和包纪办《包头市各旗县区2018年第一季度专项整治工作情况通报》精神，研究贯彻落实意见。7月10日第10次会议，传达学习《中共中央 国务院关于打赢脱贫攻坚三年行动的指导意见》、李克强总理在国务院全体会议上的讲话精神、《国务院关于打赢蓝天保卫战三年行动计划的通知》、中央第二环保督察组“回头看”有关包头工业废渣督察情况、自治区党委书记李纪恒和自治区主席布小林有关批示精神、包头市委《关于对我市固体废物管理混乱违规倾倒工业废渣问题进行责任追究的通报》《内蒙古自治区党委办公厅印发关于进一步净化政治生态的意见的通知》精神，研究贯彻落实意见；研究《达茂联合旗人民政府（党组）“三重一大”集体决策工作制度》；书面传达中央第二环保督察组“回头看”有关乌梁素海、岱海、霍林河露天煤矿督察情况和自治区党委书记李纪恒、自治区主席布小林有关批示精神。7月26日第11次会议，传达学习习近平总书记、李克强总理对实施乡村振兴战略重要指示精神和中共中央、国务院《关于印发〈乡村振兴战略规划（2018—2022年）〉的通知》精神；传达学习李纪恒、布小林、欧阳晓晖在全区生态环境保护大会上的讲话精神，研究贯彻落实意见；传达学习自治区党委书记李纪恒视察固阳县抗洪抢险救灾工作指示精神；传达学习《内蒙古自治区党委办公厅关于乌兰察布市化德县扶贫工作发现问题处理情况的通报》《内蒙古自治区党委办公厅〈关于进一步激励广大干部新时代新担当新作为工作方案〉的通知》精神；研究人事免职事宜。8月30日第12次会议，传达学习《中国共产党纪律处分条例》《中共中央、国务院关于防范化解地方政府隐性债务风险的意见》《中共中央办公厅、国务院办公厅关于地方政府隐性债务问责办法的通知》《内蒙古自治区人民政府办公厅关于认真学习贯彻中发〔2018〕27号文件精神的通知》精神，研究近期大额度资金分配使用事宜。10月19日第13次会议，传达学习习近平总书记在“山东寿光洪灾严重，救灾面临多重困难”信息上关于抗洪救灾重要批示精神和李克强总理批示要求、自治区第十届党委常委会第107次（扩大）会议精神，传达学习习近平总书记在第五个国家扶贫日对脱贫攻坚工作的重要指示精神和李克强总理批示精神、中央第八巡视组对内蒙古自治区开展脱贫攻坚专项巡视工作动员会议精神，传达学习国务院总理李克强、国务院副总理胡春华和自治区党委书记李纪恒、自治区主席布小林对锡林郭勒盟正蓝旗非洲猪瘟疫情重要批示精神，传达学习中央第二环境保护督察组对内蒙古开展“回头看”情况反馈会议精神，传达学习《包头市生态文明建设目标评价考核办法》《中共中央办公厅关于统筹规范督查检查考核工作的通知》《第十届内蒙古自治区党委巡视工作规划》《市委办公厅关于深入学习贯彻〈第十届内蒙古自治区党委巡视工作规划〉的通知》《自治区党委办公厅、自治区政府办公厅关于进一步规范重大紧急事件报告工作的通知》精神，听取政府党组成员履行党建工作责任制情况汇报，研究近期人事任免职事宜。11月8日第14次会议，传达学习中共中央政治局10月31日会议精神，传达学习习近平总书记在民营企业座谈会上的讲话精神和《自治区党委办公厅关于认真学习宣传贯彻习近平总书记在民营企业座谈会上重要讲话精神的通知》精神，传达学习习近平总书记在首届中国国际进口博览会开幕式上的主旨演讲精神，研究贯彻落实意见。11月26日第15次会议，传达学习习近平总书记在同全国妇联、全国总工会新一届领导班子成员集体谈话时的讲话精神，传达学习《中国共产党支部工作条例（试行）》，传达学习李纪恒书记在自治区党委十届七次全会上的讲话精神，听取各副旗长分管领域2018年政府债务化解、专项资金争取和2019年重点项目、重点工作谋划情况汇报。12月28日第16次会议，传达学习12月13日中共中央政治局会议、中央经济工作会议、中共中央政治局民主生活会精神，传达学习习近平总书记在庆祝改革开放40周年大会上的讲话、在中共中央政治局第十次集体学习时的讲话精神，传达学习《中共中央办公厅关于党组讨论和决定党员处分事项工作程序规定（试行）》《内蒙古自治区关于促进民营经济高质量发展若干措施》《包头市纪委监委关于严肃整治领导干部利用名贵特产类特殊资源谋取私利问题的工作方案》，传达学习自治区党委书记李纪恒在全区促进民营经济高质量发展大会上的讲话精神，研究近期大额度资金分配使用情况有关事宜。

**【常务会议】**达茂联合旗人民政府2018年召开常务会20次。1月2日第1次常务会，听取关于2017年度脱贫攻坚、安全生产、依法行政及中央、自治区环保督察整改情况汇报，研究部署下一步工作；研究《达茂联合旗“十三五”环境保护规划》《包头市达茂旗满都拉镇（等六镇一苏木）乡级土地利用总体规划（2009—2020年）调整完善方案》及近期土地开发利用有关事宜、《达茂联合旗偏远农牧区用电升级工程实施方案》及2018年拟实施投资亿元以上重点项目等事宜、《2018年春节、元宵节系列活动方案》。2月26日第2次常务会，研究《达茂联合旗公共租赁住房实施细则》《达茂联合旗推进电信普遍服务基础设施建设工作方案》及旗人民政府与铁塔公司包头分公司全面合作协议书、《达茂联合旗临时救助实施细则》、旗人民政府与内蒙古安凯新能源有限公司项目开发协议书及与广东省风力发电有限公司内蒙古分公司风电供热项目协议书、近期土地利用、2017年度符合政策安排工作的退伍军人及随军家属就业安置有关事宜。3月13日第3次常务会，传达学习自治区、包头市有关会议精神；研究《达茂联合旗政府债务化解实施方案》《达茂联合旗2018年政府债务化解计划》《达茂联合旗“十个全覆盖”工程债务化解工作方案》《达茂联合旗创建自治区“四好农村路”示范旗实施方案》《达茂联合旗重点公路建设项目实施方案》《达茂联合旗地质环境保护与恢复治理实施方案（2018—2020年）》《满都拉口岸2018年确保过货量达到500万吨实施方案》及2018年全旗亿元以下项目实施计划及工作安排；听取满都拉口岸2018年重点工作、重点项目工作情况汇报。4月4日第4次常务会，听取关于市委“三大攻坚战”专项督查工作反馈情况汇报；研究《达茂联合旗防范化解重大风险攻坚战实施方案》《达茂联合旗精准脱贫攻坚战实施方案》《达茂联合旗污染防治攻坚战实施方案》《达茂联合旗第二次全国污染源普查实施方案》《达茂联合旗划定并严守生态保护红线工作方案》《达茂联合旗领导干部自然资源离任审计实施方案》《达茂联合旗农业水价综合改革实施方案》《达茂联合旗工矿企业非法征占用草原集中整治工作实施方案》《达茂联合旗农村牧区环境卫生常态管理及公共设施管护工作实施方案》《达茂联合旗土地整治规划（2016—2020年）》《达茂联合旗百灵庙镇污水处理扩能及中水回用PPP项目实施方案》《达茂联合旗与易大宗控股有限公司投资合作协议书》等事宜。4月20日第5次常务会，听取关于全旗脱贫攻坚工作情况，关于中央环保督察反馈意见、中央第二巡视组巡视“回头看”反馈意见中有关生态环保问题、全区生态环境保护大检查反馈意见的整改落实情况、全旗非法征占用草原清理整治工作情况及划定并严守生态保护红线工作情况，关于全旗2018年第一季度政府债务化解情况，关于一季度安全生产工作情况汇报，安排部署下一步工作；研究成立内蒙古达茂旗民航机场有限责任公司、旗人民政府与中国农业银行股份有限公司包头分行全面战略合作协议、旗人民政府与达茂旗金杰融和电力有限公司帮扶贫困农牧民脱贫合作协议、包头市吉穆斯泰文化发展有限公司吉穆斯泰景区（二期）建设项目用地等事宜。5月3日第6次常务会，听取关于全旗2018年第一季度经济运行情况汇报，部署下一步工作；研究《关于解决全旗“十个全覆盖”工程遗留问题工作方案》《达茂联合旗脱贫攻坚实施方案》《达茂联合旗财政扶贫资金使用实施方案》《达茂联合旗易地扶贫搬迁验收办法（试行）》《达茂联合旗易地扶贫搬迁安置项目验收工作方案》《达茂联合旗易地扶贫搬迁后续产业发展实施方案》《达茂联合旗2018年易地扶贫搬迁实施方案》《达茂联合旗2018年教育质量提升实施方案》及旗委、政府聘请常年法律顾问合同事宜。5月14日第7次常务会,研究《关于自治区2017年度扶贫开发工作成效考核反馈问题整改工作方案》《达茂联合旗精准脱贫攻坚工作大排查大摸底实施方案》《达茂联合旗重点项目投资管理办法》《达茂联合旗重大项目风险评估办法》《第六届中国游牧文化旅游节实施方案》、关于旗多规合一规划市域开发边界划定、旗政府与内蒙古虹璟能源等3家公司项目开发协议书、近期土地开发利用等事宜;听取2005年以来签订协议(合同)清理整顿情况汇报,安排部署下一步工作。6月11日第8次常务会,听取关于非法征占用草原治理工作、禁牧办关于禁牧工作、希拉穆仁草原旅游市场综合整治工作情况汇报,安排部署下一步工作;研究《达茂联合旗全域旅游发展规划》、天翊达达茂旗50兆瓦清洁能源供热项目升压站至百灵庙开闭站220千伏送电线路工程路径、整合撤并百灵庙镇部分社区和近期土地开发利用等事宜。6月25日第9次常务会,研究《达茂联合旗综合治税信息平台实施方案》《农业综合开发扶持农业优势特色产业规划(2019—2021年)》,关于审批并公告达尔罕茂明安联合旗满都拉口岸、满都拉镇土地定级与基准地价更新、达茂联合旗百灵庙镇棚户区土地定级与估价等事宜。7月10日第10次常务会,研究《达茂联合旗人民政府工作规则》《达尔罕茂明安联合旗矿山地质环境保护与治理规划(2016—2020年)》《关于达茂巴润工业园区正规尾矿库建设及管理整改工作方案》,研究关于建设达茂旗基础地理信息平台和“多规合一”辅助决策系统、申请退回达茂旗异地扶贫搬迁项目指标及资金、包钢五中与百灵庙中学深度合作办学框架协议、关于阿都泰农牧业专业合作社承包经营达尔汗苏木种马场和近期土地开发利用等有关事宜;听取关于中央环保督察“回头看”转办达茂联合旗群众信访举报问题整改落实情况汇报,安排部署下一步工作。7月28日第11次常务会,听取关于上半年政府债务化解工作情况、上半年精准脱贫、生态环境保护、安全生产工作情况汇报,研究部署下半年工作;听取关于保障农牧民工工资支付工作情况、全旗2013—2017年行政规范性文件清理工作情况汇报;研究《达茂联合旗2018—2020年大气污染防治攻坚战行动实施方案》《达茂联合旗2018年水污染防治综合治理实施方案》《达茂联合旗加强工业固体废物管理整改方案》《达茂联合旗废弃砂坑违规倾倒问题专项整治方案》《达茂联合旗公证管理体制改革实施方案(讨论稿)》;研究旗人民政府与天风通用航空有限公司合作框架协议、旗人民政府与奥信集团合作框架协议有关事宜;研究近期土地开发利用事宜。8月31日第12次常务会,研究《达茂联合旗洪灾受灾群众救助实施方案》《达茂联合旗公共租赁住房租转售实施方案》及夹皮沟危房住户搬迁通告、落实调整艰苦边远地区津贴标准和2018年度机关事业单位退休人员养老金待遇、石宝镇为点状开发区及中节能达茂旗百灵庙50兆瓦风电供热项目升压站至达茂旗红塔220千伏变电站送电线路工程路径、近期土地开发利用有关事宜。9月20日第13次常务会，听取关于全旗灾后重建工作开展情况、“大棚房”问题专项清理整治工作进展情况、全旗非洲猪瘟和炭疽病防控工作情况、希拉穆仁草原旅游景区旅游环境综合整治工作情况汇报；研究《达茂联合旗县道X065百灵庙镇南出口段道路改造项目实施方案》、旗人民政府与北京优利康达科技股份有限公司项目开发协议书、石宝铁矿集团有限责任公司在划定矿区范围外围拟设探矿权和新立布龙土磷矿勘探项目、近期土地开发利用有关事宜。9月29日第14次常务会，传达学习习近平总书记关于信访工作的重要批示精神，听取关于全旗信访工作情况汇报；听取关于2005—2016年旗政府对外签订合同梳理情况、关于全旗医疗（公立医院）改革工作情况汇报；研究《达茂联合旗盐业体制改革实施方案》、成立传媒公司和赛乌素金矿公司设立矿权有关事宜。10月23日第15次常务会，听取关于全旗前三季度经济运行、全旗政府债务化解、全旗“十个全覆盖”工程债务化解工作情况汇报，听取关于全旗脱贫攻坚工作存在问题整改情况汇报，听取关于市审计局对旗扶贫资金审计发现问题整改情况汇报，听取全旗环保督察存在问题整改情况、关于草原征占用有关问题整改情况汇报，听取关于全旗前三季度安全生产工作情况汇报，研究部署下一步工作；研究以租赁方式供应天强养老院建设项目用地事宜。11月13日第16次常务会，听取关于全旗2017年度土地矿产卫片执法检查及全域例行督察整改落实工作情况汇报；研究《达茂联合旗农村牧区人居环境整治三年行动实施方案（2018—2020年）》《达茂联合旗农村牧区集体产权制度改革试点实施方案》《达茂联合旗推进实施商标品牌战略工作方案》和关于青少年德育教育基地委托经营综合服务项目有关事宜。11月23日第17次常务会，听取关于全旗退役军人服务管理工作情况汇报，研究部署下一步工作；研究《达茂联合旗保护发展森林资源目标责任制实施方案》《达茂联合旗百灵庙镇供水水源地地下水位于水量双控制管理方案》《达茂联合旗巴音杭盖自然保护区内矿业权退出方案》，研究关于局部调整达茂旗土地利用规划指标和近期土地开发利用有关事宜。12月17日第18次常务会，传达学习自治区扫黑除恶专项斗争第二督导组督导包头市工作动员会精神，专题听取关于全旗扫黑除恶专项斗争工作总体情况汇报，听取司法局、信访局、民政局、国土资源局、住房和城乡规划建设局、交通运输局等政府重点部门关于扫黑除恶专项斗争联动机制落实情况汇报，研究部署下一步工作。12月

17日第19次常务会,研究《达茂联合旗全面加强生态环境保护坚决打好污染防治攻坚战的实施意见》《达茂联合旗实施湖长制工作方案》《达茂联合旗2019年春节、元宵节系列活动实施方案》《达茂旗物业管理三年提升计划(2018—2020年)》《关于进一步加强达茂旗住宅小区物业管理工作的实施意见》,研究关于2019年拟实施投资亿元以上重点项目和新立达茂旗黄花滩铜矿勘察项目有关事宜。

# 达茂联合旗政府办公室

**【综合业务】**办文办会方面,全年共起草各类重要文稿130余篇、80余万字,审核修改新闻稿件60余篇。改进文风会纪,严格规范公文审签、用章、制发等环节,全年共收办上下级来文3953件,其中国务院、自治区政府文件171件,中央、内蒙古党委、包头市委文件468件,市政府文件707件,密件279件,上级部门文件1068件,下级部门文件1260件;制发各类文件863件,其中上行文132件、下行文102件、会议纪要146件、便函483件;办文规范率、用章登记率达到100%;承办政府全体会议1次、常务会议19次、政府党组会议16次、政府专题会16次、旗长办公会议102次、其他各类会议532次,会议准备率、档案完整率达到100%。信息工作方面,把政务信息作为向领导提供决策、向上汇报工作的重要途径,坚持高标准、高质量、零纰漏,加强政务信息审签、报送管理,确保信息编报的时效性和准确性,编发《政务信息》463期,市政府采用81期,《包头日报》采用32期,《漠南时讯》采用43期。认真贯彻落实《政府信息公开条例》有关要求,扎实做好政府网站建设、管理和维护工作,及时发布政策信息,公布财政预决算、政务信息等重点内容,更新各栏目文字、图片、视频内容3567篇,网站点击量达到42万次以上;加快推进政府门户蒙文网站建设,基本情况、新闻资讯、政务公开、办事服务、新农村牧区、文化旅游六大类,旗情、地图、风景图、达茂要闻、部门动态、图文信息、访谈、公文翻译、办事服务、信息资讯、应用技术、历史、民俗、文化、文艺、旅游、教育等17个板块内容实现蒙汉双语运行,发布蒙文公开信息471条,在全市走在前列。督查方面,建立上级交办、政府会议、领导批示事项3套督查台账,累计开展专项督查47次,下发督查通知8期、督办通知单45期,编发督查专报24期、督查通报3期。坚持领导批示件“批必办、办必果、果必报”，办理政府主要领导批示件79件，办结市级下达督办事项23项，特别是围绕“三大攻坚战”落实情况多次进行专项督查，为旗委政府领导准确掌握工作动态提供决策依据。高度重视建议、提案办理工作，办理答复市旗两级人大代表建议68件、市旗两级政协提案83件、市长热线595件、市长信箱事项8件、旗长热线30件，办结答复率达到100%。综合协调方面，充分发挥政府办公室联系领导、服务基层、协调部门的桥梁枢纽作用，凝聚各方力量，整合各类资源，形成推动全旗经济社会发展的整体合力，有力保障政府工作的高效运行。坚持“外事工作无小事”，精准保障外事接待服务，全年审理边民通行证216件，开展赴蒙公务出访活动2次、10人次，接待蒙古国访问团2批次、33人。负责承办尼日尔总统外事接待工作，得到总统先生的高度好评。加强应急管理，健全应急值守、24小时值班、节假日领导带班、专人值班等制度，完善突发性公共事件应急处置预案和突发事件应急处置体系，统筹调度、现场参与“7·19”洪灾救援和捐赠协调工作。切实加强保密工作，对领导批示件、重要文件等，严格按规定在一定范围由专人负责运转传阅，禁止擅自复印传输、在联网电脑处理涉密文件。后勤服务方面，树立“大后勤、大服务”理念，积极主动为政府领导提供优质服务，确保保障到位。全面启动OA办公软件系统应用，积极推行无纸化办公。修订完善后勤事务管理办法，研究制定解决公车改革后用车不足问题的实施方案，进一步完善公车改革管理；推动组建机关事务管理中心，健全完善职能职责。严格机关办公用房管理，完成67家单位科级干部用房实名制登记数据采集，启动CAD视图数据库建设。不断加强车辆安全管理，严格执行出差派车维修制度，全年出差派车900人次，调度车辆1400辆次，安全行驶50万公里无事故。改善基础设施，完成政府大楼和会务中心楼顶防水、政府大楼电缆更换、会务中心供暖主管道更换等工作。定期对政府大楼内外卫生和绿化亮化进行检查，努力营造整洁舒适的办公环境。

**【三大攻坚战】**把完成三大攻坚战任务摆在突出位置，派出督查室开展常态化督查，及时纠偏改正、解决问题，确保为政府科学决策提供有力支撑。高度重视债务化解工作，成立领导小组，制定工作方案，摸清政府办债务和相应资产底数，明确任务分工和完成时限，通过压缩一般性支出、争取上级专项资金、拍卖公务用车改革车辆等措施化债191万元。落实脱贫攻坚帮扶责任制，选派1名驻村干部，组织党员干部定期入户调查了解情况，帮助贫困户解决产业发展、利益联结、医疗报销等问题，确保20户帮扶贫困户生产生活稳定。针对中央环保督察及“回头看”反馈的问题，积极收集整理有关支撑资料及时向上报送，承担制定《关于认真落实中央环保督察“回头看”工作要求推动满都拉口岸物流园区环保问题整改的实施方案》等文件，有效发挥综合协调和服务指导作用。

**【深化改革任务】**按照旗委改革工作部署，全旗行政体制、对外开放两个专项改革办公室设在旗政府办公室。针对改革任务，及时承接市委、市政府和旗委改革安排，研究制定两个专项改革工作方案，调整完善专项小组组成人员，明确专人跟进落实，确保有方案、有人员、有落实。行政体制改革方面，确定推动便民服务管理体制改革、“放管服”改革、“最多跑一次”改革、机关事务管理改革4项改革事项，对外开放改革方面，确定构建对外开放新格局、全面扩大对外交流合作、发展特色跨境旅游、加强对蒙人才培养、建立多元化贸易方式5项改革事项，均已取得有效进展和明显成效。同时，配合其他专项改革小组工作。

**【依法行政】**认真落实依宪施政、依法行政要求，对2017年以来以政府、政府办名义制发的文件进行梳理审核，清理文件421份，其中规范性文件42份。进一步规范政府在民商事合同中的具体行为，有效防范法律风险，对2005—2016年对外签订的288份合同进行全面梳理，其中履行完成103份、正在履行94份、未履行91份，清理自始未履行和部分履行的合同110份。建立健全依法决策机制，制定规范性文件，严格履行征求意见、合法性审查、集体研究程序，合法性审查各类合同、方案、文件37件。依法开展行政复议诉讼，全年受理行政诉讼案件共13件。

# 信访工作

**【来访情况】**2018年，共接待群众来访167批1455人（重复访71批833人，占信访总量42.5%以上），较上年同期批次下降12.6%，人次下降20.1%。提供材料交转办的71件案件中，已出具处理意见或复查意见的41件，正在办理30件。

**【矛盾纠纷排查化解】**5月，旗信访联席会议办印发《达茂旗开展社会矛盾纠纷排查化解专项行动工作方案》，成立领导小组并建立一案一专班、联络员、会商研判、月调度、信息通报五项制度。结合重点领域、重点群体、重点问题、重点人员四个攻坚战要求，对上级部门交办的123件（自治区交办72件、包头交办51件）信访事项按照“一个案件、一名领导、一套班子、一个方案、一抓到底”的

“五个一”工作机制开展专项化解。自治区交办的72件案件（剔除重复案件2件、涉法涉诉19件）共办结18件，已出具处理意见、复查意见、复核意见21件，正在办理12件。包头市交办的51件案件（剔除重复5件、涉法涉诉9件）共办结21件，出具处理意见、复查意见、复核意见9件，正在办理7件。

**【旗级领导接访】**旗四大班子领导积极参与接（约）访工作，并严格按照“AB”岗带班接访制度到旗信访大厅开展接访活动。经旗级领导接约访、下访，成功化解百灵那达慕产业园区、新茂府（九龙山庄）、星河湾等建筑工程领域劳务人员工资问题，解决廉租楼居民饮水困难问题和禁牧牧民补贴问题。全年旗级领导共接待上访群众108批次486人次，接访率达到100%。

**【信访值守】**印发《关于做好全国、自治区、包头市“两会”期间信访工作的通知》《旗级领导接待群众来访工作方案》等文件，实行“五级包联”。完成国家、自治区和包头市三级“两会”和重大活动、重点时期的信访值守工作。

**【网上信访】**网上信访及时受理率、按期办结率、群众参评满意率均分别为100%、100%和94.7%，网上“三率”均超过全市平均水平。网上信访信息系统共接收信访件97件。其中国家信访局转办25件，办结23件；自治区信访局转送41件，办结33件；包头信访局转送9件，办结6件；本级录入22件，办结19件。

**【工作机制】**创新信息化建设手段，畅通信访渠道，建立和完善民意表达机制。4月，将本单位信访微信公众号纳入“英雄达茂”微矩阵和市民大厅平台，通过“英雄达茂”微矩阵平台发布推送信访相关动态50多条，群众留言建议30余条。建立规范接待办理程序，对现有驻厅工作人员进行重新调整，充实接待窗口人员，制定规范工作流程。健全信访问题集中协调处理机制。每月各苏木乡镇、部门单位向信访部门上报本地区本系统排查结果。信访部门按照职责权限和紧急程度进行梳理，对梳理的案件不定时提交社会工作联席会议进行集中研究化解。建立和完善督查、督办工作机制。重点对社会联席会议研究案件、旗级领导批阅案件和上级部门交办案件进行专项督查。

# 政务服务

**【业务工作】**大厅窗口共受理办结79030件。其中:承诺件5057件,即办件73973件。按时办结率达到100%。提供便民服务43457人（次），提供咨询服务48257人(次),颁发“三证合一”709户、“五证合一”220户、“多证合一”648户。

**【放管服改革】**编发《关于全面梳理公共(便民)服务事项的通知》,组织旗直部门和苏木乡镇,集中开展全旗370项审批(服务)事项的梳理和流程再造工作,明确事项名称、审批主体、审批依据、收费依据、审批材料、法定时限、承诺时限等内容。加强制度建设,修订“政务服务中心工作制度汇编”，明确承诺办理、一次性告知、首问责任等制度,并利用政府门户网、中心网站、英雄达茂微信平台、公告栏和电子触摸屏、告知单等载体,全方位公开办事流程和服务指南,确保群众对审批服务工作的知情权和监督权。

**【标准化建设】**按照政务服务场地标准化要求,更换更新各类标志标牌、制作服务指南、修正规章制度、合理设置休息阅读功能区域、粘贴各类宣传标语,丰富便民服务设施。按照“互联网+政务服务”建设工作要求,编发《关于开展电子政务外网建设情况督查工作的通知》，组织开展旗直31个部门单位、12个苏木乡镇以及百灵庙镇8个社区政务外网使用情况进行督查。针对存在网络不畅通、IP地址丢失、设备损坏等问题,与电信公司联络,派出技术人员对存在问题逐项解决。

**【政务服务】**合理安排大厅窗口,设立各类功能区域,完善标志标牌,提供免费打印复印服务，大厅二楼新增窗口全部接通政务网络，安装银行ATM机、自助办事服务终端、红十字会应急设备等。实行“AB”岗工作制,确保服务窗口均有人受理办理业务,启动电话、口头预约,提出代办和上门等服务模式，窗口根据实际情况提供预约服务、错时服务、延时服务、上门服务、代办帮办服务、双语服务等特色服务。实行考评制、考核制、回访制等相关制度，定期开展“党员示范岗”“服务标兵”“红旗窗口”等评比活动,提高窗口人员积极性。为各类企业和群众提供更优质的服务，按照上级部门的相关要求,结合窗口实际情况,对服务窗口进行调整,税务局、不动产、市监局等部门集中到一楼大厅,实现“一窗口”式受理办理模式。

中国人民政治协商会议达茂联合旗委员会

# 重点工作

**【概况】**政协达茂联合旗第十四届委员会设主席1名、副主席4名、常委20名、委员118名,设经济委员会、教科文卫体委员会、民族宗教法制委员会3个专门委员会,内设办公室。委员分布于中共14人,无党派10人,农牧林水23人,教科文卫体14人,民族宗教7人,法治人口资源环境9人,经济企业17人,社会福利7人,工商联10人,工青妇7人。

**【常务委员会会议】**3月15日,召开政协达茂联合旗第十四届委员会常务委员会第1次会议,审议通过《政协达茂联合旗第十四届委员会2018年协商计划》《政协达茂联合旗第十四届委员会常务委员会2018年工作要点》《政协达茂联合旗委员会协商民主工作制度》《政协达茂联合旗委员会民主监督工作制度》《政协达茂联合旗委员会调研工作制度》《政协达茂联合旗委员会视察工作制度》《政协达茂联合旗委员会提案工作制度》《政协达茂联合旗委员会社情民意信息报送制度》《政协达茂联合旗委员会委员履职考评办法》。

4月9日,召开围绕"加强自然保护区规划保护,推动生态文明建设"常委会专题协商会,为旗自然保护区规划保护、推动生态文明建设提出可行性建议。

7月4日,召开政协达茂联合旗第十四届委员会常务委员会第2次会议,审议通过《政协达茂联合旗委员会全体会议工作规则》和《政协达茂联合旗委员会常务委员会工作规则》。围绕"培育发展农村牧区实体经济,助力乡村振兴战略"进行专题协商。

10月15日,召开政协达茂联合旗第十四届委员会常务委员会第3次会议,审议通过《政协达茂联合旗第十四届委员会常务委员述职管理办法》。

12月7日,召开政协达茂联合旗第十四届委员会常务委员会第4次会议。围绕"关于加快推进我旗特色小镇建设"进行专题协商。

**【专题协商】**旗政协各专门委员会就"充分挖掘民族文化体育资源,推动文化旅游产业融合发展""全旗公共文化服务体系利用及乌兰牧骑事业发展和服务基层情况""加强境内外基础设施互联互通和双方人文交流,推动满都拉口岸向北开放发展""全旗牧民借贷情况"等课题进行专题协商。

**【提案工作】**旗政协十四届一次会议以来共收到提案108件，经审查立案89件,立案率达82.4%。对内容相近或相同的提案进行合并后实际立案81件。对未立案的19件提案，有6件转社情民意,有13件作为委员来信转交有关部门予以办理。

**【经济委员会】**围绕“加强境内外基础设施互联互通，推动满都拉口岸向北开放发展”“培育发展农村牧区实体经济，助力乡村振兴战略”“加强自然保护区规划保护，推动生态文明建设”“工矿企业恢复生态环境情况”“百灵庙镇分质供水和农村牧区安全饮水巩固提升情况”“百灵庙镇棚改腾空区土地开发利用”等课题,组织委员认真开展调研、协商,提出针对性意见建议。指导乌克忽洞镇碾草湾村风光式光伏送电工作。组织开展助力精准扶贫农牧业实用技术培训会。围绕百灵庙镇集中供暖情况进行协商监督活动。组织部分委员对旗环保局、水务局进行民主评议。

**【教科文卫体委员会】**围绕“全旗公共文化服务体系利用及乌兰牧骑事业发展和服务基层情况”“提升教育教学质量,办人民满意教育”“基层卫生院运行”等课题开展调研、协商等活动。组织开展“送健康送温暖”助力脱贫攻坚、助力脱贫攻坚“光明行”社会公益活动。组织部分政协委员对旗教育局、文体广电局进行民主评议。

**【民族宗教法制委员会】**围绕“充分挖掘民族文化体育资源,推动文化旅游融合发展”“突出地域特色和民族文化,加快推进特色小镇建设”“法律‘六进’工作及公共法律服务”“国家、自治区级文物遗址保护”等课题积极组织委员开展调研、协商,提出意见建议。组织开展“执行不能”典型案例视察活动、“法律扶贫,我们在行动”助力脱贫攻坚、助力脱贫攻坚爱心捐赠活动和“心手相牵共创美丽家园”主题活动。组织部分政协委员对旗司法局进行民主评议。

**【专项视察】**围绕小文公乡波罗图村脱贫攻坚工作、“司法保障民生工作”、查干哈达苏木洪灾受损及灾后重建和腾格淖尔湖保护工作开展视察活动。

**【获奖情况】**旗政协被评为自治区档案管理一级单位,包头市文明单位。

# 纪律检查委员会、监察委员会

# 中国共产党达茂联合旗纪律检查委员会 达茂联合旗监察委员会

【概况】监察体制改革以来，旗纪委监委严格落实国家监察体制改革试点工作。按照市纪委和旗委确定的“时间表”“路线图”，认真落实各项阶段性改革任务，全面完成人员转隶、编制划转，提请任命监委副主任、监委委员，选优配强内设机构负责人；较好完成留置分点建设任务，并通过市纪委和自治区纪委验收。按照监察体制改革要求，纪委监委核定编制55名，其中行政编制47名，事业编制8名，科级领导3正20副。2018年实有工作人员54人。内设11个机构，包括办公室、组织部、宣传部、案件监督管理室、案件审理室、信访室、党风政风监督室、第一至第四纪检监察室。2018年9月，提请旗委审议并印发《关于全面落实旗纪委监委向旗一级党和国家机关派驻纪检监察机构的方案》，将原第一至第六联合派驻纪检组和派驻旗公安局、教育局、卫计局纪检组3个单独派驻纪检组整合为驻旗委办、政府办、财政局、交通局、卫计局、教育局纪检监察组6个联合派驻纪检监察组和驻旗公安局纪检监察组1个单独派驻纪检监察组，并赋予派驻纪检监察组监察职能。2018年12月，提请旗委审议并印发《关于开展监察职能向基层延伸试点工作实施方案》，稳步开展监察职能向12个苏木乡镇同步延伸试点工作，全旗12个派出苏木乡镇监察办公室挂牌成立，共增设13名监察办副主任及监察专员，并聘任监察联络员84名，实现对基层行使公权力的公职人员监察“全覆盖”。

【党风廉政】制定《中共达茂联合旗纪律检查委员会关于加强对同级党委常委会及其成员监督的工作办法（试行）》，加强对同级党委监督，推进同级监督常态化、规范化。成立督查组对全旗12个苏木乡镇落实“两个责任”等重点工作进行督导检查，对发现的问题责令被督查地区限期整改，将督导检查情况在全旗范围内进行通报。对自治区第四督导组、包头市第二督导组就党风廉政建设“两个责任”督导指出的问题照单全收、主动认领，深刻反思，明确整改措施和时效，认真进行整改。制定《达茂联合旗党风廉政建设责任制绩效考评实施办法（试行）》和《2018年度达茂旗科级领导班子落实党风廉政建设责任制绩效考核评分细则》。在加强日常监督检查的基础上,强化考核结果的运用,对考评结果排名靠后单位负责人进行集体约谈。严格实行“一案双查”,严肃查处主体责任、监督责任和职能部门监管职责不落实问题。

**【执纪监督】**执纪审查调查方面,印发《达茂旗纪委监委执纪审查调查“走读式”谈话安全工作实施办法》,完善安全措施,规范工作流程。制定《达茂旗纪委监委机关问题线索排查分办、督查督办工作办法》,召开问题线索集体排查会12次,定期听取承办室问题线索综合情况汇报,下发督办单31份,召开问题线索综合情况汇报会4次。惩治群众身边腐败和作风问题方面,开展扶贫领域腐败和作风问题专项治理,下发各类建议书7份,受理问题线索88件,立案38件,给予党纪政务处分19人,组织处理6人,通报曝光典型案例3起。持续整治“雁过拔毛”式腐败问题,受理问题线索155件,立案25件,给予党纪政务处分7人,组织处理6人,通报曝光典型案例6起。协同政法机关开展扫黑除恶专项斗争,建立联合侦办调查、线索双向移送和查办结果反馈等工作机制,深挖彻查涉黑涉恶腐败和“保护伞”问题,受理相关问题线索18件,立案5件,组织处理2人。督促开展民政伤残证和“大棚房”问题专项治理,下发纪律检查建议书3份,发现改变用途“大棚房”问题1起并完成拆除整治。反腐败斗争方面,共处置问题线索332件,同比增长73.8%,立案94件,同比增长70.9%,给予党纪政务处分63人,同比增长40%,暂扣、收缴违纪款36.15万元。落实党纪政务处分执行规定,按照上级部署,对全旗2016年度、2017年度受处分人员享受年度考核奖金情况进行专项检查,针对发现的问题,向相关部门单位下发了限期整改通知书。纠正6件处分决定执行不到位问题。

**【正风肃纪】**查处“四风”问题方面,加强对落实中央八项规定及实施细则精神的监督检查,在全旗开展明察暗访15批次,受理问题线索27件,立案6件,给予党纪政务处分6人,组织处理2人,通报曝光典型案例5起。整治“形式主义、官僚主义”方面,围绕脱贫攻坚、政府债务化解、政府资金管理、党内政治生活、基层社会管理5个领域,共受理相关问题线索216件,立案58件,给予党纪政务处分25人,组织处理14人,通报曝光7起典型案例。

**【宣传教育】**在市级以上各类媒体刊登各类稿件124条,旗纪委监委微信平台每周更新2次,累计发布消息87期408条,刊发6期通报,同步曝光16起旗违纪违法典型案例。召开2次全旗性警示教育大会,通报剖析8起违纪违法案件及相关党员干部查处情况,全旗副科级以上领导干部和嘎查村两委成员共约1000人次接受警示教育;分批次组织41个单位759人次到朵兰戈尔反腐倡廉暨预防职务犯罪警示教育基地展厅接受教育;在嘎查村

(社区)“两委”换届节点，组织各苏木乡镇、相关单位观看警示教育宣传片20余次。每周三在英雄达茂开设“廉政课堂”专版专栏进行廉政文化宣传，全年发布45期。以“廉政讲堂”下基层的形式，向各苏木乡镇、旗直单位开展廉政宣讲13场，600余人接受廉政教育；乌克镇二里半村成功申报为全市廉政文化建设示范点、希拉穆仁镇检察室廉政教育基地申报为全市廉政教育基地。监控微信和网页舆情43条，转发正面舆论文章400条，组织网评员撰写网评文章28篇，持续释放正能量。在全旗12个苏木乡镇开展“清风干部”评定工作，共评定出“清风干部”706人、“清风干部标兵”15人。

**【自身建设】**政治机关建设方面，针对重点工作、重点任务和领导批示，发出督查、督办单41份。制定出台《达茂旗纪委监委纪检监察室联系地区单位工作办法》《达茂联合旗纪委监委涉案款物管理办法(试行)》等制度规定26项，进一步完善内控机制，扎紧制度笼子。干部队伍建设方面，常态化推进“两学一做”学习教育，组织纪检监察干部开展新党章及党内法规和国家法律知识学习，撰写心得体会80余篇。深化精准培训、跟案实训，336人次参加各级各类培训，132人次参加上级和本级专案查办，6人次参加市委巡察。18名纪检监察干部在系统内外交流任职。信息化建设方面，全面接通纪检监察专网，实时联通信访接待中心，一些信息和工作通知实现即时“线上”传输；参加自治区纪委和市纪委的大数据知识培训和现场观摩，强化大数据思维。

# 中国共产党达茂联合旗委员会<br>巡察工作领导小组办公室

**【概况】**2017年3月29日，经十三届旗委第15次常委会议研究通过，成立旗委巡察工作领导小组。按照市编办下发的《关于旗县区设立巡察机构的通知》(包机编发〔2017〕10号)要求，2017年8月9日经旗编委会正式批复，依据“1办2组”的模式，成立旗委巡察办和2个常设巡察组，为旗委的工作部门(设在旗纪委)，核定行政编制14名，事业编制2名。巡察办设主任1名、副主任2名，内设综合科、督查科、档案资料科；巡察组每组设组长1名、副组长1名，巡察专员3名。实际到位巡察人员13名且全部为大学本科学历。其中，党员12名，法律专业人员1名，会计专业人员3名，具有文字综合能力人员9名，平均年龄35.8岁。

**【政治巡察】**截至2018年底,旗委巡察机构共完成4个轮次对31个单位、地区的常规巡察及4个单位、地区的巡察“回头看”工作,并开展旗委解决“十个全覆盖”工程遗留问题专项巡察及对全旗涉及上级关于打赢脱贫攻坚战各项决策部署贯彻落实情况专项巡察工作,全覆盖占比达到55.4%。累计发现问题633个,问题线索36条,向被巡察地区、部门(单位)提出整改意见179条,督促立行立改问题312个有效发挥了巡察的“政治体检”作用。

**【成果运用】**完成对十三届旗委第一轮、第二轮、第三轮巡察的26个单位党组织的巡察整改责任落实情况、反馈意见整改落实情况和整改进展情况的督查工作,对3个整改较差的单位党组织负责人进行约谈。针对履行主体责任缺位、执行民主科学决策不严谨不规范、文山会海等突出共性问题,将“两个条例”“三重一大”等相关内容纳入各级中心组学习、干部教育培训的重点内容;组织召开全旗办公系统工作培训会议,对全旗各级各部门办公系统工作人员的公文起草、审核、文号使用等内容进行集中培训。针对财务报销不规范问题,组织开展“严肃财经纪律、规范财务行为”专项检查“回头看”行动,并成立苏木乡镇财政集中支付中心;针对全旗私车公用现象严重问题,研究制定《关于加强公务出行保障的实施方案》,系统性对全旗普遍存在的私车公用问题进行规范;针对意识形态责任制落实不到位问题,编印《达茂旗领导干部意识形态应知应会知识手册》,组织开展专题测试、督查、实现意识形态领域督查全覆盖。

**【制度机制】**共编印相关工作制度及流程规则90册,有效提高了旗委巡察机构制度化、规范化程度。印发《达茂旗委关于建立巡察工作大协作机制的意见》,不断加强旗委巡察机构与旗有关单位的工作协作。

**【队伍建设】**重新修订《中共达茂联合旗委员会巡察组组长库管理办法》和《中共达茂联合旗委员会巡察工作人才库人员选配与管理办法》,建立由20人组成的巡察组长库,50名干部组成的巡察工作人才库。探索建立“后备干部”“新任干部”“双语干部”人才库。2018年以来共参加上级组织的各类培训7次,全员参加市委巡察第四轮及第五轮动员会培训;共召开14次办务会、5次集中学习会。

# 军 事

# 人民武装部

**【思想政治建设】**以学习贯彻党的十九大精神为主线，聚焦理论武装和思想教育不放松，人武部党委按照原原本本学、突出重点学、宣讲辅导学、开展活动学等方式方法，保持学习贯彻党的十九大精神不断线、不敷衍。严格坚持“1.5+1.5+3”学习制度，突出以“传承红色基因，担当强军重任”为主题的教育。

**【国防教育】**对全旗党政机关、企事业单位分8个批次，共计1235人次进行军训。邀请石家庄陆军学院教授叶建明以《认清我国安全形势 增强民族忧患意识》为主题对全旗副科级以上干部240余人进行国防教育授课。

**【军事训练和边境管控】**按照《十三五民兵改革规划》，完成基干民兵和普通民兵的整组任务。2月上旬，接空军部队协查通报，组织3个边境苏木的民兵、牧民和边防武警历时15天，完成不明空漂物搜索任务。落实赤峰会议精神，按照基层武装部规范化建设标准，抓建石宝镇、百灵庙镇两个武装部建设试点，完成民兵专业分队的训练任务。

**【国防工程管理】**对所属地域内标桩逐个拍照和坐标定位，完成国防工程系统录入。对达茂旗风能开发场建设所经路段内的国防工程进行现场勘察和组织协调。

**【保障能力建设】**立足内蒙古军区“四个监管”系统，明确经费使用、伙食保障、工程建设等具体规定。按照内蒙古军区要求，投入约3万元购置安装财务远程审核系统。

**【征兵工作】**为完成好夏秋季征兵任务，印发宣传海报450份，群发短信约5000余条，利用“英雄达茂”网络平台进行宣传，严格使用网络征兵工作站，聘请5名廉洁征兵员。运用廉洁征兵系统排名定兵，兵员选定全程可查、公开透明。做到体检合格名单、定兵名单第一时间公示。组织预征人员进行为期7天的役前训练。

**【双拥共建】**7月16日召开全旗双拥工作会议；“八一”期间会同民政局走访、慰问立功受奖的现役军人，并足额给符合优待的现役军人发放两金（义务兵家庭优待金、退役士兵补助金）。

**【脱贫攻坚】**帮助小文公乡大井行政村“两委”班子建设，对现有党员队伍采取有针对性的培训，提高村干部和党员队伍的战斗力,帮助加强村干部作风建设,落实脱贫减困措施,改善困难群众生活。

**【新闻报道】**旗人武部副部长宋晓光撰写的《网上办理让财务报销不再“多跑路”》在中国国防报头版头条刊发。

**【获奖情况】**旗人武部被包头军分区评为“军事建设先进单位”。

# 公安边防大队

**【思想政治】**推选“北疆亮丽边防卫士”候选人那木斯来、优秀护边员阿迪亚参加自治区边防总队“北疆亮丽边防卫士”颁奖仪式。3次组织官兵到百灵庙抗日武装暴动纪念碑、草原英雄小姐妹事迹展览馆、满都拉口岸等地开展革命传统教育。抓住改革重塑的机遇期,顺应新时代移民管理体制新形势新要求,开展“不忘从警初心、矢志忠诚使命”改革教育主题纪念活动,创新制作97米“留印铭史大型喷绘长卷”,组织官兵签名捺印、重温入党誓词、集体合影。

**【特色品牌】**打造“草原神鹰工程”等传统特色品牌,探索边境地区社会综合治理新路径。联合人民法院建立“2+X”矛盾纠纷大调解协作机制,做实法律援助服务、远程心理辅导、红色堡垒户选拔确定等工作。推进“平安达茂”“平安边境”“五道防线”建设,持续推动“三级网格化”边境管控模式、“七项重点人员管控措施”和“一户一册”管理登记制度,先后考察确定231名网格员,组建26个专职巡防队伍。

**【执法工作】**依托北疆警地综治服务中心,2018年治安案件立案67起,查处59起;办理刑事案件12起,破获2起,移交10起;化解矛盾纠纷120起。打击处理违法人员41人,强制戒毒2人,抓获逃犯2人,收缴各类枪支10支、炸药100.95千克、子弹634发、雷管170枚、导爆索2180余米、导爆管50根、电雷管4支、弩3把、管制刀具3把。

**【平安建设】**开展“扫黑除恶”、缉枪治爆等重大专项活动,扫黑除恶专项斗争工作成效得到自治区政法委书记李佳批示肯定。推进“平安达茂”“平安边境”建设,织密边境防控网络。部署警力加强重点路段和交通要道管控“24小时双向查缉”工作,先后出动警力432人次、车辆155辆次,查验边境过往车辆2880辆次、人员4184人次,确保全国“两会”、上合组织“青岛峰会”“中非论坛北京峰会”期间边境辖区安全稳定。

【队伍建设】执法队伍方面，组织召开执法总结会、听报会、执法工作推进会等会议16次，出台评审自查、案件跟踪、“一案卷一考核”、执法办案日常考评办法、执法办案轮勤制度等15项具体措施，建立执法跟踪督办和“所长负责制”“办案民警负责制”工作制度。结合执法岗位“大学习、大提升”活动，依托一体化平台网上考试系统，组织全员学习、考评常用法律法规，累计参训官兵达280余人次。大队出台“两仪四定互控联管”“二线堵卡执勤规范”等16项刚性安全措施，确保部队“两个稳定”。通过党委成员包片督导、视频抽查、实地检查等形式，不间断开展督察56次，下发督察通报21期，发现整改各类隐患问题6类109个，部队连续12年保持无案件、无事故的良好态势。

【获得荣誉】达茂旗边防大队部被共青团包头市委员会、包头市青年联合会共同授予第十六届“包头青年五四奖章集体”称号；所属满都拉边防派出所被内蒙古自治区人力资源和社会保障厅、内蒙古自治区社会治安综合治理委员会联合表彰为全区平安建设先进单位；所属巴润工业园边防派出所被内蒙古边防总队评为“执法示范单位”；所属巴音花边防派出所党支部被内蒙古边防总队评为先进党支部、改革强警先进单位，满都拉边防派出所撒初日拉图被评为改革强警先进个人；所属红旗边防派出所被包头市公安局表彰为先进集体，敖嘎、罗钧天、巴雅力格、何哲、李埔丞5人被包头市公安局表彰为先进个人，4人被包头边防支队记三等功，34人被包头边防支队记嘉奖。

# 消防大队

【概况】达茂旗消防大队现役干部编制人员5人，现有现役干部3人，文职人员7(政府合同制6人，大队聘用1人)；大队下辖一个中队，编制人员30人，现有人员17人。有水罐消防车3辆，载水重17吨，载A类泡沫0.2吨、B类泡沫0.5吨。共有7个消防执勤站(1个现役消防队、1个企业消防队、1个政府专职消防队、4个农牧区消防站)，即旗消防大队、石宝铁矿消防站、满都拉消防站和希拉穆仁、乌克忽洞、巴音花、明安兼职消防站。共有消防水罐车9辆，载水量34吨。

【基础建设】政府拨付消防业务经费106.6万元，比上年增加64%，迁建消防队站经费100万元。政府投入35万元消防器材采购费。

**【消防监督】**将消防工作纳入全旗领导干部绩效考核细则中，召开4次联席会议专门部署重大节假日消防安全检查和消防专项治理工作。召开2018年全旗消防工作会议，调整防火委成员单位和人员，与苏木乡镇、委办局签订《2018年消防工作责任状》。完成旗属消防安全二、三级重点单位的调整；对全旗安全形势进行分析评估。先后开展夏季消防检查工作、冬春火灾防控工作、电气火灾防范专项整治等专项活动。对人员密集场所、易燃易爆场所、旅游接待场所开展专项检查；联合公安、安监、教育、民政等10个部门开展20次安全大检查，对发现的火灾隐患，及时督促整改。2018年共检查单位958家，发现火灾隐患1764处，整改隐患1704处，下达行政处罚决定书34份，临时查封23家，实施“三停”单位14家，罚款25.64万元，行政拘留3人。

**【消防宣传】**先后开展培训60次，培训人员5000余人，发送官方微博1825条，官方微信、短信800余条;联合安监、民政、卫生、教育、文化等部门开展“安全生产月”“综治宣传月”“119宣传日”等集中宣传活动。圆满完成春节、元宵节、清明节、“五一”、端午节、中秋节等重大节假日及游牧文化旅游节等重要活动现场消防安全执勤保卫任务48次。

**【抢险救援】**2018年7月19日，达茂联合旗遭遇罕见的强降雨，降雨量达到173毫米，受灾严重。部分地区河床水位暴涨，众多村庄道路被淹没，房屋被冲垮，周边通信信号一度中断，数百名群众被困。大队以最短时间奔赴抗洪抢险第一线，先后出动消防员30人次，车辆15次、1艘皮划艇，经过15个小时的奋力营救，共营救被困人员100余人，疏散被困群众230余人，参战官兵无人员伤亡。全年共接警出动93次，出动车辆186次，出动警力744人次，其中扑救各类火灾58起，抢险救援和社会救助35次，无人员伤亡，抢救财产价值约119万元，未发生较大以上火灾事故。

# 法 治

# 政法委与综治

**【国家安全】**贯彻落实国家总体安全观，坚持情报引领，建立党政主导、部门联动、全民参与的边境“大情报”协作机制。推进维护国家安全人民防线建设构筑边境地区反奸防谍“钢铁长城”。

**【打击违法犯罪】**开展“零命案旗”创建活动，开展缉枪治爆专项行动，依法打击黄赌毒、黑拐骗、食药环等违法犯罪活动，实现刑事类警情持续下降的工作目标。全旗共立各类刑事案件145起，同比下降18.5%；受理治安案件463起，查处463起，较上年同期下降16%。

**【扫黑除恶专项斗争】**高度重视，密集安排部署，先后召开3次扫黑除恶专项斗争推进会，旗委召开3次常委会议和1次书记专题会议，旗扫黑除恶专项斗争领导小组召开3次会议，旗扫黑办召开工作例会14次、成员单位联席会议4次、专题培训会1次，对专项斗争进行动员部署和整改落实。制定实施方案，建立组织机构，成立领导小组及办公室。建立健全机制，先后制定出台相关制度11项。深入排查线索，依法精准打击，公安机关发挥主力军作用，共摸排涉恶案件线索35条，已查实7条，查否12条，正在核查16条。合力攻坚克难，打掉恶势力团伙4个，破获涉恶类刑事案件6起，抓获犯罪嫌疑人20人。检察机关批准逮捕3件7人，审查移送起诉5件17人；审判机关审结2件7人。

**【维护社会稳定】**服务保障好打赢“三大攻坚战”，围绕政府化债、拖欠工程款等问题，做好社会稳定风险防范化解工作，防范大规模群体性事件和个人极端事件的发生。强化社会面防控工作，推进“四级巡控”和“三见警”工作，运用网格化巡逻模式，最大限度屯警街面。强化涉稳情报研判会商和预警工作，落实重要节点、特防期每日会商、24小时值班制度，印发预警通知书14期、特防期维稳日报33期。

**【社会治理】**提升社会治理现代化水平，推进网格化服务管理，全旗84个嘎查村（社区）划分636个网格，配备722个网格员，实现管理和服务力量最大限度下沉。推进社会矛盾源头治理。调动全旗综治系统配合做好公安机关开展的“亮身份、当楼长、保平安、护稳定”专项活动和“24小时警局”警民互动平台的推广应用，推行网上群众路线与现实群众路线相结合的新时代社会矛盾排查化解新机制。妥善化解南京风电和星光矿业之间的矛盾纠纷,将狼图腾项目欠薪欠债问题导入司法程序。提升政法工作智能化建设水平,推进综治视联网建设,实现旗级与市级综治视联网贯通。推进“雪亮工程”建设,实现全旗11个苏木乡镇及2个工业园区的视频监控全覆盖。

# 公安

**【概况】**2018年全局核定政法专项编制122个(在编107人,定向招录3人委培中,空编12个),共有辅警144人。党委实有党员75人,党委下辖4个支部(其中机关支部党员36人,刑侦支部党员13人,治安支部党员12人,看守所支部党员14人),另有退休党员11人。

**【反恐怖工作】**加大关注人员的排查和管控力度,核查涉恐人员信息20余人次,上报反恐信息60余条,重点加强满都拉边境口岸的排查管控,依托“人像识别系统”掌握各类重点人的基本情况和活动情况。年内接到上级通报的关注人员动态情况6人全部核实并通知异地公安机关管控。签订反恐怖责任状,严格落实主体责任,定期检查11家反恐重点目标单位累计排除隐患3处。每季度开展一次应急处突演练工作,提高快速反应和联动处置能力。7月10日在百灵那达慕文化产业园区摩托车赛场举行2018年反恐怖实战演练1次;8月底开展1次反恐警务技能实战训练;9月底开展一次群体性事件处置演练;10月19日,在百灵庙第二小学开展校园突发事件应急处置演练活动。开展反恐怖法宣传活动40余次。

**【互联网管理】**累计对网吧等互联网上网服务营业场所开展11次专项监督检查,下发限期责令整改通知书34份,行政处罚3家。网络安全等级保护方面,共检查企业23家,下发整改通知书15份,其中完成等保等级备案8家,完成等级保护测评工作6家。网站备案管理方面,已备案网站共有6家,2018年以来1家网站发生被篡改,已全部整改并注销。网络安全宣传方面,9月“网络安全宣传周”期间,统一部署“网络安全为人民,网络安全靠人民”宣传活动,宣传期间全旗5家网吧共490台电脑显示屏上全部展映宣传海报;在百灵庙商业大楼LED屏24小时不间断滚动播放宣传海报,将网络安全宣传深入人心。同时,在年内重点发动全旗5家网吧开展“扫黑除恶”专项斗争宣传工作。在网络安全专项执法检查工作方面,年内依法对联通、移动、电信、广电等基础电信运营企业开展专项检查工作,对电信运营企业的网络安全组织机构、安全保护技术措施落实情况、实名制度落实情况、网络安全事件应急预案及演练情况进行检查。

**【信访保障】**深化信访领导小组职能作用,完备信访接待场所便民措施、安全防护措施和取证设备,推进标准化信访工作场所建立。做好进京非访人员档案建立工作,确保非访人员基本信息、信访时间、信访诉求等信息准确、完整,为制定相应解决措施提供基础保障。认真落实重大活动期间召开信访工作研判会制度,促进相关职能部门间信息共享、联勤作战工作机制建立,以更好的完成重大活动期间的信访工作任务。

**【执法规范化】**全年共立刑事案件226起,其中转行政案件1起;共打击处理106人次,其中刑事拘留99人次,取保候审68人次(直接取保候审17人),监视居住1人次;提请逮捕84人次,批准逮捕52人次,移送起诉103人次。受理行政案件503起,其中转刑事案件12起;共处罚647人次,其中警告13人次,警告并处罚款4人次,罚款350人次,行政拘留214人次,拘留并处罚款63人次;强制戒毒48人次,社区戒毒19人次。推动规范管理受案立案工作,有规范、有配合、有监管的工作机制逐步形成,超期受案、立案问题得到改观,年内未发生有案不受、不立问题。推动刑事案件“两统一”,加强与检察院、各办案单位的沟通联系。重点落实案审工作机制,成立案管中心(与法制大队合署办公);配增工作人员,量化刑拘批捕率达到75%以上,移送起诉退查率降至20%以下两个工作任务指标;组织各基层单位及办案部门主要负责人及全体办案人员就案审制运行进行执法培训。已对30起刑事案件着手进行办理,已移送检察院起诉23起,在办7起。

**【社会治安管理】**共受理治安案件493起,查处493起(其中,治安大队查处55起),较上年同期581起下降15.1%。查处违法人员692人,较上年同期655人增加37人。查处黄赌案件51起,其中:查处涉黄行政案件7起,行政拘留13人,拘留并处罚款1人;查处涉赌行政案件44起,行政拘留31人,罚款199人,并处罚款3人,罚款金额5.41万元。治安管辖的刑事案件25起:移送起诉的11起,14起正在办理中。办理非正常死亡案件14起。在禁毒大收戒工作中,共收戒吸毒人员14人,行政拘留3人,强戒11人。

在集中打击整治食药环违法犯罪专项行动方面,开展宣传活动5次,悬挂宣传条15幅、标语5条,发放宣传资料15000余份,解答群众提问咨询3000余人次。开展集中检查行动8次,共检查场所147家,出动警力200余次,行动效果明显。共查处环境保护案件20起,其中,立刑事案件14起,已起诉10起(起诉10人);立行政案件6起,行政拘留6人。完成第六届中国游牧文化旅游节暨达茂旗第29届那达慕大会安全保卫任务。在旅游旺季常驻希拉穆仁景区和满都拉口岸共接处警156起,其中:查处治安案件12起,调解游客纠纷30起,现场救助游客案件114起。加强流浪犬清理工作,对百灵庙镇的306只流浪犬进行全面清理。

**【打击毒品犯罪】**开展"两打两控"等禁毒严打专项行动,共打处吸毒人员数78人,其中行政拘留18人,社区戒毒13人,强制隔离戒毒47人。2018年,共破获7起贩卖毒品刑事案件。打击处理犯罪嫌疑人7人,缴获毒品0.08克海洛因、5277.38克安钠咖。

**【经济犯罪侦查】**开展打击非法集资及非法传销专项摸排行动,对辖区的重点行业、重点场所进行摸排,未发现非法集资及非法传销行为。年内共受理案件7起(其中合同诈骗4起,职务侵占2起、虚开增值税发票1起),初查1起,立案6起、不予立案1起。大队在侦案件共23起(初查11起、立案12起),破2起案件。抓获网上逃犯2人,解回逃犯1名。在清理积案方面,经侦大队积极化解已有的积案52起,共清理积案40起,化解率76.9%,破现案2起,挽回损失54.9万元。

**【治安行政管理】**加强对重点行业场所的治安检查,对运营中的79家旅店进行检查,2018年查处不按规定上传住宿人信息案件8起;查处无证经营旅馆业案件1起。对全旗旅店业进行等级化管理,已完成对87名旅店业主、5个辖区派出所的旅店等级化管理APP应用培训,并已进入试运行阶段。在加强物流寄递行业管理"实名制"方面,每月定期检查寄递物流11家,严格落实三个"100%"制度。每月定期检查废旧金属收购站14家、出租车公司1家、出租车70辆、校车公司1家、校车10辆、开锁公司5家、KTV娱乐场所8家,严格责任制的落实。19家加油站点完成散装汽油实名制登记。强化危险物品管理,集中开展宣传7次,发放宣传资料2000余份,悬挂条幅15次。不定期深入矿区、闲置院落、烟花爆竹销售点等涉爆单位进行排查。共收缴子弹3350发、猎枪9支、气枪1支、小口径枪1支、仿真枪2支、管制刀具50把、弩5把、炸药101.72公斤、雷管3751枚、导火索1131米、炮弹2枚。查处涉枪行政案件1起,行政拘留1人;破获涉枪刑事案件1起,起诉1人。共销毁过期炸药101.72公斤、雷管3557发、导爆索1051米。

**【人口户籍】**2018年全旗人口情况:总户数:53300户,总人口:110991人;城镇人口30175人,乡村人口80816人;男56616人,女54375人;汉族91768人、蒙古族17910人、回族474人、满族363人、朝鲜族8人、达斡尔族53人、鄂温克族1人、壮族3人、藏族33人、锡伯族1人、苗族26人、土家族4人、彝族29人、维吾尔族2人、其他少数民族316人。

**【出入境管理】** 中管业务方面:2018年,共办理各类出入境证件2525本,其中护照1434本,往来港澳通行证769本,往来台湾通行证322本。办理港澳台二次签注38次。受理省内异地申请112人次,受理省外异地申请12人次。

外国人服务管理方面:出入境管理大队在4次“进出口商品年货大会”和“中蒙展销会”期间认真开展外国人管理工作;走访检查辖区涉外旅店业50余家;督促、指导希拉穆仁旅游度假村为78位蒙古国演职人员办理居留许可;开展涉外法律法规宣传,制作发放《聘用外国人就业的注意事项及法律风险》宣传单3万份,发放中英双语《外国人临时住宿提示》800份。

案事件查处方面:开展为期8个月的清查整治“三非”外国人专项行动。共查处涉外案事件5起:三起外国人“非法居留”案件、一起非法雇佣外国人案件、一起外国人“非法就业”案件。

“放管服”改革方面:按照《公安部推出八项便利措施》要求,落实免费照相、省内异地办证、符合条件的外省居民就近办证等便利措施;落实推广5月1日国家移民管理局出台的“只跑一次”新政;贯彻落实9月1日国家移民管理局在全国实行的5项移民和出入境便利措施。同时,推广宣传便利措施,发放蒙汉双语宣传册1000余份,让更多群众了解、分享新政红利。

便民措施方面:8月,出入境大队安装启用港澳台二次自助签注机;推行国庆、春节节假日期间开设窗口加班办证服务,周六、日预约办证服务;以人性化服务为申请人解决实际困难,确保申请人办理各类证件“一站式”及“只跑一次”完成。

**【平安达茂创建】**“110”共接报警9078起,有效警情1719起。其中治安类警情1492起,与上年同期相比下降18.6%;刑事类警情91起,与上年同期相比减少73起;交通事故类警情126起,火灾事故类警情10起,较上年同期均有小幅下降。

# 交通管理

**【概况】** 2018年有工作人员75人,其中,行政编12人、事业编4人、辅警59人。下设8个股级机构:政秘办、交通管理业务办、车管分所、管宣中队、岗勤一中队、岗勤二中队、岗勤三中队、岗勤四中队。

**【管辖道路】** 辖区面积约1.8万平方公里,总人口约13万。辖区内省道有S104(75公里)、S211(160公里)两条,县道有X065(90公里)、X084(110公里)、X089(120公里)、X090(30公里)、X091(100公里)、X092(40公里)、X093(90公里)。百灵庙镇内主要道路有百灵大街、团结路、呼恒乌拉大街、乌兰察布路、塔尔浑路、外环路、草原路等12条共计30公里。镇内共有9处主要路口安装信号灯,交管支队共在达茂旗辖区内辖区9处重点路口安装电子警察17处,并已全部投入使用。

**【交通管理】** 深入辖区道路、重点运输企业、车属单位、客货运场站等开展隐患排查,建立风险档案,健全考核机制,定时向岗勤中队推送交管情报信息。协调运管部门将达茂旗汽车修理行业纳入联动管理,与边防派出所、乡镇、苏木负责安全生产专职人员建立微信工作群,提高处理交通肇事逃逸案件能力。持续组织辖区农牧民摩托车驾驶证考试,推广"包头交警"手机APP和大队微信服务平台,满足辖区群众服务需求。协调车管所,推进小型汽车驾驶证和记满12分考试业务下放旗县区工作落地,切实惠及地方农牧民群众。进一步推广"包头交警"手机APP和"草原122事故开处理"服务平台,推动防控体系向农牧区延伸。加强对事故当事人、车驾管服务对象和违法行为人的回访调查,实行严格考核奖惩,倒逼规范工作落实。

# 检　察

**【打击各类刑事犯罪】**共受理公安机关提请批准逮捕案件52件88人，经审查，依法批准逮捕34件45人，不批准逮捕18件43人，其中证据不足不捕占73.8%，无社会危险性不捕占16.7%，不构成犯罪不捕占9.5%，所办案件均在法定时限内办结，无捕后不诉、捕后撤案案件。是年，受理公安机关移送审查起诉的刑事案件中，依法提起公诉77件99人，改变管辖3件3人，移送机关撤回起诉4件4人，不起诉4件5人，退回补充侦查1件1人，在办2件14人，审结率为89.1%。办理强制医疗案件1件1人。办理未成年人犯罪案件1件1人，办理侵害未成年人犯罪案件1件。办理羁押必要性审查案件11件11人。针对公安机关应当立案而不立案的，监督公安机关立案6件8人，公安机关全部主动立案，其中法院做出有罪判决5人，判处有期徒刑以上刑罚4人；对不应当立案而立案的，监督公安机关撤案5件5人，公安机关主动撤案4件4人。针对非法取证等办案程序违法等问题向公安机关发出书面纠正违法通知书8份，公安机关全部回复并予以纠正。全年追捕漏犯3人，均在审查起诉阶段。在诉讼活动中，向侦查机关、审判机关发出书面纠正违法通知书13份，依法纠正漏诉5人，漏罪6起，向有关部门发出书面检察建议4份，提请抗诉案件1件。

**【未成年人检察】**办理侵害未成年人犯罪案件1件1人，提起公诉1件1人，同比纯增。严格把控批捕起诉标准，不批准逮捕未成年人1件1人，同比纯增。成立未成年人检察工作领导小组，打造“哈乐米吉工作室”，推动未成年人检察工作向专业化方向发展。法制副校长走进百灵庙中学、百灵庙二中、百灵庙第二小学、蒙古族中学进行法治宣讲，法治宣讲内容涵盖校园欺凌、宪法精神、扫黑除恶等内容，及时解答学生、家长困惑。开展以“关爱祖国未来、擦亮未检品牌”为主题的检察开放日活动，邀请32名人大代表、政协委员实地视察未检工作。检察开放日中收到的人大代表、政协委员的意见建议均已办理完毕并完成反馈工作。

**【刑事执行检察】**强化刑罚执行监督，联合看守所开展安全大检查12次，召开联席会议4次，与在押人员谈话74人次，开展法制教育24次。针对刑罚执行和监管活动中存在的问题，向看守所发出检察建议书30份，看守所按照检察建议的内容进行整改并及时给予回复。开展核查纠正监外执行罪犯脱管漏管工作,深入全旗12个乡镇司法所进行监督检察，针对司法所监管活动违法及社区矫正人员档案存在的问题向司法局提出书面检察建议40份,已全部采纳并整改。开展财产刑执行监督工作针对财产刑未执行问题向达茂旗人民法院发放检察建议8份,已全部采纳移送执行。在强制医疗执行监督过程中，针对办案机关存在的违法问题,向达茂旗公安局发出检察建议1份,向达茂旗人民法院发出纠正违法通知1份,均已采纳并纠正。

**【扫黑除恶】**对公安机关提请逮捕的涉黑涉恶案件严格把关审查,全年共办理涉恶案件2件10人,4人已作出有罪判决,6人已提起公诉。在办案中发现、接受群众举报线索3条，已分别向旗公安局、旗纪委监委移交。于11月27日与旗公安、法院召开扫黑除恶联席会议,会上联合会签《达茂旗公检法重大黑恶势力犯罪案件会商制度》《达茂旗人民检察院、公安局涉黑涉恶案件提前介入制度》。以发放调查问卷和谈话的形式,向在押人员了解是否存在侵犯在押人员合法权益及黑恶势力线索。联合司法局对12个苏木乡镇进行走访调查，通过回访社区矫正人员、扫黑除恶专项活动调查问卷、畅通群众举报平台、编印宣传手册等方式,宣讲法律政策,公布举报方式,接受群众举报。联合业监等部门全年共集中宣传5次,发放宣传材料500余份，提供法律咨询30余人次,陈列展板5块、宣传横幅4条,张贴海报10余份。

**【民事行政检察监督】**共办理民行监督案件85件,同比上升254%;提出检察建议66件,同比上升500%;采纳检察建议62件,同比上升463%。

**【公益诉讼】**共立案办理公益诉讼案件52件，其中办理诉前程序案件46件，提起刑事附带民事公益诉讼案件1件,同级法院已一审开庭宣判。提起行政公益诉讼案件1件,同级法院已生效裁判。从涉及领域看,涵盖林地资源保护、草原生态保护、食品安全、医疗废物处置等领域。从诉讼阶段看,以行政公益诉讼诉前程序案件为主,先后发出46份检察建议,诉前检察建议成为主体;提起全市首例保护草原生态环境刑事附带民事公益诉讼和行政公益诉讼案件各1件,提起诉讼成为必要补充。从办案效果看,成立的“潘志荣公益诉讼办公室”突出先进典型的示范引领作用,通过7个月的努力,推动恢复林地植被400余亩，推动恢复草原植被460余亩;旗、乡两级公共医疗机构的医疗废物处置日趋规范;西河乡公忽洞村黑选矿得到关停和拆除;解决旗红格塔拉民族幼儿园门口环境脏乱差,道路逐步平整。推动内蒙古满都拉港务商贸有限责任公司建设环保密闭大棚，解决煤尘污染的问题，该案例也被自治区检察院评定为检察机关立足职能、服务“污染防治攻坚战”中大气污染的十大典型案例之一。

**【业务监督】**录入新案件205件221人,其中受理审查起诉案件93件131人,审查逮捕案件54件90人,民行案件58件。接收送达外来文书1252份。案管办发送建议纠正违法通知书5件。流程监控56件,建立公诉、侦监、民行达检各业务部门讨论群。统计日期内共接待辩护人、诉讼代理人20次,受理并办理阅卷15次、申请变更强制措施2次、要求听取意见2次。对2016年12月26日至2017年12月25日已结公诉、侦监、民行、控申、刑执5部门案件,每案评查176件,以查阅纸质卷宗、与相关部门及人员核实情况、集中点评的方式进行评查。经评查共发现问题614个,进行全院通报,限时整改。全年共纠正数据质量问题131次,拟写统计分析12篇,统计工作动态信息4篇。受理辩护与代理预约16件。自实行员额制检察官办案及自动轮案制以来,案件管理办公室共在系统中进行自动轮案变更承办人17次,进行检察官不在位登记2次。

**【保障律师权益】**规范律师接待工作,推出律师接待“贴心式”服务,建设律师接待室,购置电脑、高速打印机等设备,律师可以通过网络方便快捷的查阅到案件信息,就相关事项预约。2018年共接待辩护人、诉讼代理人16件次。

**【涉案款物清理】**对20起案件31件涉案物品接收入库,并对21件涉案物品办理出库登记,包括电子设备、作案工具等物品。并且所有物品均录入到统一业务应用系统当中。

**【代表委员联络】**共走访人大代表、政协委员160余人次,向旗人大常委会报告检察工作4次,向旗政协委员会报告检察工作4次,检察长为旗人大代表、政协委员讲授《全面依法治国进程中的公益诉讼》讲座1次,邀请旗人大代表视察检察工作3次。

**【内部监督】**进行检务督察33次,内网发布通报22次,其中对干警上班工作纪律督察16次,落实自治区院、市院重大部署情况4次;对执法办案活动监督2次;对公务车辆的使用情况监督4次;对干警上班期间饮酒情况的监督1次;对会议着装规范情况督察2次;机关安全检查1次;节假日值班情况督察3次。所有督察共发现问题8次,并对发现的问题进行及时整改。

**【检务公开】**编发检察信息110篇,其中被市院采用17篇、被区院采用2篇;发布媒体稿件75篇,其中市级29篇、省级14篇、国家级32篇;新媒体团队发布信息388条,其中原创68条、转发320条,被市院采用18条、被区院采用18条、被高检院采用1条。发布微博3994条,客户端1216条,局域网发布信息2621条。发布案件程序性信息131条,重要案件信息57条;公开法律文书(件)66份。

# 法 院

**【概况】** 达茂旗人民法院始建于1952年10月。全院共有98人,核定编制63人,在编干警57人,员额法官24人,其中蒙汉双语员额法官8人,占员额法官人数的33.33%。聘用人员41人,其中旗聘人员14人,院聘人员27人,聘用人员占全院干警的41.8%。

**【审执工作】** 2018年受理各类案件3153件,审执结3055件,结案率96.89%,收结案同比上升21.27%和26.03%。受理刑事案件91件,审结85件,结案率93.41%,收结案同比下降6.18%和7.61%。依法审理包头市首例岳某某等四人敲诈勒索涉恶案件,依法审理内蒙古狼图腾旅游度假有限责任公司等非法占用农用地罪案件11件15人。受理各类民商事案件1928件,审结1867件,结案率96.84%,收结案同比上升27.18%和22.55%。审理涉及重点项目和重点工程案件52件,依法审结涉教育、医疗、住房、消费、侵权等领域案件624件,审结农民工追讨工资、追索劳务费案件247件,依法审结石宝镇农户种植回收"辣根"系列案48件,依法审结蒙汉双语诉讼案件52件。受理行政案件58件(行政非诉审查案件2件),审结51件,结案率87.93%,收结案同比上升61.11%和50%。受理执行案件1076件,执结案件1052件,结案率97.77%,收结案同比上升18.63%和30.19%。2018年是"基本解决执行难"的决胜之年,开展"草原惊雷""三大歼灭战""包头总攻"等攻坚执行难专项活动,累计公布失信被执行人207人,限制高消费752人,拘留拘传被执行人449人,向公安机关移送涉嫌拒不执行判决裁定罪案件4件。设立全区法院首家执行事务服务保障中心,形成对外一站式贴心服务群众、对内一体化高效保障执行的工作新格局,创新设立"草原执行110"执行工作快速反应协作机制,应用执行悬赏制度,破解查人找物难题。

**【司法服务】** 推进网上立案、巡回立案,加快推进诉讼服务中心提档升级。完善窗口功能,设置导诉台、信访接待室、多元化调解室,提升诉讼服务信息化水平,实现诉讼引导、立案登记、查询咨询等事务一体化办理,开通诉讼费POS机、微信扫码缴费服务,畅通涉民生、涉军案件"绿色通道"。拓宽司法救助渠道,向4名生活困难的当事人发放司法救助金25.5万元。加强分布在东西南北四个派出法庭标准化建设，发挥77个法官工作站前沿阵地优势。坚持院领导轮流接访制度，全年共接待来访群众102人次，及时有效化解涉诉信访案件22件。

**【多元解纷】**修订完善《达茂旗人民法院多元化纠纷解决机制实施方案》，为49名人民调解员颁发聘书，形成覆盖全旗的调解网络。与包头民商法律调解中心签约多元化纠纷解决战略合作协议，引入优质调解资源，打造精英律师工作室，丰富纠纷解决方式。启用在线法院诉讼调解平台，实现与派出法庭远程视频调解，延伸司法服务到苏木乡镇。

**【司法改革】**落实《司法改革试点方案》，完善改革配套措施，推动员额法官职业保障工作，推进法院内设机构改革，内设机构由12个精简至8个。严格落实院领导办案责任制，建立完善权力清单和履职指引制度，落实员额法官动态调整和常态化增补机制，推进聘用制书记员管理改革。制定司法工作标准化制度，细化《达茂旗人民法院绩效考核办法》，落实司法人员分类考核制度。建立和完善专业法官联席会议制度，设立3个法官联席会，为法官公正审执案件提供参考性意见。落实人民陪审员倍增计划，人民陪审员增至114名，参审率达98.65%。

**【司法公开】**拓宽司法公开渠道，发挥庭审流程、庭审活动、裁判文书、执行信息“四大平台”功能，重点抓好庭审全程网上直播，2018年网上直播案件16件。在人民法院报等刊物发布工作动态、典型案例300余篇，每季度召开新闻发布会，增进社会各界对法院工作的了解和监督。

**【接受监督】**在审理执行典型案件、部署全面工作要点、召开新闻发布会、重大活动启动时，接受人大、政协及社会各界的监督，邀请人大代表、政协委员旁听庭审、见证执行80案240余人，走访市、旗人大代表、政协委员87人次。主动征求对法院工作意见建议21条，邀请代表委员旁听庭审103人次，邀请人民陪审员参审案件421件。

**【队伍建设】**开展案件质效考核、庭审规范观摩、裁判文书评查等活动，提升法官庭审驾驭、法律适用等专业素养。开展“修养大讲堂”活动，推出政治理论、业务能力、心理健康、古典文学等“组合式”培训，增强培训实用性。成立专家咨询委员会，建立专家咨询制度，聘请法学教授、资深律师、社会学专家担任委员，定期举办专题讲座，为个案处理、普遍性问题提供专业咨询意见，用前沿理论指导司法实践。加强院校合作，与内蒙古民族大学联合成立法学实践教学基地，加快司法人才培养。加强队伍正规化、专业化、职业化建设，开展司法警察技能体能训练，实现司法警察业务过硬、保障有力。开展法官教育培训，实现审判理论与实务技能提升，全年组织干警参加专项业务培训62期133人次。

**【所获荣誉】**旗人民法院被包头市中

级人民法院授予“2018年度包头市法院系统集体三等功”“包头市法院诉调对接示范单位”“2018年度全市基层法院领导班子考核优秀单位”目标绩效考核突出单位、立案登记制改革先进单位等称号,司法警察大队被授予“2018年度包头市法院系统集体三等功”,9名干警受到自治区高院、包头中院表彰。

# 司法行政

**【依法治旗】**组织苏木乡镇、普法成员单位召开全旗迎接全国“七五”普法中期检查验收推进会暨业务培训会，安排部署“七五”普法中期检查验收工作。9月中旬,由旗人常办、旗政协办、旗委宣传部牵头完成全旗“七五”普法依法治理中期检查验收工作。

**【法治宣传】**围绕社会治安综合治理和维护社会稳定工作,推进全旗普法依法治理工作。结合综治宣传月、国家安全教育日、科技活动周、税收宣传月、国际禁毒日等主题宣传日和祭敖包、游牧文化节等重大活动开展法治宣传20余场次。以“法治走边关”“法援惠民生关爱军人军属”为主题在北疆联合党委和某部队中心站开展《中华人民共和国宪法》专题讲座和国家安全宣传;组织全旗各大、中型企业经营管理人员及相关部门工作人员举办安全生产法律知识讲座1次;在百二中、百一小开展法治进校园活动2次;为在职工作人员发放《公务员学法用法1000问》3000余册,为农牧民群众发放《农牧民学法用法读本》1万余册,组织全旗行政事业单位工作人员开展网络在线学法和普法考试,通过扎实有效的“法律六进”活动。组织干警在各苏木乡镇及百满公路沿线开展扫黑除恶专项斗争系列法治宣传活动16次，组织各司法所积极开展法治助力换届选举宣传活动14次。以“12·4国家宪法日”“宪法宣传月”为契机,在水塔街社区举行“宪法宣传月系列活动”暨“弘扬乌兰牧骑精神 到人民中间去”基层综合服务活动启动仪式,通过法治文艺会演、《中华人民共和国宪法》修正案线上有奖答题、“学宪法 抄宪法”活动、法治漫画书法比赛等活动,推进《中华人民共和国宪法》学习宣传。

**【信息化普法】**组织全旗国家工作人员开展网络在线学法和普法考试工作,2018年参加学习人数3878人，同比增加43人；全旗领导干部参考人数为232人,公职人员参考人数为2481人。

**【社区矫正】**创新教育手段，优化矫治模式，加强心理辅导，矫治质量稳步提高，通过建立运行信息管理系统、坚持季度家访、帮助解决生产生活困难、开展公益劳动、法律学习等方式加大监管教育力度，有效预防和减少社区服刑人员重新违法犯罪。在春节、“两会”等重要时间节点，开展警示教育活动和集中家访，确保社区服刑人员群体安全稳定。年初，邀请党的十九大代表、全国优秀共产党员、全国模范检察官、CCTV2016年度法治人物潘志荣为全旗社区矫正人员宣讲党的十九大精神。与包头市快乐家长学校签订心理服务协议，邀请心理咨询师为社区服刑人员开展心理健康讲座2次、团体心理建设1次。按照自治区司法厅统一部署，为社区服刑人员安装“正行通”APP，统一购买手机流量，通过GPS手机定位、无线Wi-Fi、手机上网等多种形式，对社区服刑人员实行24小时行踪监管，随时掌握其活动范围及行动轨迹，并对社区服刑人员出现的异常情况进行实时报警，在提高监管效率的同时，也实现人性化执法。截至2018年，全旗在册社区服刑人员48人，其中缓刑46人、假释2人，没有发生脱管、漏管现象。

**【法律援助】**建立“一村(嘎查)一法律顾问”制度，选派9名律师、法律服务工作者联系嘎查村（社区）担任法律顾问，确保每个嘎查村(社区)有1名律师或基层法律服务工作者为其提供法律服务。推广4K智能机顶盒公共法律服务电视终端，使“家庭律师”更好的服务农牧民群众，方便农牧民群众足不出户享受优质高效的法律服务。为旗首例涉恶犯罪案件2名被告人提供刑事辩护，维护好被告人的合法权益，确保案件取得良好的政治效果、法律效果和社会效果。全年共办理法律援助案件49件(其中刑事案件36件、民事案件13件)。

**【公证工作】**按照司法厅、市司法局《关于推进公证体制改革机制创新工作的实施意见》的文件精神，旗公证处因政策暂停执业，实施公证业务托管，引进有资质和实力的公证处在旗设点执业。2018年，包头市路诚公证处已在旗设点执业，公证改革任务圆满完成。

**【作风建设】**在司法行政队伍中经常性开展廉洁从政教育和反腐败警示教育活动，突出重点、注重实效，推动“作风建设年”活动深入开展。结合党支部“三项制度”，组织开展《中华人民共和国监察法》《中国共产党问责条例》《中国共产党巡视条例》和新修订《中国共产党纪律处分条例》等专题学习活动。组织开展警示教育活动，通过通报典型案例、半年1次请销假情况通报，观看警示教育片，参观朵兰戈尔社区警示教育基地等方式加强对全体干警的警示教育和监督。结合“两学一做”学习教育常态化制度化，通过“两会一课”、专题学习、网上测试等形式，进一步提高司法行政机关干警队伍的政治思想素质。全年，共组织司法行政干警参加培训15次、87人次。

# 人民团体

# 总 工 会

**【基层工会】**全年新成立企业工会组织7家,深化“职工之家”建设和会员评家制度建设、推进会员评家与厂务公开等工作。派建会指导员深入企事业单位进行督导。8月新达茂稀土有限公司工会委员会被评为“自治区模范职工之家”称号。10月10日举办货车司机等“八大群体”集中入会活动仪式。

**【选树劳模】**“五一”前夕,有4个单位分别荣获区级“工人先锋号”和市级“工人先锋号”、区级“五一巾帼标兵岗”和市级“五一女职工标兵岗”,1人荣获市级“五一劳动奖章”。旗总工会在“五一”期间选树20个旗级“五一劳动奖状”和30个旗级“五一劳动奖章”。深入推进“劳模进社区、工匠进园区”活动。

**【会员普惠】**春节期间,达茂联合旗总工会联合达茂旗宏达加油站开展工会会员“普惠月”活动,参加此项活动的职工共有1511人。10月22日,旗总工会分别将加目奇时代蒙餐和神龙药店签订为特惠商家,工会会员持工会会员服务卡消费可以享受打折优惠。截至10月底,全旗职工互助保障活动参保单位18家,参保人数1000多人。

**【安全宣传】**达茂联合旗总工会联合旗人社局等单位举办2018年达茂旗“春风行动”暨现场招聘会;联合旗安监局等单位共同举办“安全生产月”宣传咨询日活动,宣传贯彻新《中华人民共和国安全生产法》《中华人民共和国职业病防治法》,建立健全工会劳动保护监督检查组织,设置检查员,加大安全生产检查的力度,维护职工生命健康权益。参与旗内综治、禁毒和助残日宣传活动。

**【集体协商】**加大非公有制企业的建会力度,以苏木乡镇、旅游行业为重点,与全旗生产正常的非公企业签订工资集体合同,加强非公企业职代会制度建设,推行厂务公开制度,落实职工的知情权、参与权、建议权、通过权和监督权。2018年共签订集体合同57份,25人以上企业集体合同签订率达80%以上,100人以上企业集体合同签订率达90%以上。

**【文体活动】**1月22日,在希拉穆仁镇举办冬季职工运动会,300多名职工群众参加活动;春节期间,联合旗委宣传部举办达茂旗第五届“迎新春”书画剪纸作品展暨送春联活动;4月10日,举办女职工健康知识讲座,进一步普及妇女干部职工的健康知识水平，增强女职工自我保护意识;6月23日，开展“青春绽芳华 迈进新时代”徒步活动，全旗约1200名干部职工参加活动。“七一”期间，通过“五个一”活动方式开展“不忘初心 牢记使命”主题党日活动。10月26日，举办“草原职工心向党 建功亮丽内蒙古”主题演讲比赛，来自全旗各部门、学校的30名选手参加比赛。11月20日，“包头市总工会中国工会十七大精神宣讲团”深入石宝铁矿集团公司开展宣讲活动。12月18—19日，在全民健身中心举办“中国梦 劳动美”达茂旗职工羽毛球、乒乓球比赛活动，来自全旗21个代表队参加比赛。

**【“互联网+工会”】**“达茂职工e家”微信公众号共推送信息265条，阅读人数达33000多人次，其中《内蒙古工运》《包头职工e家》《漠南时讯》采用9篇。6月，“达茂职工e家”微信公众号在全区各盟市工会系统包头市排行第一名。

**【帮扶慰问】**自筹资金16.2万元对117名困难职工、特困单亲女职工和苏木乡镇、街道社区的一线职工进行帮扶慰问。对全旗30名困难环卫工人进行慰问，每人送去1500元慰问金。在暑伏季节，旗总工会自筹资金1.5万元针对全旗重点行业项目工程的高温施工工人进行“送清凉”慰问活动，为一线职工发放绿豆、冰糖等防暑降温物品。在石宝铁矿集体有限公司开展“金秋助学”启动仪式，对跟踪救助学生家长通过工会会员卡发放3000元的救助金。

# 共青团

**【概况】**下辖基层团组织145个:其中团旗委直属团委17个（苏木乡镇团委12个、中学团委3个、非公团工委1个、机关事业单位团工委1个），团旗委直属团支部11个(非公企业团支部1个、机关团支部3个，事业单位团支部5个，社会组织团支部2个)，其余团支部117个:包括中学团支部24个（含毕业班团支部8个，待转接团支部1个，教师团支部1个），苏木乡镇团委直属团支部91个(84个嘎查村社区团支部，2个非公团支部，1个临时团支部，4个乡镇机关团支部)，非公团工委下设非公团支部1个，旗直机关团工委下设旗直机关团支部1个。截至2018年底，全旗共有团干部76名、共青团员2583名，发展共青团员41名。

**【共青团改革】**制定出台《共青团达茂联合旗委员会改革方案》，确定6项改革任务共19条具体改革措施。团旗委在机关设置办公室、基层工作部2个内设机构;全旗12个苏木乡镇全部成立团委,团委工作由苏木乡镇党委副书记分管抓总,团委书记由苏木乡镇行政或事业身份人员中的优秀青年担任,已全部配齐。84个嘎查村(社区)全部建立团支部,“两委”班子中最年轻的党员干部担任团支部书记。旗内3所中学团委分别配置专职书记1名,另设副书记1名由少先大队辅导员兼任。建立7个机关事业单位设置团支部,同时设置旗直机关团工委,管理全旗未设团支部的机关事业单位团员。强化非公有制经济组织和社会组织团建,在旗市场监督管理局设立非公团工委,在4个非公企业、1个社会组织分别设置团支部,加强对非公企业和社会组织青年的管理。推动“青年爱里”线上线下融合发展,3个基层团组织进驻“青年之家云平台”,实现青年活动与互联网相结合。

**【少先队建设】**共青团少先队改革方面,突出学校少先队组织建设,教育局设立团队工作股,具体承担原有教育局少先队的工作职能,教育局少先队总辅导员兼任教育局团委副书记,具体负责少先队工作。旗内3所中学团委副书记由少先大队辅导员兼任;旗内7所中小学全部配置专职少先队大队辅导员,列席学校行政会议。建立执行学校专兼职团干部与少先队辅导员集体学习制度与年度述职制度。

**【青少年思想政治】**召开“五四”青年节座谈会,表彰共青团“两红两优”“2016—2018年度全旗优秀青年岗位能手”。开展“青年大学习”集中学习5次,专题宣讲3场。旗内各学校开展围绕“两会”精神进行专项学习,强化青少年理想信念教育。

**【青少年权益维护】**推动“12355”行动,开展助力高考、助力中考、成长指导等活动4次。加强青少年安全意识教育,开展户外活动、家庭生活、交通安全、消防安全、校园欺凌等自护自救防范教育10次。充分发挥“青少年维权岗”的作用,开展青少年普法活动4次。利用中小学心理咨询室的作用,开展青少年心理健康教育3次。

**【青年就业创业】**组织青年农牧民开展电商培训等技能培训班2次,组织创业青年参加上级团委组织的青年创新创业带头人、人才训练营、青年职业技能培训等活动6批次27人;组织全旗青年农牧民开展电商培训等技能培训班2次;为牧牛财等青年创办的优秀企业提供宣传等支持;加强“银团合作”,与农行包头分行达茂旗支行合作对接,拓宽创业青年融资渠道。

**【围绕中心服务大局工作】**全年引进西部计划大学生志愿者15人,分别派遣至全旗9个基层单位。党员干部对接帮扶“321”国贫户4户,下派机关干部驻村1名。为水塔街社区派遣大学生志愿者1名,物资助力水塔街社区活动1次,慰问“7·19”洪灾青年突击队2个;争取“春蕾基金”长期救助指标,救助贫困学生5人;开展“7·19”特大洪灾慰问活动,捐助2万元;携手"十礼一生"品牌赴基层3所学校捐赠爱心礼盒900份。

**【网络新媒体】**推动"青年爱里"云平台、"青春百灵" 微信公众号、"达茂团委"官方微博、"达茂团团"抖音号等新媒体与共青团工作的融合,动员团干部和网络宣传员开展意识形态正面引导工作。全年通过网络新媒体共发布411条信息。

# 妇女联合会

**【凝聚妇女共识】**开展"十九大女代表接力宣讲网上行""巾帼心向党 奋进新时代——以习近平同志为核心的党中央重视妇女事业和妇联工作纪实"、习近平用典讲习会、"话我家·说变化·谈梦想"女性恳谈活动、"巾帼心向党 建功新时代"各界妇女代表座谈会、"两会精神进家庭"宣讲活动等100余场次,大力传播党的声音,弘扬时代主旋律。

**【服务发展大局】**抓实"巾帼脱贫行动",在建档立卡贫困妇女中选树"巾帼脱贫致富能手"10名,举办技能培训9期,现场招聘活动1次,挂牌妇女手工坊2家。救助"两癌"贫困母亲14名,发放"贫困母亲两癌救助专项基金"每人1万元;实施自治区"贫困牧区妇女及家庭免费体检项目",组织1146名农牧区妇女群众赴内蒙古忽思慧蒙医院进行免费体检。认真落实领导干部帮扶责任制,协调扶贫办、卫计、社保等部门,会商解决贫困妇女医疗报销问题。参与汛期抗洪抢险救灾工作,争取爱心捐赠2万元,帮助受灾妇女共渡难关。

**【家庭文明建设】**推选出全国最美家庭、全国五好家庭各1户,市、旗各类最美家庭36户。联合旗文明办开展"最美家庭"好家风好家训巡讲活动2场。举办家庭教育讲座2期、阅读活动1次。

**【维护妇女权益】**以"两委"换届为契机,推进妇女参与基层民主管理,全旗配备女干部的行政村比例达100%,嘎查村(社区)妇联主席进入"两委"的比例达100%。深入社区、基层开展"不让毒品进我家"社区宣讲活动1次、《中华人民共和国反家庭暴力法》蒙语宣讲1次,借助各类活动和培训以及在广福广场和居民小区设置宣传展板的形式进行法律宣传。调处化解婚姻家庭纠纷矛盾9起,其中家暴案件6起,法律援助1起。2018年,达茂旗妇联婚姻家庭纠纷调解室被评为包头市示范婚姻家庭调解室。

**【关爱行动】**通过"母亲健康快车"项目深入基层开展义诊活动1次。联合达茂旗邮政分公司开展邮寄母亲包裹献爱心活动。救助大病、贫困妇女，留守妇女儿童共计134名，发放救助金14.4万元。走访慰问自治区“三八红旗手”、嘎查村妇干、手工艺妇女等18人。慰问女环卫工、一线护士、边防派出所干警、烈士家属近100人。关爱全旗178名儿童，送去价值近1.6万元的慰问品。

**【改革工作】**建立苏木乡镇妇联主席轮值制度、执委联系妇女群众制度，利用新媒体平台和各级姐妹微信群，推进“网上妇联”建设，实现工作上网、活动上网、服务上网。推进妇联组织建设，创建市、旗两级“妇女之家”5个，市级示范“两新”组织1个，成立旗县区首个楼宇妇联——达茂旗政务服务中心妇联，覆盖国税、安监以及市民大厅各入驻窗口单位21家88名女职工。

# 工商业联合会

**【非公有制经济】**深入贯彻落实习近平总书记在民营企业座谈会上的重要讲话精神和全市非公有制经济工作会议精神，通过专题讲座、座谈会、调研、微信群、发放宣传册等方式，向广大民营企业家宣传习近平总书记在民营企业座谈会上的重要讲话精神；召开贯彻落实推进会，初步制定达茂旗支持非公有制经济健康发展、营造企业家健康成长环境弘扬优秀企业家精神更好发挥企业家作用的具体政策措施；陪同旗主要领导深入重点民营企业进行调研，建立领导干部包联重点民营企业制度。发挥工商联优势，加大对外合作交流，全年先后有广东、山东、河北、青海、内蒙古商会，内蒙古医药商会，中小企业协会等多地商协会负责人到达茂联合旗考察学习，与土左旗总商会联缔结了友好合作关系。通过与市侨联对接，引进内蒙古申创达科技公司在旗开展抗旱保水项目试验示范推广工作。组织工商联20名副主席到巴彦淖尔、包头市就商会建设、电子商务、非公党建进行为期两天的考察学习。弘扬优秀企业家精神，引导企业家发挥助力光彩事业，工商联会员建成达茂旗首家民营蒙医中医医院，并开展多次专家免费诊疗和免费发放药物活动；争取自治区和市工商联支持，分三批次为“7·19”洪灾捐资捐物35万元；包头市山东商会在旗开展教育扶贫工作，为各学校免费安装教学软件，捐赠价值48万元的平板电脑、点读机；开展“泛海助学行动”工作，资助46名大学新生23万元。

# 综合经济管理

# 发展和改革

**【经济运行】**地区生产总值同比增长3.7%；一般公共预算收入完成5.71亿元；城镇和农村牧区常住居民人均可支配收入分别达到39978元、15257元，分别增长7.4%和10.9%；社会消费品零售总额增长6.2%。

**【年度计划】**完成达茂联合旗2018年国民经济和社会发展计划执行情况与2019年国民经济和社会发展计划草案的报告，并通过旗人代会。确定2019年经济社会发展主要预期目标：地区生产总值增长6.5%左右，一般公共预算收入增长6%左右，社会消费品零售总额增长7%左右，城镇常住居民人均可支配收入增长8%左右，农村牧区常住居民人均可支配收入增长9%左右。

**【发展规划】**启动全旗“十四五”规划编制工作，正在确定研究课题和招投标工作。

**【重点项目】**2018年，亿元以上重点项目共88个，总投资302.1亿元，年内计划投资82.17亿元。年内拟竣工项目33个。其中，续建项目46个，总投资140.66亿元,年内计划投资31.36亿元；新建项目42个，总投资161.44亿元，年内计划投资50.81亿元。年底完成投资44.44亿元，竣工项目26个。

**【项目资金争取】**争取项目16个、上级投资9612万元。其中，中央预算内投资6703万元，自治区预算内投资2794万元，包头市地方配套资金115万元。项目包括生态建设、基础设施、社会事业等各个领域。

项目和争取资金分别为吉穆斯泰景区项目，争取自治区预算内投资650万元；达茂旗达尔汗苏木所在地基础设施建设项目，争取中央预算内投资600万元，自治区预算内投资150万元；达茂旗人民法院审判法庭建设项目，争取中央预算内投资731万元，自治区预算内投资214万元；达茂旗布连河森林公安派出所项目，争取中央预算内投资69万元；达茂旗2018年农村牧区饮水安全巩固提升工程，争取中央预算内投资316万元，自治区预算内投资150万元，包头市配套资金115万元；达茂旗2018年京津风沙源治理二期工程，争取中央预算内投资3064万元；达茂旗牧区动物防疫专用设施项目，争取中央预算内投资162万元；达尔罕茂明安联合旗农药风险监测站点建设项目,争取中央预算内投资36万元;达茂旗草原生物灾害防治站建设项目,争取中央预算内投资500万元;内蒙古丰域农牧业科技有限责任公司肉牛标准化规模养殖场(小区)建设项目,争取中央预算内投资25万元;达茂旗退耕还林还草工程建设项目,争取中央预算内投资700万元;抵边嘎查村功能提升工程实施方案编制费20万元;巴音敖包苏木巴音花卫生院业务用房建设项目110万元;满都拉物流园区建设项目1000万元;达茂旗通用机场500万元;达茂旗乡村公路灾害水毁修复工程项目500万元。

**【项目储备】**年底入库项目达到545个,总投资2180亿元。其中,农牧业项目132个,总投资131亿元;工业项目103个,总投资1573亿元;三产项目310个,总投资475亿元。为争取国家投资,引导社会投资,对外招商引资和融资创造条件。

**【行政审报批】**批复可研11个,备案48个。

**【价格监督认证】**加强市场价格的监督巡查工作,进一步加大行政执法力度,特别是在元旦、春节、"五一"等节日期间,深入超市、农贸市场、餐饮等服务行业进行价格巡查,确保价格市场的稳定。抓好价格举报投诉工作,"12358"价格举报业务处理平台,实行24小时值班制度和应急值班制度。认真做好价格鉴证工作。共开展涉案物品鉴定3起,鉴定标的2.5万元。规范市场明码标价,共发放标价签38000张,标价率达到85%以上。并对全旗市场明码标价执行情况进行5次拉网式检查。

# 审　计

**【概况】**2018年,达茂联合旗审计局核定行政编制12人、工勤编制1人。借用事业编制4人。实有16人:其中公务员10人,借用事业编制4人,自聘人员2人。内设股室5个:办公室、财政金融企业审计股、行政事业审计股、经济责任审计股、固定资产投资审计股。

**【审计成果】**2018年,共完成审计或审计调查项目46个,查出问题金额15710万元,其中违规金额4788万元、管理不规范金额10921万元,审计决定处理处罚金额1926万元,其中应上缴财政1894万元、应调账处理金额31万元;审计发现非金额计量问题14个;审计促进整改落实有关问题资金1998万元,其中增收节支1998万元、已上缴财政1998万元。移送纪检监察机关和有关部门处理事项15件。出具审计报告46篇,提出审计建议 84 条。

**【财政审计】**开展 2017 年达茂旗本级预算执行和其他财政收支审计，对达茂旗财政部门具体组织的预算执行情况、2017 年税收征管和其他财务收支情况审计工作，结合经济责任审计延伸旗市场监督管理局、百灵庙中学、科技和扶贫开发办公室、文体广电局等 4 个一级部门预算执行单位，对保障性安居工程进行跟踪审计，对环境保护专项资金进行专项审计。通过审计查出各类违规金额 7401 万元，对审计中查出的问题有针对性地提出审计处理意见，审计结束后代政府向旗人大常委会作 2017 年度旗级财政预算执行和其他财政收支审计工作报告。

**【经济责任审计】**对市场监督管理局、文体广电局、旅游局等 30 个单位的领导开展任中和任期经济责任审计工作，查出各类违规金额 2065 万元，管理不规范金额 5462 万元。探索领导干部自然资源资产离任审计工作，对达茂旗环境保护局局长任中大气污染防治责任履行情况开展审计。

**【固定资产投资审计】**对达茂旗历年"十个全覆盖"工程进行审价，协调农工部、建设单位、施工单位开展现场对接，协调旗政府分管领导和相关部门领导召开现场办公会议解决存在问题，按时完成"十个全覆盖"工程竣工结算审价工作，通过审价核减债务 7995.11 万元。

**【交办任务】**对低收入农牧户冬季取暖用煤补贴发放情况进行专项检查；对达茂旗"十个全覆盖"债务锁定情况进行审计；对达茂旗 2014—2017 年"十个全覆盖"资金收支情况核查；配合旗纪委监委开展专项巡察 2 次；配合市委组织部对党费收缴情况进行专项检查；配合旗财政局开展"严肃财经纪律、规范财务行为"专项检查问题整改情况专项督查；全程参与全旗"十个全覆盖"工程遗留问题处理及十项内债务化解资金拨付监督工作。

**【队伍建设】**注重审计职业化教育，采取多种方式加强审计业务培训学习，提高审计技术水平，采取开展审计专题培训、利用审计视频系统参加上级审计机关的业务培训、选派审计人员参加审计厅和市局培训调训、鼓励年轻干部参加各类审计资格考试等方式，提升审计人员能力素质和专业化水平。组织全体审计人员参加"达茂旗行政事业单位财务和管理人员专业能力提升培训班"，选派审计人员参加上级审计机关组织的培训，年内选派 1 名年轻审计人员参加审计署举办的 2018 年企业审计知识技能提高班。开展计算机技能培训，2018 年有 1 人通过审计署计算机中级考试。

# 统　计

**【统计调查法治化规范化】**深入学习贯彻习近平总书记关于统计工作重要思想论述和上级有关统计改革发展重大决策部署，将落实《统计法》《统计法实施条例》作为一项根本原则贯穿于各项统计工作的始终，大力推进依法统计，有效提高数据质量。全年累计开展统计行政执法检查和统计专项巡查11次。其中：于3—11月每月中下旬分别对月报数据异常的规上工业、规上服务业、限上贸易业调查单位进行统计巡查；6月下旬配合市统计局执法检查组对工业、批零住餐、服务业、科技文化、劳动工资、能源等专业调查数据进行统计执法检查，涉及企业21家；7月下旬至8月底，对规模以下工业和服务业、工业生产者价格、农牧业（粮食作物生产和畜禽监测）、居民收支、农牧民工监测、新设立小微企业和个体经营户调查等专业的2017年年报和2018年上半年工作情况进行全面检查。

**【经济指标监测统计】**严格落实国家、自治区统计调查制度，开展主要经济指标统计调查，按时完成地区生产总值和固定资产投资基数修正上报工作；及时分析研判全旗经济运行态势，全方位健全完善各项主要经济指标的监测要素，适时作出统计预警，按月度编报主要经济指标月报、按季度编报经济运行分析报告及《统计季报》手册，保障核心数据及时性和准确性。据上级统计部门审核反馈，全年地区生产总值同比增长3.7%，固定资产投资下降38%，社会消费品零售总额增长6.2%，城镇常住居民人均可支配收入增长7.4%，农村牧区常住居民人均可支配收入增长10.9%。

**【旗情旗力普查和各类常规调查】**完成全旗第三次全国农牧业普查资料整理和归档工作；4月2日，自治区农普办下发表彰决定，被授予“内蒙古自治区第三次全区农牧业普查先进集体”荣誉称号。从4月开始筹备全旗第四次全国经济普查，开展发文部署、组建机构、编制经费、购置物资、选聘“两员”、组织培训、宣传动员等工作；9月中旬至10月20日，正式对全旗各类法人单位、产业活动单位和从事第二、第三产业的个体经营户进行“地毯式”全面清查，之后进行查遗补漏、审核、编码和验收，12月开展正式登记（2019年1—4月）前的集中宣传、业务培训等工作。促进航拍技术在夏季畜牧业普查工作中的运用,6月中旬利用自治区农调队为旗配备的无人机，进行航拍操作演练和夏季畜牧业普查取样。推行住户收支调查电子记账改革，电子记账推广率达到城镇住户的75%、总调查户的41%。此外,严格按现行统计制度开展人口、科技、文化、能源、劳动力、劳动工资等常规统计调查，并按时完成全旗投入产出调查、科级领导班子满意度民意调查、创建“全国县级文明城市”问卷调查和“妇儿两纲”及新型城镇化监测统计工作。

**【统计基层基础建设和信息服务】** 完成“四上”企业年度申报入库工作,全旗共申报入库企业13家,其中规模以上工业11家、限额以上贸易业2家;2月下旬，组织新入库的规模以上工业企业统计人员，就统计数据联网直报业务和统计法律法规知识进行专题培训。根据《内蒙古自治区乡镇级统计基础建设标准》,分别于6月上旬和7月初，派出工作组赴12个苏木乡镇,进行统计基层基础规范化建设检查，同步对基层统计人员进行经济普查和农牧业普查业务培训。9月中旬,对各苏木乡镇分管领导、统计员进行“四经普”单位清查业务培训。利用各类统计资源,丰富统计产品内容,并严格落实统计分析、信息责任到人制度,提高统计资料服务能力。

# 国土资源管理

**【概况】** 核定编制60人,有局长1名,副局长2名,主任1名,工作人员50名。

**【土地资源】** 2018年，达茂旗土地总面积1748229.32公顷，其中：耕地77068.15公顷、林地22177.55公顷、草地1596019.47公顷、城镇及工矿用地9507.23公顷、交通运输用地6397.92公顷、水域及水利设施用地32937.87公顷、其他土地4121.13公顷；农用地总面积为1695265.17公顷，占全旗土地面积的96.97%,农用地利用分为13个等别。

**【基本农田保护】** 基本农田保护红线为92.32万亩,现有基本农田保有量98.77万亩,高于保护红线6.45万亩。

**【项目用地报批】** 推进用地报批进度，保障重点项目用地。2018年度已完成达茂旗宁源风力发电有限公司达茂旗满都拉风电场一期49.5兆瓦风电项目等6个单独选址项目报批，总批准面积60.8924公顷;完成达茂旗人民政府实施城镇规划2017年度第十九批次建设用地(新档案馆)等5个批次项目报批,总批准面积2.6949公顷。

**【土地储备交易融资】**共办理土地出让76宗(其中划拨用地16宗),出让土地总面积86.84公顷,收缴土地出让金共计1.43亿元。

**【土地综合整治】**完成乌克忽洞镇、石宝镇、小文公乡等9个续建土地整理项目的验收报备工作。项目总投资1717万元,为新增水浇地723.49公顷。本年度拟实施的乌克忽洞镇、西河乡、小文公乡等5个土地整治项目,已上报市局。项目总投资1963万元,整理面积871.86公顷,实施后可新增水浇地850公顷。但由于机构改革,上级主管部门已暂停办理本年度土地整理项目,待机构改革完成后,由土地整理职能部门批复。

**【执法监察】**累计出动巡查车辆378车次,巡查人员1173人次,现场制止土地违法行为40件,立案41起,收缴罚没款1047.62万元;制止矿产违法行为32件,立案20起,收缴罚没款40.11万元。土地矿产案件共处罚没款1087.73万元。对全旗范围开展非法占地、违法开采等进行拉网式排查,做到全覆盖、无遗漏。发现1处违法大棚房已进行拆除。

**【卫片执法检查】**按照上级要求开展年度卫片执法检查工作;2017年度土地例行督察图斑26个、15宗地、5783.86亩,已整改到位25个图斑,剩余1个图斑正在整改,该图斑为西河乡哈达图移民新村,总面积105.12亩,其中耕地面积3.71亩,文件已上报市局;2018年度土地例行督察图斑3个(诗画草原、通用机场、500千伏超高压供电项目),已全部立案并结案,正在组卷报批中。

**【矿产资源管理】**根据上级主管部门的文件精神,经过几轮修改形成《达尔罕茂明安联合旗矿产资源总体规划(2016—2020年)(送审稿)》,自治区自然资源厅已上会评审,编制单位已完成修改。9月上报自治区自然资源厅申请备案,向旗人民政府行文请示,拟对10家不符合生产规模、保有储量不足的砂石矿权进行注销,等待旗政府批复。向旗人民政府行文请示,开展2018年度矿山实测工作,在2017年度的基础上,计划2018年度对20宗地下开采企业、35宗露天开采企业进行实测,等待旗政府批复。达茂旗庆达木饰面花岗岩矿已取得划定矿区范围批复;那浪图矿区铁矿因划定矿区范围与基本农田重叠,未取得划定批复,正与市国土资源局沟通解决;达茂旗哈拉东矿区水泥用石灰岩矿已向自然资源厅申请划定,因政策要求该矿山需提高勘查级别,该矿山正在编制勘探报告,待勘探报告完成后上报划定。

**【地质灾害防治】**编制达茂旗地质灾害防治方案,成立地质灾害防治工作领导小组,制定地质灾害防治方案,同旗气象局签署协议,共同制定达茂旗地质灾害预警预报制度。对地质灾害隐患较大的采矿区,重新设立标示牌、防护栏。

**【地质环境治理】**完成《达茂联合旗地质环境保护与恢复治理工作实施方案

(2018—2020年)》和《达茂旗矿山地质环境治理总体规划(2016—2020)》的编制工作。百灵庙镇西山矿山地质环境治理工程资金项目已获自治区自然资源厅入库,待批复后即可组织实施。开展在期采矿权地质环境治理。通过采取的一系列有效的措施,使全旗84家重点矿山、重点区域矿山地质环境治理工作成效显著。8月下旬,全市矿山地质环境治理工作现场会在旗召开,在石宝铁矿等4家完成治理的矿山企业进行实地观摩,向全市推广旗在矿山地质环境治理方面取得的成果和先进经验。自然资源厅将旗矿山地质环境治理先进经验做法上报到自然资源部,拟向全国推广。开展在期勘查项目地质环境治理。通过认真梳理全旗128宗探矿权治理情况,对过去在勘查过程中造成的破坏未进行治理的8家企业,责令其限期整改,编制治理方案并评审验收,如未按照方案进行治理的探矿权人移入异常名录。如两年未进行治理,建议上级主管部门注销探矿证,同时移送司法部门追究相关责任。按照中央环保督查组"回头看"要求,推进自然保护区内工矿企业退出工作。截至2018年,巴音杭盖自然保护区内13宗探采矿权 (采矿权4宗,探矿权9宗)已注销12宗;1宗采矿权(包头市达茂旗珠日和岗岗图脉石英矿)未注销,市局于2018年9月12日发布撤销该公司持有的采矿证行政许可决定书,依据相关法律、法规规定,待行政复议(60日)、行政诉讼(六个月)期结束后,依据相关程序及时履行注销手续。

**【不动产登记】**不动产登记窗口压缩办理时限,将不动产首次登记办理时限由7个工作日压缩至5个工作日,不动产转移登记、注销登记、补正登记等业务办理时限由5个工作日压缩至3个工作日,不动产抵押登记办理时限由3个工作日压缩至2个工作日,查询登记、查封登记、异议登记实现即时办理。全年办结不动产证书1373本、不动产证明525份,查询登记6035宗,查封登记81宗,注销登记65宗,解封登记5宗。落实"一窗受理、集成服务"工作新模式,8月下旬试运行,9月下旬正式启动,工作人员统一受理不动产登记以及相关的房屋缴税材料,让群众和企业只需"跑一个窗口,提交一次材料",即可办妥全部手续,实现群众办事"只跑一次"的承诺。

**【房地一体】**按照《关于将达茂旗农村牧区"房地一体"宅基地和集体建设用地使用权登记发证工作纳入不动产统一登记体系工作方案》,推进农村牧区"房地一体"工作进度,及时完成计划编制、落实经费、队伍选取和培训动员。完成全旗外业补测工作,补测总面积200.80公顷。由于多方面考虑,已将发证时限延后至2020年底前完成。

**【第三次国土调查】**按照上级要求,第三次国土调查工作倒排时间计划表安排,逐项按时推进全旗第三次国土调查的各项工作。8月下旬,通过公开招投标确定内蒙古蒙通地质测绘有限公司为技术单位，并正式签订政府采购合同。10月上旬技术单位正式进驻达茂旗，会同负责三调干部开展相关内外业工作。已完成三调工作方案的编制、上报、报备和三调技术方案的编制、上报工作；调查界线落图工作因与周边旗县存疑，正在会同民政局与周边旗县相关职能部门沟通、协商；内业矢量化工作已完成30个行政村，外业调绘工作已完成5个试点行政村，由于不一致图斑、外业举证软件尚未下发，拟在下发到位后，组织相关人员在三个月内完成内业矢量化工作、外业举证和调绘工作，在内外业工作完成后一个月之内，完成数据库建设，并上报初始成果。

# 市场监督管理

**【概况】**2018年12月，根据包头市盐业体制改革方案，将相关盐业管理工作划归达茂旗市场监督管理局。设15个内设机构，8个派出机构，5个事业单位，共计28个职能机构。核定编制80名，其中行政编制54名，实有51名，科级领导职数5名（1正4副）；工勤编制6名，实有工勤人员6名；事业编制19名，实有人员19名。共计在编人员76名，另有合同工8名、志愿者1名、临时工11名。从事食品药品专兼职监管执法人员35名，其中专职10名（食品药品专业人员3名），达到了3人/万人。

**【监管对象】**截至2018年12月底，全旗各类市场主体共7173户，其中企业1413户，农民专业合作社821户，个体工商户4939户，分别占总户数的19.70%、11.44%和68.86%。从产业结构看，第一产业888户，第二产业217户，第三产业6068户，分别占总户数的12.38%、3.03%和84.59%。商贸经营行业为4142户，住宿和餐饮行业为1281户，居民服务和文件娱乐行业为645户，分别占三产总户数的68.26%、21.11%和10.63%。从区域看，百灵庙镇4221户，占58.85%，其他苏木乡镇2952户，占41.15%。

**【商事制度改革】**2018年发展内资企业设立登记189户，注册资本183859万元，从业人数829人；累计设立1413户，注册资本2277574万元，从业人数19363人；农民专业合作社设立登记43户，注册资本7485万元，从业人数217人；累计设立821户，注册资本173842万元，从业人数4759人；个体工商户设立登记842户，注册资本8959万元，从业人数1697；累计设立4939户，资金52833万元，从业人数9005人。办理“食品经营许可证”387户，其中食品销售

209户，餐饮服务148户，小作坊登记证30户，其他食品销售0户。开展2018年度年报公示工作，截至2019年6月30日，全旗企业年报率为93.47%，高于上一年度0.21%。其中，企业应报1424户，实报1331户，年报率为93.47%；个体工商户应报4966户，实报4411户，年报率为88.82%；农民专业合作社应报892户，实报822户，年报率为92.15%。对未公示2018年市场主体876户列入经营异常名录（状态），其中企业93户，农民专业合作社229户，个体工商户554户。开展2018年度企业年报公示信息抽查工作，共对21户市场主体进行抽查，经查均属正常企业。开展个体工商户和农民专业合作社年报信息抽查工作，共抽查个体工商户21户，抽查农民专业合作社30户。

**【工商管理】**开展经营异常名录移出工作，共移出异常名录（状态）23户，其中企业9户、个体工商户12户、农民专业合作社2户。

**【市场监管】**做好动产抵押登记监管工作，帮助企业特别是涉农企业、中小企业、个体工商户和农业生产者解决融资困难的问题，办理动产抵押6起，融资10.38亿元。开展元旦、春节、“五一”、中秋、“十一”节日市场专项整治行动，查处无照经营和超范围经营、不正当竞争、商标侵权、虚假广告、销售假冒伪劣旅游商品等侵害消费者合法权益的违法行为。

**【质量监管】**加强质量信用体系建设，开展企业质量信用等级评定工作，执行失信惩戒制度，实现质量信用信息共享。组织开展对辖区内检验检测机构的分类监管工作，对1家机动车检测站进行监督检查。组织开展对辖区内6家有机产品认证企业的有机产品认证专项检查，了解有机产品认证企业实际情况。

**【食品安全监管】**开展为期一个月百灵庙市场专项整治工作，共检查各类市场主体2210户，发现14类共计494个问题，当场下达责令改正通知书67份。分别对无证无照或证照到期192户、无健康证或健康证到期144户、经营过期食品药品29户、超范围经营10户、进货时未查验许可证和相关证明文件（索证索票）11户、未按规定建立并遵守进货查验记录46户等实施处罚。对希拉穆仁旅游市场开展为期20天的集中专项整治，共检查旅游接待企业、牧家乐和食品经营户232家，下达限期整改通知书51份，现场指导整改89家，查处违法案件11件。实施“双随机、一公开”监管机制，加大专项检查和飞行检查力度。开展非洲猪瘟猪肉产品专项排查，共出动执法人员35人次，对3家超市、1家农贸市场、3家经营性冷库、30家肉制品经销店开展大排查，检查结果辖区未发现有疫区猪肉流入市场。

**【药品医疗器械监管】**开展药品安全拉网式大排查大整治，出动执法人员

32人次,车辆8台次,检查药店20家、医院4家、社区卫生服务中心5家,下达责令整改通知书5份。对28个疾病预防控制机构和接种点开展紧急排查和监督检查,未发现问题批次疫苗。开展医疗器械安全隐患“大排查大整治”、医疗器械经营许可证清理整顿、医疗器械冷链管理、违法违规经营使用医疗器械、无菌和植入性医疗器械等6项专项整治行动,共检查兼营医疗器械零售药店80家次、眼镜店5家次、口腔诊所2家次、旗级医疗机构8家次、社区卫生服务中心10家次、个体诊所15家次、基层卫生院家15家次、村卫生室3家次,共出动执法人员160人次,下达责令整改通知书19份。2018年,共抽检药品76批次,8批次不合格,对不合格药品均立案查处,不合格产品查处率达到100%;上报药品不良反应12例,化妆品不良反应1例,医疗器械不良反应1例,旗级医疗机构监测报告率达到100%。

**【特种设备检查】**对全旗2家旅游景区特种设备使用单位开展安全检查。吉穆斯泰旅游景区的1条客运索道处于验收调试阶段,暂不对外开放运营;神鹰洪浩旅游景区的1条拖牵索道,手续齐备、安全管理制度健全,使用正常。对2家商场的16部电梯,2家医院的11台特种设备,5家酒店的6部电梯开展重点检查。全面排查锅炉使用等环节存在的安全问题与隐患,淘汰10吨以下燃煤锅炉43台,停用28台,在用31台。

**【商标品牌】**“达茂草原羊”商标被评定为中国驰名商标,是包头市第一件被评为中国驰名商标的地理标志商标。达茂草原羊、牧野德彪、毕力格泰和九华图形商标被评定为内蒙古著名商标。万禾等17件商标被评定为包头市知名商标。“达茂小红皮小麦”被注册为地理标志商标。

**【餐饮安全监管】**开展春季学校食堂和小饭桌食品安全专项检查,出动执法人员30人次,检查学校16家,出动执法车辆5台次。校园食堂及周边食品安全联合检查,共出动执法人员193人次,检查经营户36户次,检查餐饮单位33户次,下达责令整改8份,没收问题食品4千克。实施“厨房革命”,大型餐饮企业、学校及养敬老机构厨房整改率达到80%,中型餐饮企业厨房整改率达到60%,小型餐饮企业厨房整改率达到50%,楼房建成区餐饮企业燃煤灶改为清洁能源灶整改率达到70%。实施明厨亮灶工程,餐饮服务单位明厨亮灶率达到70%。实施餐饮服务单位量化分级管理,量化分级率达90%,评定A级单位7家。

**【信用体系建设】**开展“失联”企业清理工作,对未报送2018年度报告的59户企业逐一核查,对长期未开展经营活动且连续两年未报税的企业,吊销营业执照32户。开展2018年度企业年报公示信息抽查工作，共对51户开展个体工商户和农民专业合作社年报信息抽查工作，共抽查个体工商户21户，抽查农民专业合作社30户。

# 安全生产监管

**【常规检查】**全年召开旗委常委会4次、政府常务会4次，专题研究部署安全生产工作；召开安委会12次，总结分析安全生产形势、安排部署具体工作；严格落实“党政同责、一岗双责”要求，党政主要领导带队检查安全生产工作25次，开展安全警示教育，组织安委会成员单位观看事故警示片12次，并以赤峰市宁城县“7·30”较大坍塌事故、河北张家口市“11·28”爆炸事故等为典型案例，及时开展安全隐患排查，全面提升安全生产管理水平。聘请20名安全专家对危险化学品、非煤矿山、冶金等领域开展示范执法，以专家现场执法带动提升基层安监员业务能力。加大联合惩戒力度，将安全生产处罚信息录入信用平台，对28家违法违规企业实施联合惩戒。提升职业健康监管，强化职业病危害监督检查，督促重点企业建立职业病危害档案，组织10家企业对700余名职工进行职业病健康体检。印发《关于规范安全生产大排查大整治台账和周报表的通知》等文件，推动隐患整治见真见效，对不能按期整改或整改不到位的，依法实施行政处罚；对重大隐患发现一起、挂牌督办一起，确保整改到位。2018年，累计检查各类生产经营单位2589户次，发现安全隐患1794条，完成整改1556条，剩余238条隐患已督促企业明确整改责任人、完成时限，确保隐患排查与整改落实同步推进；2017年自治区安全生产督查组提出的16条安全隐患和自治区安委会第二轮互查组提出的28条隐患全部整改。强化企业安全生产主体责任落实，加大隐患排查整治力度，提高监管水平，组织开展“元旦、春节大检查”“烟花爆竹专项检查”“两会期间安全生产专项督查检查”“春季开复工大检查”“五一期间安全生产大检查”“汛期大检查”“遏制重特大事故大检查”“中秋、国庆安全大检查”等活动。重点对全旗非煤矿山、危险化学品、烟花爆竹、道路交通、人员密集场所、消防、建筑、特种设备、风电等重点行业、领域进行安全专项整治工作。

**【专项监察】**非煤矿山方面，按照“五个一批”执法要求，对非煤矿山企业加强井工矿山、尾矿库、排土场等安全整治，强化对非煤矿山冬季停产停工的安全管理，督促企业停产前对生产场所、设备进行全面清理，严防火工品遗留在生产场所，停产期间切实做好设备日常维护、保养的安全管理，加强值班值守，严格落实值班人员责任制度；推动企业建立全员安全生产责任制，对安全生产有效期内的企业，严格复工验收；落实防汛安全措施，防范“7·19”洪灾，开展矿井采空区、塌陷区、积水区巡检排查。危险化学品方面，推进为期三年的危险化学品安全综合治理，对危化企业进行摸底排查，建立危险化学品安全风险分布档案，定期开展监督检查，取缔非法经营危险化学品企业1户，开展危险化学品应急救援演练1次，加强各环节的安全风险管控。烟花爆竹方面，组织对烟花爆竹批零经营企业开展安全专项整治，加强对烟花爆竹储存、运输、销售、燃放等各环节的安全管理，落实烟花爆竹经营长期零售点销售模式，严厉打击在街道上临时摆摊设点销售行为。废弃矿井治理方面，按照“一井(洞)一方案”要求，聘请第三方机构对境内250处废弃矿井和1处铂金矿废弃矿坑进行治理。治理工作全部完工，并完成验收。建筑施工方面，加强建筑施工安全管理，督促各建筑施工企业落实安全主体责任和全员安全责任制，有针对性组织开展安全生产检查和隐患排查治理；按照《达茂旗建筑施工安全专项治理两年行动实施方案》，配合住建局开展建筑领域隐患排查整治，重点对在建、停建项目的基坑、模板及支撑体系、脚手架、大型起重机械等事故多发易发环节进行巡查。道路交通方面，开展“两客一危”车辆动态监控管理，打击营运车辆非法改装、非法挂靠、超载、超速、超员、非法超限运输，以及无证驾驶、酒后驾驶、疲劳驾驶、肇事逃逸、假牌照、遮挡牌照等严重交通违法违规行为专项行动，坚决取缔非法违法、不达标的营运车辆；按照《达茂联合旗深入开展货运车辆超限超载治理工作实施方案》，配合交警大队，召开治超工作现场会，推进多部门联合执法，查处违规违法运输车辆124辆。用电安全方面，召开专题会议安排部署用电安全大排查大整治行动，将用电安全纳入安全生产检查督查、隐患排查范围；制定《达茂旗电动自行车消防安全综合治理工作实施方案》，对全旗35个居民小区进行摸排检查，解决电动自行车“进楼入户、人车同屋”充电问题。旅游方面，对全旗范围内的旅游景区、星级酒店、宾馆等领域进行安全生产检查工作，按照《达茂旗体育游乐场所安全专项整治工作方案》，开展体育游乐场所专项整治和旅游景区恢复经营安全检查，对经营单位用电安全、服务设施设备进行隐患排查，严防发生电气火灾，乘马、乘坐卡丁车安全事故。

**【宣传教育】**开展“6·16”安全生产宣传咨询日、“七进”活动、“安全生产法”宣传周等活动，宣传安全生产方面的法律法规和相关知识；“安全生产月”活动中，设立宣传咨询点7个、宣传展板30块，发放宣传资料5000余份。利用《英雄达茂》微信公众平台，及时播发安全生产最新动态；利用《漠南时讯》与广播电台、电视台，宣传安全生产知识、事故案例分析；召集企业负责人在安监局视频会议室观看事故案例警示教育片，提高企业负责人的主体责任意识和全员安全意识。组织各苏木乡镇和有关部门安监干部参加安全生产执法培训，开展企业管理人员和负责人、电工、焊工等特种作业人员培训班、培训活动，举办各类培训班及“安全生产大讲堂”15期，培训1090人次。建立健全应急救援联动机制，组织开展应急演练2次，形成条块结合、协调联动工作体系。制定出台《达茂旗苏木乡镇安监站工作实施方案》，率先在全市建立苏木乡镇、巴润工业园区安监站13个，配备专兼职安监员41名；在嘎查村(社区)建立安全生产工作小组85个，安监员133名，全旗专兼职安监员达到174名，制定《达茂联合旗网格化分级监管实施方案》，对174名基层安监员进行业务培训，经培训和考试合格后发放“基层安监员”证和袖章，并落实220元/月的劳动报酬。按照《苏木乡镇(管委会)安全生产网络化建设工作实施方案》，全面落实基层安监责任，充分发挥基层安监站及基层安监员的先行军、排头兵作用，形成安监部门指导、基层安监站(所)督查、基层安监员检查的“横向到边、纵向到底”网格化责任体系。

# 招商引资服务

**【招商引资】**共引进国内(区外)到位资金12亿元，完成全年目标。签约重大项目20个，协议资金总额258.97亿元。其中：一产项目2个，投资2.2亿元；二产项目13个，投资195.77亿元；三产项目5个，投资61亿元。全年，国内(区外)资金11.5亿元，其中到位资金3.55亿元。2018年，达茂旗获得包头市招商引资先进地区的嘉奖。

**【招商推介】**实施项目库录入和招商项目册编制工作，储备一批符合产业发展方向、延伸产业链条、促进产业结构转型升级的项目。经过两轮项目征集，完成《2018年招商引资项目库》编辑工作，入库项目共94项，总投资473.3亿元，其中：农牧业项目27个，总投资27.67亿元；工业项目32个，总投资368.18亿元；第三产业项目35个，总投资77.45亿元。

**【项目前期】**赴北京、西安、鄂尔多斯等地参加招商节洽会，就工业、农牧业、电子商务方面开展实地考察；参加第三届丝博会、内蒙古自治区2018年投资促进工作会议、2018年包头市投资环境和重点项目（京津冀）推介会等招商节会，并签约3个共50亿元的投资项目；接待来访企业并参加各类招商引资座谈会30余次。

# 财政 税务 金融

# 财 政

**【概述】**截至2018年12月底，一般公共预算收入完成5.71亿元，完成年度预算的101.71%。其中税收收入完成4.3亿元，占一般公共预算收入的75.31%，非税收入完成1.41亿元，占一般公共预算收入的24.69%。2018年旗十五届一次人民代表大会批准，全旗政府性基金预算收入为3000万元；政府性基金收入完成1.47亿元，完成年度预算的488.67%，较上年增收1.22亿元（政府性基金收入增长幅度较大的主要原因是增收土地出让金收入），增长488.28%。

**【财政支出】**2018年，财政支出23.61亿元，完成年度调整预算指标的97.37%。其中：一般公共预算支出完成22.07亿元，完成年度调整预算指标的97.4%；政府基金预算支出完成1.54亿元，完成年度调整预算指标的97%。

**【资金争取】**2018年，全旗争取上级专项资金10.08亿元，完成目标任务的100.85%。其中财政局争取上级专项资金3.1亿元，完成全年目标任务的103.41%。

**【重点工作】**加强税费分析，强化综合协税治税，出台《达茂联合旗综合治税信息平台实施方案》，开发综合治税信息平台，争取各部门做到涉税信息共享，基本完成涉税成员单位涉税数据采集工作；开展税收大检查工作，针对全旗各预算部门税务部门以及非税业务展开全面检查，并针对大检查工作中发现的问题组织进行限时整改。按照“保工资、保运转、保稳定”的原则，除基本支出和必保项目外，一般性支出一律压减15%的基础上，进一步控制各类培训、会议、表彰活动等经费，压缩行政开支，压缩资金全部用于支持“三大攻坚战”；围绕全旗重大项目重点工作，按照集中财力办大事的原则，有效整合资金，将有限财力用在刀刃上，确保全旗各项民生工程顺利实施。截至12月底，公共财政用于民生领域的支出为17.8亿元，占一般公共预算支出的75.42%。开展防范化解重大风险各项工作，制定出台《达茂联合旗政府债务化解实施方案》和《达茂联合旗“十个全覆盖”债务化解工作方案》，全旗共化解政府债务18.85亿元，完成全年目标任务的104.25%。加强乡镇苏木财政所建设及改革，12个苏木乡镇财政所已全面完成往年会计账目电子化录入工作。截至12月底，全旗已有12个苏木乡镇财政所完成标准化财政所验收工作；2018年财政一事一议奖补项目、美丽乡村建设工作、嘎查村集体经济工作已全部开工建设；加强财政补贴资金发放科学化、精细化管理，防止不正之风和腐败现象滋生，确保财政补贴资金安全及时足额发放到位，对全旗惠农惠牧补贴“一卡通”进行全面清理整顿，已完成34152户农牧民“一卡通”验证。落实农业综合开发项目建设，完成建设灌溉人工草地5000亩，新打机电井14眼，输变电线路配套15.6公里，埋设管道23.5公里，标准化棚圈建设2350平方米，共计投入700万元用于土地治理项目建设。

# 税 务

**【税收收入】**2018年，累计完成各项税收收入8.72亿元，完成一般公共预算收入4.45亿元。

**【税收收入特点】**达茂联合旗是以生产钢铁原料为主的旗县,经济形式较为单一，采矿业及其附属的制造业是达茂旗税收来源的主要行业，风电、光伏行业是近年来达茂旗新的税收增收点。主体税种是增值税、企业所得税、资源税、城镇土地使用税。

**【税收法治】**建立健全法制工作规章制度，成立依法行政工作领导小组，定期进行法律法规学习；持续开展青少年税法学堂活动；推进内部控制监督平台相关工作，发挥系统事前防范、事后监督和纠正的信息化功能，有效降低税收执法风险。

**【税种管理】**落实各项税收新政策，个人所得税政策起征点提高至5000元，同时可享受六项专项附加扣除；年应纳税所得额低于100万元的小型微利企业免征企业所得税地方分享部分；月销售额不超过3万元(按季纳税9万元)的小规模纳税人免征房产税和土地使用税；房产税从价计征的减除幅度由10%调整为30%。2018年5月1日起增值税率17%降至16%，11%降至10%，同时统一小规模纳税标准。

**【社会保险费和非税收入管理】**组织前台税务干部到旗人社局学习实际操作业务，及时修正数据，开展实地调研，对国家税务总局内蒙古自治区税务局发放的税费管户名册，通过社会保险费征缴系统、金税三期系统数据库中缴费单位与纳税人进行核实确认，共确认管户465户，实现税费单位管户一一对照。

**【纳税服务】**推进“一厅通办”工作，开展“纳税人开放日”活动，为新办纳税人提供“套餐式”服务。纳入信用管理总户数 1848 户，成功参加评价户数 1842 户，占总数的 99.7%。办税服务厅整体入驻达茂旗市民大厅，自有办税场所 1 个，税费一窗办理窗口 5 个，社保费延伸点 1 个、设窗口 2 个。

**【征收管理】**整合税务行政处罚事项，明确个体工商户的统一征收方式及核定标准，明确未结报的零散税收委托代征税款处理规则，统一实名办税方式。完成金税三期系统并库数据清理工作，制定并库数据清理工作方案、成立数据清理工作组、组建集中办公环境。

**【督察内审】**以税收法律法规为督查标准，开展税收执法日常督查工作。个人所得税改革进程中，围绕个人所得税申报征收情况、征收大厅秩序情况等开展督察，确保征期平稳有序进行。

**【绩效管理与数字人事】**在绩效管理信息系统中设置局内考核指标 105 条，将绩效考评结果与个人评优评先紧密结合。按照数字人事工作要求，按时在数字人事系统中进行工作纪实，按季度开展工作自评及领导评鉴工作。

**【人事管理】**截至 2018 年底，共有在岗人员 139 人，其中公务员 100 人，事业编人员 2 人，工勤人员 10 人，三批学员 2 人，助征员 16 人，协税员 5 人，另有临时工 1 人，自聘临时工转劳务派遣人员 3 人。

**【党建工作】**以机构改革为契机，结合工作实际与党员结构现状，新成立 1 个党总支，2 个党支部，4 个党小组。严格执行“三会一课”制度，定期开展支部党员大会、支部委员会和党小组会，认真执行党的组织生活制度。累计发布廉政提醒短信 30 条，编发纪检监察专刊 20 期，完成 19 名副科级以上领导干部廉政档案建立工作，完成 29 名股级干部廉政谈话并建立廉政档案、廉政警示教育 7 次。向纳税人发放廉政回访表 180 份，收到建设性意见 3 条。

**【税收科研】**2018 年在《内蒙古日报》发表作品 2 篇、《新华网》发表作品 1 篇、《内蒙古国税》发表《关于个体工商户税收征管现状的思考》1 篇。

# 金融监管

**【概述】**全年，全辖区各项存款余额为 41.27 亿元，较年初减少 0.75 亿元，降幅为 1.78%；其中居民储蓄存款余额为 31.31 亿元，较年初增加 1.65 亿元，增幅为 5.577%，占各项存款的比重为 75.87%。各项贷款余额为 27.15 亿元，较年初增加 1.28 亿元，增幅为 4.95%；其中住户贷款余额为 19.79 亿元，较年初增加 1.52 亿元，增幅为 8.32%；企业贷款余额为 7.35 亿元，较年初减少 0.243 亿元，降幅 3.16%。3 月，支行完成对辖内四家参评机构的涉农信贷政策效果导向评估工作，整体评估结果较上年度有所提升，其中农行、邮储较上年度提升一个档次，工行、信用社较上年度下降一个档次。3 月 7 日，达茂旗包商村镇银行向人行提出额度为 3000 万元的支农再贷款申请，经支行向中支申请，获批 3000 万支农再贷款限额，并及时发放给村镇银行，其按要求于一个月之内发放给辖内农牧民，切实降低农牧民的融资成本，发挥央行再贷款效用，满足金融机构流动性需求。

**【金融生态】** 1 月，达茂支行对辖区 6 家金融机构进行综合评价，评价内容包括：日常管理、货币信贷、内部控制、践行社会责任等。从评价结果看，达茂旗包商惠农贷款公司综合评价结果为 A 级，其他 5 家金融机构评价结果为 B 级，并将评价结果上报市中支。支行派人进行 2018 年央行金融机构评级工作，对辖内两家法人银行机构进行评级，就达茂联社和达茂包商村镇银行的公司治理、内部控制、资产管理、资本及其管理、流动性风险、市场风险、盈利能力、信息系统、地方金融生态环境等九个模块进行评级，完成两篇评级工作报告上报中支。开展反假货币业务的检查，5 月至 10 月，通过对 5 家金融机构 8 个营业网点，开展《人民币管理条例》《假币收缴鉴定办法》执行情况检查，通过对反假货币服务设施的配备和功效，假币收缴鉴定流程，监控录像资料的保存时限，假币的保管、上缴、登记等内容的全面检查，全年共收缴假币 267 张、24535 元。

**【金融服务】** 全年共调拨发行基金 2 次，调入 2.06 亿元，调出 0.26 亿元，投放 5.04 亿元，回笼 2.25 亿元，净投放 2.19 亿元，比上年同期减少 39.56%；督促各金融机构加大对农村、牧区、集贸市场残损人民币回收力度，提高流通中人民币整洁度。截至 11 月底，共办理预算收入 77716 笔，金额 12.89 亿元；办理预算支出业务 7745 笔，金额 23.43 亿元；办理退库 101 笔，金额 4820 万元；更正业务 86 笔，资金 1.35 亿元。达茂网点 ACS 支付系统共发生来账业务 125 笔，发生往账业务 811 笔，发生差错 2 笔，差错率 0.24%。

# 工商银行

**【概况】**中国工商银行股份有限公司百灵庙支行成立于2008年3月20日，内设市场部和营业室，截至2018年底，共有员工21人,在岗员工中蒙古族员工1人,35岁以下员工14人。

**【存贷款】**2018年,百灵庙支行各项存款余额为28070万元,其中:储蓄存款余额为23357万元，较年初增长2795万元,公司存款余额为3793万元,较年初减少5821万元。各项贷款余额为15806万元,其中:公司贷款余额14100万元,个人贷款余额为1806万元(含小企业50万元)。

**【网络金融】**2018年,融E行新增客户数1206户,融E行移动端月均动户数2379户。融E购月均动户数187户,信用卡有效客户新增782户。POS机商户新增46户,二维码新型商户75户。发放社保卡87377户,累计社保卡启用57067户。

**【经营效益】**2018年,中间业务实现247万元，实现拨备前利润612万元,拨备后利润606万元。

# 信用合作

**【普惠金融】**2018年,达茂旗联社践行和共享普惠金融工程,加强对中小微型企业的支持帮扶力度,其中中小企业贷款余额为9279.4万元，微型企业贷款余额为15432.59万元，个体工商户贷款余额为11617.41万元，小微企业主贷款为19471.91万元。开展农牧户基本信息建档立卡工作,严格要求基础数据的真实性和可靠性,为进一步发展普惠金融提供数据保障。创新尝试推出“农信+民品民贸”混业经营试点，为民品民贸提供信贷支持，帮助民品民贸产品搭台亮相。开展网格化营销,为更多有资金需求的小微企业提供便利与快捷。申请代发二代社保卡业务，乡镇一级52044张社保卡制卡工作已于2017年年底完成,截至2018年底,发放33907张;新增3处农信驿站;建设“金三角”农信书屋即全民阅读基地,发挥文化力量助力普惠金融的作用。

**【精准扶贫】**落实精准扶贫责任,主动扶贫助困,主动下乡进村,完成19户贫困户建档立卡工作,并为其购置380只养殖雏鸡、19套养鸡机具;主动担负"国贫户"脱贫任务,先后向435户贫困户发放精准扶贫贷款1668万元,通过联社专项资金帮扶,298户贫困户已实现脱贫。针对坤兑滩行政村47户国贫户,依托正源养殖专业合作社,出资12万元与其他扶贫单位一起发力筹建养鸡场,以集体经济的形式发展养殖业,为贫困户提供合适的脱贫渠道和就业岗位,实现扶真贫、真脱贫。

# 邮政储蓄

**【业务经营】**截至2018年12月末,贷款结余17037.11万元。本年发放贷款5803万元,其中消费贷款19笔、金额153万元,小额贷款253笔、金额1855万元,个商贷款1笔、金额50万元,再就业贷款发放340笔、金额3745万元,不良率为1.47%,储蓄余额5504万元,支行累计完成收入1404.66万元,比上年同期增长14.20%。

**【电子银行】**遵循"统一规划、统一管理、统一开发"的原则,总行统一提供电子银行服务界面,统一负责电子银行产品的开发和维护。贯彻执行监管新规要求,定期开展电子银行业务发展质量检查,加强ATM管理,每日检查ATM内外环境,查看是否粘贴非法广告、ATM插卡口和出钞口是否有异物,保障机器安全运行。做好金融安全教育,网点人员提示已经开通电子渠道的客户以官方手机客户端通知消息为准,严防手机短信诈骗,保障银行和储户的资金安全。

# 包商村镇银行

**【概况】**达茂联合旗包商村镇银行是全国唯一由作为三类新型农村金融机构的贷款公司成功转型升级而来的村镇银行。2007年3月16日,原达茂旗包商惠农贷款有限责任公司在百灵庙镇正式开业,历经十年的成长发展,由原来只经营单一业务的贷款公司改制为可以开办多种类业务的银行类金融机构。2017年3月16日,达茂联合旗包商村镇银行正式开业,注册资本金10000万元人民币,现有员工66人，营业网点2处。全行实行“三会一层”治理体制，其中股东会成员46名，包括法人控股股东1名，自然人股东45名；董事会成员5名，包括董事长1名；监事会成员3名，包括监事长1名；经营层高管2名，包括行长、副行长各1名。全行下设董事会办公室、综合部、财务部、信贷部、营业部、审计部、资产保全部、风险管理部八个部门及一个乌兰支行，并且成立了党支部、工会、团支部等党群组织。

在村镇银行成立发展以来，无论是作为前身的包商惠农贷款公司还是现在的银行经营模式，都始终坚持“金融普惠、润泽三农”的经营理念，主动发挥县域和农村金融服务主力军的作用，积极履行服务“三农”的社会责任。在十余年的发展中，先后获得了全国“送金融知识下乡”宣传服务站荣誉称号、包头市文明单位、达茂旗文明示范窗口、达茂旗文明单位标兵、工会工作先进集体等一系列的荣誉称号。

**【业务经营】** 吸收公众存款；发放短期、中期和长期贷款；办理国内结算；从事同业拆借；从事银行借记卡业务；代理发行、代理兑付、承销政府债券；代理收付款及代理保险业务；经银行业监督管理机构批准的其他业务（依法须经批准的项目，经相关部门批准后方可开展经营活动）。

**【存、贷款业务】** 存款业务有：定期存款、活期存款、零存整取。

贷款业务有：农牧民类贷款、小微企业贷款。

**【信贷业务】** 达茂旗包商村镇银行立足当前经济形势及达茂旗地方实际情况，确立了“普惠金融与创新服务县域经济相融合、信贷投向与政府方针政策相契合、信贷创新与地方产业发展需求相结合”的工作方向，以支持“三农三牧”为重点，拓宽贷款路径，开展多样化支农服务工作，为农牧业合作社、家庭农牧场、农畜产品加工、民族特色的食品加工、综合旅游业发展等提供贷款支持，促进其发展。信贷产品涉及农牧民日常生产、居住条件改善、购置生活电器等农牧民群众的农牧业生产生活各个方面。

贷款业务已覆盖全旗七镇两乡三苏木，对372个自然村实现了全面覆盖，直接辐射带动人群达37000余人，惠及达茂旗常住人口的45%，信贷产品覆盖农牧民生产资料购置、农田水利建设、农畜品种改良、新农村建设、产业结构升级、合作组织发展以及生活水平提高等生产生活的各个方面。

**【经营效益】** 2018年贷款利息收入5209.89万元，金融机构往来利息收入111.15万元，存款利息支出463.26万元，同业存放利息支出1377.37万元，实现净利润534.86万元。

**【电子银行业务】** 达茂旗包商村镇银行现已开通的电子银行业务有：网上银行、手机银行、电话银行。网上银行包括：企业网上银行服务和个人网上银行服务。

# 商业保险

## 人寿保险

【业务工作】截至2018年12月30日，达茂支公司完成总保费3280.8万元。其中个险首年期缴保费完成648.16万元,完成年度计划的92.6%,十年期期交保费完成157.74万元；标保完成141.85万元,团险保费完成101万元;银保完成110.76万元，完成年计划的130.3%。

## 人民财产保险

【概况】中国人民财产保险股份有限公司达尔罕茂明安联合旗支公司始建于1987年。现有在编职工11人,营销员5人,农网协保员63人。内设综合部、业务部、理赔部、出单中心分部共4个机构。下设9个营销服务部,分别为小文公乡、石宝镇、乌克忽洞镇、西河乡、百灵庙镇、希拉穆仁镇、满都拉镇、达尔汗苏木和明安镇营销服务部。公司经营范围覆盖全旗保险市场的所有领域。所开办的险种有机动车辆险、企业财产险、家庭财产险、各种责任险 、货物运输保险、信用保证险、人身意外险以及大病保险等8大类近300多个险种。2008年以来,成功开办政策性种植业保险。

【业务工作】2018年，公司累计完成保费任务1849.97万元，同比增长14%。其中，常规业务实现保费753.09万元,同比增长16.34%;政策性种植业保险实现保费1096.88万元，同比增长23.08%。全旗12个苏木乡镇、39个合作社和8个公司投保小麦、玉米、马铃薯、葵花、油菜籽、大豆和甜菜7种农作物。保险面覆盖63个嘎查(村)、433个自然村,惠及13020个农牧户。

【服务工作】政策性种植业保险方面,贯彻国务院《农业保险条例》,主动与当地各级政府和有关部门联系协调，有效对接，制定切实可行的工作方案，利用三农营销服务部平台为全旗农牧民提供保前、保中、保后服务。2018 年，公司为受灾农牧民支付赔款金额达到 1155 万元。服务地方经济社会发展方面，公司注重创新服务方式和方法，协助农牧户制定防灾减灾措施。“7·19”洪灾发生后，及时为旗捐款 50 万元并捐赠两台八桨无人机，为大田农作物灭虫撒药提供方便。配合社会保障，开办新农合大病保险、养老院责任保险、食品安全责任保险、校园方责任保险和学幼险等险种。

**【获奖情况】**旗支公司获得中国人民财产保险股份有限公司包头市分公司“常规业务增速奖”“年终决胜冲刺贡献奖”和“农网建设优胜奖”等奖项。

# 农村牧区经济

# 农牧业发展

**【概况】**全局有在职人员118名。其中公务员17名,参公人员27名,事业人员74名;专业人员中拥有高级职称9名,中级职称29名,初级职称27名,管理岗6名,工勤3名。

**【农牧业概况】**2018年农作物总播面积达到60万亩。其中马铃薯15万亩、玉米5万亩、葵花5万亩、小麦14.5万亩、菜籽10万亩、莜麦3万亩、荞麦1万亩、优质饲草3万亩、黄芪1万亩、其他农作物2.5万亩,因旱未播20万亩。全旗牲畜存栏68.3万头只,其中大牲畜存栏5万头、羊存栏62.3万只、猪存栏0.65万头、其他0.35万头。全旗牲畜出栏总头数72.26万头只,其中大牲畜4.74万头只,小牲畜67.52万头只。

**【农机补贴】**购机者根据实际需要自主购买机具。凡旗户籍申请购置补贴的购机者,须向供货企业索取发票和所购机具基本信息单,供旗农机监理管理站核实。购机者本人携带购机发票、机具基本信息单、嘎查村和苏木乡镇负责人出具的签字并加盖公章的证明材料、身份证、户口本、惠农“一卡通”(银行卡),到旗农机主管部门办理申请补贴事项,补贴通过“一卡通”统一发放。

**【专业合作社】**在旗辖区内发展得较好、有代表性、带动能力强的合作社,通过各方面的审核后,制定相关扶持政策。扶持政策有优惠类政策、补贴类政策、涉农项目扶持类政策、农产品流通政策、人才支持政策等。

**【草原生态保护补助奖励机制】**禁牧草场补贴、牧业生产资料补贴、草原管护员补贴及相关配套补贴。配套政策有:住房补贴、教育补贴、养老生活补贴、合作医疗补贴、保底补贴、产业扶持补贴等。

**【良种公羊补贴】**牧民购买优质良种公羊的,每只补贴1600元,其中国家补贴800元、自治区补贴800元。种羊鉴定,建立系谱档案并佩戴耳标。

**【良种母牛补贴】**旗内牧区养殖良种母牛繁殖(蒙古牛或西门塔尔牛)达到50头以上的肉牛养殖专业合作社、养牛大户有权利享受补贴。根据近年来肉牛市场逐渐走高,母牛平均单价均在8000元左右,每头母牛补贴标准由原来的每头50元提高到350元。

**【农业保险】**保险范围为达茂联合旗境内种农牧户,种养殖企业、合作社、新型经营主体。种植业保险主险责任要涵盖暴雨、洪水、冰雹、冻灾、旱灾等自然灾害,以及病虫草鼠害等。养殖业保险将疾病、疫病纳入保险范围,并规定发生高传染性疾病政府实施强制扑杀时,保险公司应对投保户进行赔偿,各级财政对保费累计补贴达到85%,农牧民缴纳保费比例为15%。

**【中草药】**依托天创中药材科技有限公司,本着“政府主导、市场运作、带动农户致富”的原则,打造中草药种植基地,该公司种植优质黄芪1万亩,带动贫困户30户,户均纯收入6000元,带动周边农户务工800余户,人均纯收入增长6000元。同时整合黄芪种植与黄芪养殖产业,打造达茂联合旗蒙中药材经济+X的特色产业。

**【有机绿色种植】**依托蒙盛达、白记粮油、忠兴合、天喜、乡村小子等专业合作组织,采取“规划引导、政策扶持、企业带动、农牧户参与”的方式,以“企业(合作社)+基地+农户”的发展模式,种植绿色有机粮油作物10万亩,积极打造有机绿色种植基地。建设规模化、标准化、现代化绿色有机种植基地12处。

**【马铃薯种植】**为破解传统农业“靠天吃饭”的发展难题,全面推广滴灌、喷灌、旱作覆膜等节水措施,提高水资源利用率,发展高效节水设施农业。2007年,先行试点实施滴灌马铃薯1000亩。2008年通过实施规模种植、良种推广、测土配肥、节水灌溉、病虫害综合防治、全程机械化等措施,成功打造6.5万亩马铃薯高产创建示范区。2012年达到45万亩,示范区马铃薯亩均增产30%左右。因轮作倒茬原因,近年来马铃薯种植面积稳定在25万亩左右。高效节水农业实现跨越式发展。滴灌区马铃薯平均亩产达到2500公斤以上,较常规水地每亩增产750公斤。

**【测土配方施肥】**调查耕地土壤(0~20厘米)的有机质、全氮、有效磷、速效钾的含量。有机质的含量由东南向西北递减,有机质含量在6.59~33.07克/公斤之间,平均为15.85克/公斤,普遍偏低。土壤全氮含量在0.307~4.145克/公斤之间,平均为1.034克/公斤,普遍偏低。土壤中有效磷含量偏低,含量在0.41~62.34毫克/公斤之间,平均为7.29毫克/公斤。土壤速效钾,其含量为60.9~492.2毫克/公斤,平均132.41毫克/公斤。以马铃薯种植区域为重点,共完成水旱地马铃薯生产肥料配方7个。

**【农畜产品质量安全】**成立农畜产品质量安全检验检测管理站,在民族风情园内建设农畜产品检验检测中心,负责农畜产品检验检测工作,健全完善《达茂旗农畜产品质量安全监督管理制度》《达茂旗农畜产品质量安全检测制度》《达茂旗农畜产品质量安全监测和信息通报制度》《达茂旗农畜产品质量安全举报奖励制度》《达茂旗农畜产品质量安全追溯制度》和《达茂旗重大农畜产品质量安全事故应急预案》等一系列农畜产品质量安全管理和检验检测规章制度。通过专项整治，使水产品药残抽检合格率保持在99%以上，对阳性样品生产单位执法查处率达到100%，硝基呋喃类、孔雀石绿、氯霉素等违禁药物在水产养殖环节的使用得到禁止，水产品质量安全执法能力明显提高。严格把关旗3个生鲜乳收购站的许可证发放及更换，严格把关生鲜乳运输环节，对生鲜乳运输车辆及拉运人员实行严格的生鲜乳准运制度，深入奶站对生鲜乳生产环节中任何可能的污染源进行排查。成功申报22家农畜产品质量安全追溯体系试点企业(合作社)。已成功申报无公害食品企业2家、绿色食品企业19家、有机食品企业7家、国家地理标志保护产品2个。

**【肉羊改良】**2018年全旗存栏肉羊基础母羊62万只，出栏肉羊80万只，共引进草原短尾羊戈壁羊、杜泊、澳洲白、苏尼特羊种公羊600多只，开展人工授精3万只，自然交配改良肉羊30万只。二年三产母羊达到20万只，个体产出率比上一年度提高5%，改良品种比例达到90%以上，千只以上肉羊规模育肥场达到31处。

**【动物疫病防控】**免疫工作，对口蹄疫、猪蓝耳病、禽流感、新城疫、猪瘟等动物疫病实行强制免疫，共接种羊口蹄疫130万头份，补免羊4.5万头，鸡禽流感、新城疫疫苗各8万羽份，猪蓝耳病、口蹄疫、猪瘟疫苗各2万头份，应免畜禽疫病密度达到100%。加强包虫病犬驱虫工作，对全旗9554条登记在册的犬每30至45天进行一次吡喹酮口服投药，8月底完成第六轮给药驱虫，合计驱虫54765条次。

**【动物卫生监督】**产地检疫方面，共检疫羊11.2万只、牛0.28万头、马1.3万匹，A证和B证全部电子出证，合格率达100%。屠宰检疫方面，每个屠宰场聘用3名肉品质量检疫检验人员，对屠宰全程检疫，官方兽医进行巡监、抽检。共屠宰羊25600只，屠宰猪3206口，全部电子出证。

**【农机监理】**2018年，共补贴农机202台，受益户达到173户，总补贴资金为763.393万元。农机装备水平稳中增长，全旗农机总动力达到27.6万千瓦，较上年增加6000千瓦。高性能、大马力、节能农业机械发展较快，其中玉米联合收获机增加16台，大中型拖拉机增加61台；深松机、捡拾打捆机、旋耕机都有不同程度的增加，特别是捡拾打捆机发展比较迅速。

# 水 务

**【农田高效节水灌溉】**以打造全区高效节水灌溉示范旗为目标，实施三个重点项目:西部节水增效项目,新建管理房195间,发展节水灌溉面积3.63万亩;沙源治理二期工程，水源节水项目新打水源井48处,节水40处,灌溉面积5500亩;小型农田水利牧区节水灌溉项目,发展节水面积7500亩,截至6月底全部完工。

**【安全饮水】**实施农村牧区饮水安全巩固提升工程10处,供水基本井加密20眼,截至12月底已全部完工。实施牧区水窖工程,新建水窖1610座,家用水处理设备1353台,受益群众达到1545户。

**【城镇供水】**达茂旗百灵庙镇供水管网改扩建工程，完成更新铺设管道22.6公里,建检查井95眼,水源井改造2眼,小区管网改造1000户。百灵庙镇水质达标提升工程,开通新茂府小区、曼德俪花园两个小区的分质供水和5处自助水屋,覆盖1100户3800人口。

**【水生态文明】**开工实施夹皮沟生态小流域治理项目,完成河道清淤1.3万立方米,水源工程2处、谷坊100座,治理水土流失面积20平方公里，截至7月工程全部完工。实施大河生态小流域治理工程,河道清理893米,水源井2眼,治理水土流失面积15平方公里。实施2017年沙源二期小流域治理工程,完成新建土堰坝698条,新建水源井40眼、管理房40间,治理水土流失面积15平方公里。

**【防汛抗旱】**修订印发《达茂旗2018年水旱灾害应急预案》,通报各苏木乡镇、水库、山沟及重点工程防汛工作责任人,全面落实行政首长责任制和重大事故责任追究制度。加大《中华人民共和国防洪法》及配套法律法规的宣传力度,印发山洪灾害防手册1000余份，结合河长制推行,加强防汛检查督查和联合执法,发现问题,限期整改,及时消除度汛隐患。加强防汛抗旱预警预报,自4月会同气象部门及时开展土壤墒情和旱情调查,发布墒情旱情信息10期、调查报告3篇;汛期通过电话、微信群、山洪预警平台发布气象预报信息130余条,预警广播发布预警信息12条,为防灾救灾提供科学依据。组织开展抗洪抢险救灾和灾后恢复重建,年内调用编织袋51200条、铁锹1300把、雨具1200套、铅丝1000公斤、救生衣110套、排污泵25套、大型泵车2辆、发电机组3

台投入抗洪抢险中。抢修修复防洪堤防19处、供水工程42处、抗旱应急饮水工程9处、在建水窖31处、在建清洁小流域2处、新建堤防1处。2018年,山洪灾害防治项目完成更新雨量站2处、水位站1处、雨墒站1处,新建水位站6处,县级预警监测平台乡镇延伸4处,项目正在等待初步验收。实施塔尔洪河河道治理工程,完成堤防6.6公里,护岸0.623公里,使该河段防洪达到10年一遇洪水标准,截至12月底,工程全部完工。

**【水资源管理】**利用水资源监控系统实现及时掌握企业、风电场的用水情况,完成对违规取用地下水企业的整改。编制《达茂旗水资源实时监控与管理系统实施方案》《达茂联合旗河道采砂规划报告书》,并上报旗政府审批。实行入河排污口、水功能区一月一监测并委托包头市水文站进行监测,截至12月底,监测自治区级水功能区9次、对区域内入河排污口监测9次。加大水土保持方案各项措施的落实和监督检查,征收水土保持补偿费242万元。设立河长制公示牌,截至6月底,完成9条旗级河流、91条苏木乡镇级河流“一河(湖)一策”实施方案的编制任务并调整旗级、苏木乡镇级河长湖长及工作职责。截至12月,旗级河湖长巡河累计54人次、巡湖6次,苏木乡镇级河湖长累计巡河482次、巡湖8次。

**【2018年获得市级以上荣誉】**旗水务局荣获全市文明单位助力精准扶贫先进集体。

# 科技和扶贫开发

**【建档立卡动态管理】**按照“两不愁、三保障”标准,对全旗居住一年以上的常住农牧民14329户32882人进行逐户摸底调查。按照贫困户申请、村民评议、研判、民政部门比对、两公示一公告等程序新识别国贫户。经过7月和10月两次动态调整,共清退、标注565户1436人,建档立卡贫困户由年初的1737户3830人降为年终的1172户2394人,其中,已脱贫1049户2147人,未脱贫123户247人。

**【产业扶贫】**通过实施产业扶贫,覆盖全部贫困户,脱贫244人。发展到户小产业项目,为4个乡镇国贫户发放化肥4538袋,涉及278户。发放马铃薯种薯188亩,涉及16户,种植有机小麦、莜麦、荞麦、马铃薯面积7260.8亩,投资72.6万元;发放种羊164只,每只补贴1600元,共补贴26.24万元;退耕还草项目贫困户

181户4628.91亩，补贴资金393.53万元。水务局安全饮水资金补贴753万元。扶贫小产业项目补贴148.37万元，包括棚圈139户，养猪195户543口，养羊37户446只，养鸡560户15846只，养牛1户。推进产业化发展，引进小尾羊公司、天创黄芪公司、金杰光伏公司、丰域专业合作社等7家龙头企业(合作社)，与贫困户建立稳定的利益链接合作机制，实现投资分红、托管、订单保本分红、吸纳贫困人口就业和高于市场价收购等模式，稳定增加贫困户收入，覆盖贫困户758户1585人。11个苏木乡镇47个嘎查村完成项目库建设，涉及种植、养殖、加工、资产性收益、社会事业、基础设施及公益性服务设施等51个项目，实现贫困人口全覆盖。针对没有劳动能力和新识别贫困人口，发展贫困村集体经济，投资入股龙头企业(合作社)1413.2万元，实施贫困嘎查村和贫困人口资产性分红项目。

**【教育扶贫】**通过实施教育扶贫，脱贫18人。核定134名建档立卡贫困户中小学在校生每年享受500元交通补助，共发放补助6.7万元；核定建档立卡家庭子女2018年在校大学生55名，每学期补助5000元，共发放补助55万元；核定建档立卡大学新生13人，每年补助1万元，共发放补助13万元；雨露计划核定34人，每人每年补助1500元，共发放补助5.1万元；泛海计划11人通过审核，每年补助5000元。

**【社会保障兜底】**通过保障兜底，脱贫31人。建档立卡60周岁以上和60周岁以下二级伤残人员国贫户有1223人，养老保险每月兜底补差到292元，共补贴132.6万元，由科扶办和民政局按照1∶1的比例全部发放完毕。为16—59周岁符合政府代缴养老保险费的国贫人口242人，代缴养老保险24200元。

**【健康扶贫】**通过实施健康扶贫，脱贫2人。为国贫人口2800人代缴医疗保险465365元。建档立卡贫困人口中住院480人次，总费用468.3万元，报销444.8万元；慢性病发生153人次，总费用13.4万元，报销12.7万元。报销比例达95%。大病26人、慢性病667人，其中：45种特殊慢性病共鉴定了523人；完成378人慢性病贫困患者送医送药，累计送达价值8.73万元的药品；开展与慢性病贫困患者签约服务，与667名慢病患者签约；国贫人口建档2378人，家庭医生服务协议书签订2327人；免费健康体检1917人，体检率为81%；发放医疗健康精准扶贫手册率为100%。

**【易地搬迁】**通过实施易地搬迁，脱贫16人。开展2016年以来易地搬迁户摸底排查工作，摸准搬迁户家庭情况和住房面积、自筹超标户数，将不符合条件的搬迁户退回计划指标和资金。2018年，实施易地搬迁户25户56人，其中，9户23人已入住，16户33人已基本完成房屋建设。按照以上数据退回指标后，2016—

2018年符合条件保留实施的建档立卡搬迁户共计67户151人，同步搬迁76人。其中，2016—2017年符合条件保留实施的建档立卡搬迁户42户95人，同步搬迁49人；2018年符合条件保留实施的建档立卡搬迁户25户56人，全面完成易地搬迁任务。

**【生态扶贫】**聘用有劳动能力贫困户20人为生态护林员，每名护林员每年发放工资800元；围绕贫困户集中村实施新一轮退耕还林工程8000亩，覆盖贫困户57户234人，每户每亩五年内共享受补贴1200元，当年每亩补贴到位500元，项目已经开始组织实施；落实生态公益林补偿覆盖贫困户669户1500人，人均享受补贴230元。

**【金融扶贫】**投入专项资金630万元，作为贷款担保金，针对建档立卡贫困户和带动贫困户的企业（合作社），与邮储银行、农业银行合作实施金融扶贫贷款项目，发放免担保贷款514万元。与农业银行、工行、邮储银行、包商村镇银行、信用合作联社五家银行协作分片区开展金融扶贫贷款，贫困户贷款采取免担保、免抵押和基准利息全额贴息、企业、合作社贴息3厘。

**【社会扶贫】**做好市领导帮扶苏木乡镇工作，推进市级帮扶单位、企业的帮扶工作，推进旗领导、旗直部门帮扶任务的落实，协调各涉农涉牧部门向贫困村给予项目倾斜。全年争取落实各级各类帮扶项目资金841万元，实施种养殖、加工、仓储等12个项目。

**【志智双扶】**通过宣传教育、培树脱贫典型、引导贫困群众树立勤劳节俭、自立自强，激发贫困群众脱贫致富内生动力。加强脱贫攻坚政策宣传。通过印发宣传资料、培训、电视报刊宣传等形式，向贫困群众广泛宣传脱贫攻坚各项政策、工作进展情况等。树立脱贫致富典型，开展先进典型评选活动，选树脱贫示范户、扶贫干部、驻村干部、龙头企业合作社，在群众身边树立脱贫和帮扶榜样，推选典型参与全国脱贫攻坚奖的评选活动。开展劳动力转移就业服务，与金杰风电公司对接，招聘风电运行维护岗位，与石宝铁矿、巴润园区对接，开展就业服务，优先录用贫困人口。

**【科技科协】**科技培训和科普宣传方面，开展科技活动周、科技三下乡、科普宣传周、防震减灾宣传月、流动科技馆等活动，进农村牧区、进学校、进社区，共培训农牧民0.6万人（次），培训居民500人次，学生2000人次。发放科技资料1.2万册（份）。科普专题活动方面，开展科普大篷车进校园活动，发放《走进科学》《地震知识手册》《农村气象灾害指南》《科普新农村》等科普宣传资料150册；开展“百名专家走进盟市旗县科普传播行”活动，内蒙古国际蒙医医院、内蒙古自治区人民医院、内蒙古食品药品监督管理局的专家，分别为朵兰戈尔社区居民、呼恒乌拉社区居民和旗第二幼园家长讲授食品安全和健康养生、运动等内容,100多名家长和居民参加讲座;举办“中国科学院老科学家科普演讲团2018年包头百场科普报告行动”等科普报告会5场,参加科普讲座的学生共有1500多人。验收科技方面,组织验收2015年塞北铃公司和毕力格泰公司承担的市科技局项目——脱毒马铃薯种薯繁育和推广项目、民族特色食品加工工艺项目。对蒙泽来公司承担自治区科技厅2018年种羊繁育核心集成技术项目进行监管。支持协助塞北铃薯业公司实施脱毒微型薯“一分地”推广项目。生产脱毒微型薯500万粒,推广“一分地”工程500亩。

# 气象服务

**【基本情况】**达茂联合旗气象局始建于1953年12月,2015年1月国家六类艰苦台站升到国家五类艰苦台站。成立之初名为百灵庙气象站,经多次更名,1979年更名为达茂旗气象局至今。编制13人,其中事业单位人员编制9名,参公人员编制4名,2013年4人参公。现有在职职工11人,退休职工10人。在职职工学历结构:研究生1人、本科7人、大专3人。职称结构:工程师8人,助理工程师3人。

达茂联合旗气象局的机构规格为正科级,经中国气象局批准内设机构2个,分别为综合管理科和防灾减灾科,直属业务单位设置2个,分别为达尔罕茂明安联合旗气象台、达尔罕茂明安联合旗气象灾害防御中心。开展的业务有地面气象观测、生态监测、人工影响天气、防雷检测和天气预测预报、公共气象服务、气象防灾减灾等业务。

**【基础业务】**开展地面气象观测、生态监测、人工影响天气、天气预报、公共气象服务、气象防灾减灾、防雷检测等业务。

一、地面观测

完成综合观测的电力供应保障改造工程以及天气会商视频系统电力保障改造。可实现市电中断供应情况下,UPS实现至少24小时电力供应。8月1日,启用降水现象仪自动观测,进入平行对比观测阶段,标志着降水现象观测基本实现自动化。12月31日20时以后,正式启用安装自动光电式数字日照计,实行6个月人工与自动对比观测后,将以自动观测为主。

二、生态监测

开展牧草生育期的监测,包括发育期、开花期、枯黄期等监测,生长期的牧草高度、盖度、优良牧草比、鲜重、干重、营养成分、地上生物量等指标的监测。同时开展土壤水分的监测，包括10厘米、20厘米、30厘米、40厘米、50厘米土壤水分特性特征量的监测。监测数据定期上报自治区气象局和包头市气象局。

三、人工影响天气

2018年局汛期前完善了11个作业点“一室两库”标准化建设;6月初达茂旗气象局协助包头市人影办，在乌克镇开展了人工影响天气安全事故应急演练，全面加强人工影响天气安全生产工作。

四、天气预报

开展的业务有24小时全旗各苏木乡镇天气预报、短时临近天气预报、气象灾害预警信号、暴雨洪涝灾害预警、山洪预警、一周气象信息、未来一个月短期气候预测、森林草原火险等级预报等预报内容。

五、气象防灾减灾

全旗12个苏木乡镇全部成立了气象防灾减灾领导机构,明确了责任人。推进了应急响应工作精细化，明确突发事件应对的责任体系、工作流程和处置措施,完善方案和执行程序,强化了应急预案的实操性。完善“横向到边,纵向到底”的应急预案体系。完成全旗气象助理员、信息员的更新工作，部分乡镇气象助理员、嘎查村社区气象信息员加入“钉钉”管理平台和微信管理群，实现实时报送气象信息。

六、防雷检测

达茂联合旗防雷检测站负责达茂旗境内的雷电防护检测和高层建筑物、危险易爆场所雷电防护检测，承担雷电灾害评估、防雷装置设计审核和竣工验收、避雷设备安装等工作,2018年检测了旗境内的12个风电场、990台风机、60MWP光伏。

**【气象服务】**

一、全方位提高气象服务能力

7月19日和7月23日达茂联合旗经历了两次强降雨过程，造成全旗多处洪涝灾害。达茂局从7月18日起便进入重大气象灾害（暴雨）Ⅲ级应急响应状态,各岗位人员严格按照工作流程24小时坚守岗位，密切注意天气变化并及时发布各类预报预警，为抗洪救险提供及时可靠的预警和决策信息。

“7·19”和“7·23”两次暴雨洪涝灾害过程中,共发送《领导专报》4期、重要天气报告4期、雨情信息50条、微信工作群发布各类气象信息和通报60余次,通过手机短信向旗主要领导、防汛各有关部门报送决策服务信息30条，通过“12379”平台发布预警信息短信16条，并通过电话与旗政府办旗委办等通报雨情与天气预报信息共15次。局领导向旗领导汇报工作20次。

年初,更新了各乡镇种植大户、养殖大户、农业合作社信息,包括包村干部、各乡镇信息员,以及各单位决策层。将手机号码纳入气象预警短信服务平台和旗县综合业务平台中。根据达茂旗实际,通过电子邮箱、手机短信等手段，面向各乡镇种养殖大户、农业合作社发布天气预报、气象灾害预警、气候预测等气象服务产品。

二、推进气象现代化建设，提升综合实力

全旗12个苏木乡镇已经成立气象防灾减灾领导机构，明确责任人和机构的主要责任。达茂局不断推进应急响应工作精细化，明确突发事件应对的责任体系、工作流程和处置措施，完善方案和执行程序，强化应急预案的实操性。

深入开展直通式、全程化气象服务，更新了各乡镇种植大户、养殖大户、农业合作社联系方式，将手机号码纳入气象预警短信服务平台和旗县综合业务平台，在农牧事季节，以及关键性、转折性、灾害性天气来临前，及时发布天气预报、气象灾害预警、气候预测等服务产品。

完成气候校准站的维护工作，解决从建站以来，仪器运行不稳定、数据上传时断时续的问题，保障气候校准站数据采集准确、传输及时。完成全旗所有骨干站的改造工作，首次采用新型无拉线风杆。实现六要素气象站全旗十二个苏木乡镇全覆盖。

完成红旗牧场无人站、达茂旗本站业务运行站和备份站的仪器巡检工作。开展2018年度气象探测设施调查统计工作。

# 工业与园区建设

# 工业经济发展

【工业发展】落实振兴实体经济政策措施，为晶鑫、福音化工、金源铁合金等7户企业争取到减免基本电费政策，全年累计可减免基本电费579万元，为绿源矿业、聚峰稀土等6户企业申报减免基本电费政策；帮助金杰融合电力全球智能风电运维服务平台项目和金源铁合金加入自治区电力多边交易市场。落实安全生产主体责任，加强对民爆企业的安全监管，全年对昌安化工进行安全生产检查12次，发现安全隐患41条，已全部整改完毕。落实国家供给侧结构性改革和化解过剩产能政策，开展排查“地条钢”专项行动4次。

【重点项目】共承担重点工业项目8个，项目总投资38.37亿元。其中续建项目7个，已复工5个；新建项目1个，已开工；全年共备案工业项目13个。续建项目：1.包头东盛科技有限公司20万吨/年氟化铝循环经济项目，已取得备案文件，编制完成环评报告；2.包头市汇泽镍业有限公司年产10万吨粗铜冶炼项目已取得备案文件，完成具体选址工作，编制完成环评报告；3. 石宝铁矿绿色矿山建设工程项目，已完成立项、环评、规划、土地等前期工作，选场、排土场、尾矿库的绿化及采场的边坡治理和采场、尾矿库的环保治理工作也已完成；4. 冀东采场扩建及矿山综合治理项目已完成立项、环评等前期工作，已订购设备，并已安装完成，具备开采条件；5.包头市新达茂稀土有限公司5000立方米稀土脱硝催化剂建设项目已完成立项、环评等前期工作，选址已完成，并已开工建设；6.新达茂稀土有限公司碳沉皂化工艺改造废水处理资源化利用项目，已完成立项、环评等前期工作，已开工建设，并已完成生产给水、硫酸铵废水处理系统的技改工程；7.华碳石墨材料生产项目，已取得备案文件和环评批复，完成选址和国土组卷材料上报、开工建设，竣工后准备环保验收。新建项目包头市联丰稀土新材料有限公司1万吨/年高分子稀土助剂项目：取得备案文件，完成选址，编制完成环评报告，取得环评批复文件，已开工建设。

【信息化】完成电信普遍服务工作，全旗70个行政村被列为包头市2017年度电信普遍服务试点项目，4月7日工作全面铺开，全旗12个苏木乡镇70个行政村已全部完工并投入使用,累计架设光缆1011公里。完善电子政务外网,2018年电子政务外网已接入67个委办局,12个苏木乡镇及8个社区,依托电子政务外网部署了在线审批监管平台、政务无纸化办公系统和工商双随机系统3套政务系统,并与政府办、电信公司联合对87个接入单位电子政务外网运行情况进行摸底调查,为接入单位修复专线、发放操作手册,保障政务无纸化办公系统正常运行。

# 工业园区建设

**【园区经济】**全年实现工业增加值8.40亿元,实现工业总产值20.99亿元,实现财政税收1.946亿元,生产铁精粉420万吨。

**【园区情况】**园区“一区三园”,分别是巴润钢铁稀土原料加工园、巴音敖包新型化工建材园、巴音花煤电用产业园,规划总面积60平方公里。已建成面积9.35平方公里。巴润钢铁稀土原料加工园主要发展钢铁原料、稀土原料、氟硅材料、磷化工和配套物流等产业。巴音敖包新型化工建材园重点发展新型材料和配套物流等产业。巴音花煤电用产业园主要发展煤电用、进口蒙古国资源加工和配套物流等产业。园区当年共实施亿元以上重点项目6个,已竣工3个,其余正在有序推进。已竣工的项目有:鑫泰电力运检、钢铁稀土原料加工园光电供热、尾矿库技改项目。正在推进项目有:巴润公司采场胶带运输系统工程项目已完成备案、招标、规划设计等前期工作,正在推进环评批复等工作;白彦花煤田开发及煤炭开采项目已委托内蒙古煤炭设计院修编矿业权设置方案,并争取上级资金修编环评等报告书,同时积极与神华国能、包铝、希铝等公司对接,努力推动煤田开发进程;园区基础设施建设项目完成民营企业一期120万吨/年铁精粉管道输送项目建设。

**【园区规划】**开展巴润工业园区目录审核申报工作,顺利通过国家发展和改革委委员会等国家六部委的审查,2018年2月将巴润工业园区纳入国家六部委发布的《中国开发区审核公告目录》(2018年)中,核准面积935.45公顷,主导产业:铁精粉加工。由于国家产业政策、环境保护及国家、自治区主体功能区等方面政策调整,原有规划布局已经无法适应旗工业经济发展需要,2018年4月启动园区调区工作。编制完成调区后工业园区总体规划草案,调区后工业园区产业发展规划草案,调区后工业园区环境影响预评价报告,标注有工业园区范围的城镇总体规划图、土地利用总体规划图、土地利用现状图,工业园区调区社会稳定风险评价报告。相关材料已上报自治区人民政府等待批复。

**【基础设施】**编制完成园区基础设施建设项目建议书,完成民营企业一期120万吨/年铁精粉管道输送项目建设,园区向包钢管道输送铁精粉产量达到580万吨/年。

**【园区管理】**企业管理方面,组织民营企业生产经营管理者赴巴润矿业分公司参观学习数字化管理模式，学习北盛康矿业有限公司“精细化、制度化、人性化”管理经验,有效降低企业生产管理成本,最大限度增加企业效益。安全生产方面,加强园区安全生产,对园内企业进行定时、不定时的安全生产拉网式检查,全年共开展日常、专项检查20多次，查出安全隐患全部得到整改,未发生重大安全生产事故。

**【园区服务】**深入园区，做好服务工作,实行驻园工作制度,每周派驻2名工作人员深入园区,了解企业生产经营情况,切实帮助企业解决生产中遇到的问题和困难。协助民营企业加快加工费结算周期,协调包钢集团公司，帮助园内民营企业及时结算加工费,并将结算比例由原来的25%提高到30%，确保园内企业的正常运转。增加供矿量,实现企业满负荷运转,协调巴润公司扩大采矿量，加大为6家民营企业的供矿力度,年增加供矿100万吨,使6家民营企业全部实现满负荷运转。

# 新能源产业

**【运行情况】**旗内风能资源储量为3181万千瓦,技术开发量为2497万千瓦,占全自治区丰富区风能资源储量的15%,年平均有效风速时数6000小时以上,连续性好、品位高。全旗太阳能年日照时数大部分在3000小时以上，年太阳辐射总量在6000兆焦/平方米以上,夏季日照时数为9—11小时，冬季日照时数为7—9小时,太阳能辐射较强,是全国的高值地区之一。规划风电规模1000万千瓦,太阳能光伏规模150万千瓦。先后引进华能、国电龙源、国家电投、华电、大唐、中广核、鲁能等国内外近30家开发商到达茂联合旗开发风光能资源。截至2018年,全旗核准风电项目412万千瓦、备案太阳能光伏发电项目59.6万千瓦。清洁能源装机和并网总规模分别达到346万千瓦、341万千瓦，累计发电250亿千瓦时，实现产值132.4亿元。2018年累计发电63.2亿千瓦时,实现产值34.4亿元,上缴税金1亿元。2018年7月3日,随着达茂旗百灵变电站4号主变220千伏侧204断路器合环成功,标志着达茂旗500千伏百灵变电站顺利投产运行。该工程的投运,使该变电站的出力达到总装机容量的95%,极大地改善旗已建成风电场电能送出受限问题,弃风限电问题得到解决。2018年9月,国家能源局同意包头市建设可再生能源综合应用示范区。将以包头地区工业基础优势为依托,通过建设包头铝业产业园区绿色能源专线,大力开发达茂联合旗丰富的清洁能源。首期开发1600兆瓦的清洁能源项目。2018年,全旗共实施清洁能源项目10个,总投资35.7亿元。其中,风电项目3个,风电供热项目4个,以及达茂500千伏输变电站工程项目、新能源电力送出线路三期项目、天翊达和中节能两条送出线路工程项目。

# 电力保障

**【电网工程】**全旗2018年电网工程建设任务共四项,总计投资18168.8002万元。其中:结转续建2017年110千伏输变电工程1项,计划投资7920万元;2018年新建配电网工程三大项六小项,总计投资10248.8002万元。总体规模:主网工程新建城东110千伏输变电工程,计划投资7920万元,新建110千伏输电线路7.5公里,35千伏输电线路0.5公里,10千伏送出线路3公里,主变2台63兆伏安。配网工程10千伏线路323.68千米,0.4千伏线路130.86千米,配变363台,柱上开关7台,电缆分接箱2台,新建箱变7台,新建环网柜1台,无功补偿装置11台,表计566块。包头市偏远农牧区用电升级工程(涉及2小项第一批、第二批工程)。

**【安全生产】**2018年,达茂供电分局未发生任何电网、人身、设备、交通及消防等安全生产事故,未发生责任性跳闸考核事件。

# 商贸流通

# 口岸经济

**【基础设施】**投入使用联检楼大厅改造、客运通道查验用房、出入境游客服务中心、联检单位功能性用房、报关报检服务大厅等建设工程项目。客运通道出境查验实现“三互”通关模式，建成污水处理场所和环保厕所，在联检楼至南岗大通道两侧安装50盏太阳能路灯、综合业务楼维修改造、综合管网改造等基础设施建设。建设进出口贸易配套设施，满都拉口岸出境免税商店。完成建设园区道路及管网一期工程，投入使用物流园区景观大门及海关监管区内环保型储煤大棚。完善口岸互市贸易区场地平整及道路基础工程、进口肉类指定口岸。蒙古国检验检疫部门同意从杭吉口岸出口活马，相关企业已赴国内进口肉类口岸和蒙方有关地区进行实地考察。

**【重点项目】**引进易大宗公司、北京奥信集团等大型企业，主要实施口岸物流园区及汽贸服务中心等重点项目，完成相关协议签订及项目可行性研究报告、立项备案等手续。投资约4900万元实施口岸景观绿化工程，完成中蒙互市贸易区前期手续办理、场地平整及道路基础等工作，土地手续已报国土厅。建设完成满都拉进口肉类指定口岸项目，成功通过自治区预验收，并同意申请国家海关总署正式验收。完成物流园区2座5万平方米封闭式仓储大棚建设，并通过环保、安全评估。推动蒙古国TT矿到满都拉口岸矿运公路建设项目，完成口岸关区亮化工程、国际物流园区道路及管网、给水及配套附属工程、煤炭通道给水工程、肉类口岸场地平整及外网道路工程、“三互”大通关智能卡口改造等工程。界碑广场至中蒙互市贸易区及五进五出联检区2公里道路管网项目正在办理项目招投标手续。完成满都拉口岸货运通道涉案财务保管库建设项目基础工程。

**【重点工作】**化债5173万元，完成2018年度口岸管理局化债任务。包括：口岸局（港务公司）化债2469万元、已争取旗财政上级补助资金459万元、到位包钢矿业公司980万元，通过土地抵顶措施，抵顶物流园区100亩土地，土地评估价为12.65万元/亩，工程审计后完成相关手续，可化解1265万元。环境保护方面，针对口岸物流园区煤尘污染问题，加大仓储大棚建设力度，完成港务公司海关监管场所3座仓储大棚建设，实现煤炭封闭式装卸、仓储。完成物流园区4万平方米绿化,种植树木2万余株;实施车辆行驶路段硬化工程。精准扶贫方面,帮扶对象西河乡德成永行政村,帮助销售德成永蔬菜大棚蔬菜,为德成永德宝庄、大东湾、小东湾、许赵自然村、库仑自然村修建防洪护村坝,对二太圪卜村开展村容村貌整治,慰问国贫户。帮助销售蔬菜623.5公斤,为贫困户送去慰问金及物资共9600元,协调企业完成护村坝建设82215万元,扶贫工作共投入资金96677元。

**【口岸管理】**8月,口岸管理局启动申报工作,相关请示文件经包头市人民政府转报自治区政府,编制完成《加快发展满都拉口岸国际铁路通道研究报告》,并于12月1日组织开展专家论证会,并将论证意见报送自治区口岸办公室。同时编制完成《满都拉口岸国际物流园区铁路规划》《新建满都拉口岸跨境铁路联接线工程预可研》。与海关、边防检查站协调,在货物进出口量增长达到需要时,同意口岸周六开关过货。

**【进出口贸易】**全年过货量突破300万吨。口岸进出口报关货物达到312.2万吨,同比增长37.14%;进出口贸易额16.19亿元,同比增长38.49%,缴纳税额2.46亿元,主要进出口报关货物:煤炭、铁矿石,汽车配件、车辆、配件等。

**【中蒙合作】**3月初,委托内蒙古大学蒙古国研究中心,开展蒙古国政策、发展规划研究工作。9月22日,在达茂联合旗举办中国蒙古国研究会2018年年会暨学术研讨会。年内共推荐送出5名学员赴蒙古国攻读硕士学位。同时先后6次赴蒙古国东戈壁省及相关部门进行对接会晤,其间就跨境公路、铁路建设等重大项目进行深层次对接,蒙古国外交部就确定铁路跨境点和开通杭吉—满都拉铁路口岸事宜于2018年10月照会我国外交部。

# 商贸服务

**【商务粮食】**推进重点商贸项目建设,承担亿元重点项目7个,总投资25.43亿元。启动建设电子商务产业园建设项目,推进达茂联合旗电子商务产业发展。现电子商务产业园建设项目园区选址已拟定,并与运营企业进行对接;发展跨境电子商务,鼓励加目奇公司在百灵庙镇率先创建跨境电子商务线下体验店;培育天富公司、白记粮油、忠兴合作社3家电商企业,举办农村电商培训班3次,培训农户150人。参加各类展洽会,组织旗内特色农畜产品企业参加中国国际进口博览会、世界粮食日会展等国内各类会展5次，在旗内举办中蒙俄商品展销会3次。开展安全生产大检查，确保商贸粮食领域安全稳定运行，共开展安全生产大检查4次、油气回收专项检查1次，累计检查成品油企业28家、人员密集场所3家、粮食收储企业1家，发现问题46条，下达整改意见书33份，已经整改完成问题36条。开展粮食监管基础性工作，加强对粮食流通的日常监管，对乌克、石宝等4个农区39户农户进行粮油供需平衡入户调查，完成5500吨县级储备玉米轮入工作。对全旗各大超市食盐进货渠道进行监督检查，确保盐业行业管理井然有序。为达茂宾馆、百福新天地等7家企业申报内贸流通专项资金438万元。

# 供　销

**【概况】** 旗社在职干部职工11人（合同工5人），下设二个股室：办公室、业务股。

**【基层网点建设】** 2018年，旗社恢复3个基层社：明安镇基层社、巴音敖包基层社、额尔登敖包基层社。明安镇基层社改造前面积共50平方米，改造后经营面积达到110平方米；巴音敖包苏木基层社改造前经营面积180平方米，改造后经营面积180平方米；额尔登敖包嘎查基层社改造前经营面积180平方米，改造后180平方米，3个基层社已全部完工，等待市社验收。建设完成基层供销社，基层社采取前店后场标准化建设，即每个基层社建立1个农资店，1个日用品店以及农副产品收购中心，配套建设200平方米的储藏库房。每个基层社拟投资52.2万元。截至2018年底，共有基层社12个，专业合作社10个，资产总额为664万元，所有者权益为2879万元，其中社员股金600万元，社有资本64万元，全年实现利润710万元。

**【资金争取和项目建设】** 争取国家一、二、三产融合项目资金460万元。以北疆公司牵头，联合满都拉镇农副产品物流仓储贸易区、神树专业合作社、丰域专业合作社，建设达茂旗农畜产品生产销售产业融合。丰域合作社部分完成100%，神树合作社部分完成90%，满都拉镇物流仓储贸易部分完成70%。成功打造希拉穆仁基层社成为国家AA级景区。希拉穆仁供销社集旅游、住宿、保健品销售服务等于一体，旗社重点打造一个基层社。2018年，将该社成功申报为2A国家级旅游景区，已开始接待游客。

**【专业合作社联合社】** 旗社共有联合

社3家,分别是:蒙盛达专业合作社、神树专业合作社、白记农牧业专业合作社。直接组织农户186户，间接带动300户,农户平均增加收入20%。组织农产品推广志愿者600多人。神树专业合作社注册资金200万元。达茂旗供销合作社占股份35%。投入资金187.4万元,其中中央财政资金60万元，地方财政资金47.4万元，自筹资金80万元。白记农牧业专业合作社注册资金100万元。其中达茂旗供销合作社占股份35%。2018年升级改造榨油车间,投入资金268.2万元,其中中央财政资金80万元，地方财政配套资金48.2万元,自筹资金140万元。

# 石油销售

**【概况】**2018年,达茂经营部班子成员2名,经理1名,副经理(兼安全运维岗)1名。内设综合业务岗3人,非油配送司机1人。现有员工67人,其中合同化用工15人,社会化用工34人,有偿解除劳动关系人员12人,非全日制人员1人,劳务外包5人。党支部书记1名,宣传委员1名,组织委员1名,纪检委员1名,普通党员7名。工会主席1名,女工委员1名,生活委员1名。经营部团支部现有书记1名,团员2名。

**【成品油销售】**2018年，成品油销售1.4万吨,其中汽油销售1万吨、柴油销售0.4万吨。非油小商品销售收入200余万元。重点保障达茂旗“7·19”洪涝灾害期间的应急油品供应。3月下旬至4月底,开展“送油下乡,服务三农”活动,统筹安排油品资源调运，在农牧区加油站专门开辟“绿色通道”,为农机具加油提供快速便捷的加油服务，组织开展 “十惠”“24小时好邻居”活动,推广各类农机加油卡，满足农牧区群众春耕春播生产用油,降低农牧民购油费用。

# 粮食购销

**【经营状况】**包头市达茂粮食购销有限责任公司现有资产总额 7644 万元，其中固定资产净值 1363 万元、流动资产 6175 万元、无形资产 106 万元，企业净资产 1166 万元。公司经营状况良好，基本保持微利持平状况，未出现亏损。

**【地方储存粮】**包头市达茂粮食购销有限责任公司下设 3 个粮库，大苏吉粮库、乌克忽洞粮库和坤兑滩粮库。1 个面粉加工厂（小麦面粉加工、荞麦米、荞麦面加工），1 个马铃薯淀粉加工厂。2018 年公司储存有：包头市级储备 12500 吨（小麦 10000 吨、玉米 2500 吨），自治区储备玉米 2500 吨，达茂旗储备玉米 5500 吨，合计储备粮 20500 吨，有效仓容 51224 吨。

# 烟草专卖

**【卷烟销售】**全年累计销售卷烟 4238 箱，实现卷烟销售收入 9816 万元，卷烟单箱值 23162 元 / 箱。

**【专卖管理】**完成 2018 年度许可证延续工作，延续户当场办理立即领取新证，实现 100%立等可取。开展许可证和中小学校周边零售户自查工作，依法取缔学校周边零售户 2 户，与相关零售户全部签订“不向未成年人销售卷烟承诺书”，确保辖区持证零售户 100%张贴“禁止中小学生吸烟、不向未成年人销售卷烟”警示语标志，发放《关于禁止向未成年人出售电子烟的通告》海报，严厉打击向未成年人售烟的违法行为。联合市场监督管理局、公安局先后开展各类专项行动，严厉打击假、私、非卷烟。共查处案件 90 起，涉案卷烟 1221.6 条，案值 204707.18 元。

# 城乡建设

# 住房和城乡规划建设

**【城乡规划】** 严格执行《中华人民共和国城乡规划法》《内蒙古自治区规划条例》等法律法规，详细审查建设项目立项、土地、环评等支撑性文件及容积率、建筑高度等各项规划指标，确保规划的严肃性。全年累计发放规划类行政审批71件；规划许可用地面积57.19万平方米；规划许可建筑面积32.1万平方米；收缴城市市政公用基础设施建设配套费共计384万元。推进亿元以上重点项目建设前期手续办理，2018年亿元以上重点项目共计88个，选址手续办结率100%。

**【城建项目】** 实施城镇重点建设项目6大类、14小项，总投资20.24亿元，年内计划完成投资7.49亿元。14个项目均开复工，开复工率100%。采取多种措施科学合理安排工期，完成投资7.49亿元，2个项目已完工（百灵庙镇街景立面改造工程、百灵庙镇棚户区改造工程），12个项目完成年度建设任务。

**【园林绿化】** 推进哈撒儿纪念公园、新城区绿色廊道续建、西南出口211支线北侧、西出口至立交桥和既有公园广场补植补种等绿化工程，共计种植乔灌木12832株（丛），种植地被20334.3平方米，建成区年内新增绿化面积10万平方米。

**【住房保障】** 全年共受理、审批、发放商品房预售许可7件，预售许可面积17.9万平方米；办理商品房预售合同网签备案173件，完成他项权利注销330份；各项房屋查询58件。落实《达茂旗新建商品非住房去库存实施方案》，新建商品住房库存848套，8.05万平方米，去化周期12个月；新建商品非住房库存341套，3.14万平方米，去化周期11个月，去化周期处于合理区间内。制定《百灵庙镇棚户区改造攻坚工作方案》，全年召开两次棚改推进会，组成16个棚改攻坚推进组，实行领导包户，与之签订棚改任务责任状。2018年，包头市下达棚户区改造任务为350户，协议全部签订完毕，完成解放街社区前、热力公司东、白云路二期棚户区改造原址回迁的安置任务。全年争取保障性安居工程专项资金2852万元，专项债券8000万元。共交存住宅专项维修资金1626万元，涉及小区18个，面积49.5万平方米，户数6711户。全年拨付维修资金48万元用于小区公共部位维修改造。制发《达茂联合旗公共租赁住房分配实施细则》。2018年，公共租赁住房分配任务438套，经初审、复审,全部分配完毕。全年为25户城镇保障家庭发放租赁补贴2.25万元。健全完善物业管理工作机制,开展物业提升年活动,累计投入7.5万元,更换新兴花园等3个小区的21个破损楼道门;对实行物业管理的21个小区集中开展安全生产检查3次,共发现问题48个,已全部整改完毕。共有物业服务企业8家,实行物业管理的小区21个、总面积达123万平方米,物业管理覆盖率达到88%。

**【燃气供热保障】**全年新建燃气主、次管网10公里,对新兴花园、巴音小区、百灵花园等8个小区的3800余户住户实行了管道燃气全覆盖。对东岸国际、巴音东小区、昕源花庭、北辰风华园2.9千米二次管网进行改造;团结路新增换热站1个,并在供热管道安装最新式智能远程控制设备,可在第一时间反馈管道"跑冒滴漏"等信息。

**【"一金三制"】**全面推行"一金三制"制度,在建项目实行农牧民工实名制、分账管理制及银行代付制等管理制度,全年共收取农民工保证金95.6779万元,建设工程社会保障费669.4225万元。

**【安全生产】**成立三个专项检查组,分别负责在建房屋建筑和市政公用基础设施方面、城市燃气基础设施方面和棚户区改造拆迁区域方面的排查检查,并邀请市燃气热力专家全程参与燃热安全生产指导。召开全旗建筑工程及燃热规范运营工作会3次,编制安全监督计划书1份,共开展大型巡查8次、检查建筑工地(企业)商户150家,下发停工整改通知书4份、隐患整改通知书34份,发现隐患问题108项,并全部完成整改,住建领域全年未发生任何安全生产事故。

**【综合管理】**严厉打击私搭乱建等违法行为,及时纠正制止各类违规建设行为9起,依法核发规划审批选址意见13件、规划请示3件、规划条件7件、建设用地规划许可证22件、建设工程规划许可证26件。严格执行工程项目报建、施工许可、竣工验收等法定建设程序,全年共办理工程报建手续18件、工程施工合同备案21件、监理合同备案17件、施工许可证21件、竣工备案7件。百灵庙镇市政机械化清扫率、垃圾清运率、亮灯率分别达到45%、100%、98%。在朵兰戈尔社区组织人防急救演练一次;开展人防"六进"之进家庭活动,发放人防急救包60个;安装LED人防警报一台(广福广场),同时加大人防易地建设费收缴力度,2018年收缴人防易地建设费546万元。

**【脱贫攻坚】**选派11名党员干部结对帮扶石宝镇坤兑滩村20户贫困户,同时专门安排1名副科级领导干部驻村开展结对帮扶工作。已有14户脱贫。推进危房改造工作,对1413户建档立卡贫困户房屋进行鉴定,对存在住房安全隐患的24户贫困户已要求所在苏木乡镇进行维修、置换和新建。对全旗248户非贫困户但仍然居住土坯房(或危房)的农牧户房屋进行安全性鉴定。鉴定出C级危房105套,D级危房85套,制定《关于对农牧区非贫户危旧土房改造实施方案》,确保2019年9月底前完成修缮、重建工作。投资6万元为帮扶的石宝镇前坤兑滩村进行环境整治。投资8万元为结对扶贫的石宝镇坤兑滩村委会新建养鸡场一座。

**【污染防治攻坚】**2018年,制定《达茂联合旗建筑工地扬尘治理实施方案》《棚户区改造项目扬尘治理实施方案》并严格落实,将扬尘治理作为项目开工前置条件,要求各项目健全扬尘治理机制,加大治尘文件精神的贯彻落实,必须做到扬尘治理六个百分百。开展集中检查6次,下达整改通知书14份,5个开复工建设工程均满足扬尘治理条件,累计设置棚改区域围挡1678米,及时清运废土23504吨。推进百灵庙镇污水处理厂扩能及中水回用项目落地实施,完成加药间和脱磷除氮硝化池及其配套基础设施建设;生化池基础已建成,正在进行罩棚施工,整体项目预计2019年8月全部建成并投入使用。

**【债务化解】**共化解债务23529.23万元,其中通过争取上级专项资金化解5252万元、利用金融措施化解7000万元、出让棚改腾空区土地化解8998.43万元、抵顶委托代建棚改未分配安置房化解1863.8万元、租售公共租赁住房化解415万元。另外,已争取到位上级专项资金1588万元,正在办理化债相关手续;已挂牌出让棚改腾空区土地两宗108亩,可获取化债资金3585万元。

**【扫黑除恶专项斗争】**成立建筑领域扫黑除恶行为专项工作领导小组,制定《达茂旗住建局扫黑除恶工作实施方案》《达茂旗住建局扫黑除恶联动机制》。加强学习宣传,组织干部职工认真学习《建筑法》《包头市建筑市场管理条例》和《全旗开展扫黑除恶专项斗争实施方案》文件精神,在广福广场利用LED大屏幕滚动播放扫黑除恶宣传口号,并在公园广场及施工工地围挡制作10余幅扫黑除恶标语,加大巡察检查力度,累计开展15次建设工程大检查及专项检查。

**【获得荣誉】**达茂联合旗荣获自治区园林旗县城荣誉称号。

# 城镇管理执法

**【镇容镇貌管理】**严厉打击百灵庙镇辖区内乱设摊点、乱堆物品、占道经营等违反城市管理条例等行为,全年共清扣占道经营车辆46辆(次)。在富磊热力公司西墙外和电力公司东平台设立临时便民市场,采取错时工作制,安排值班人员对早市和夜市进行专项管理。实行一站式审批服务,全年免费审批各类店铺开张、临时促销活动60多次。对城区主要街道的大型广告、门店招牌、落地灯箱、汽车站牌广告和过街商业横幅等各种形式的户外广告牌匾进行专项整治。先后拆除不规范及缺损、破旧等有碍市容的广告牌匾32块,面积280平方米;摘除城区沿街私自悬挂彩条、横幅32条,备案广告牌匾26次。对新区、河东平房区、水塔街等发现的9处违章建筑进行坚决打击,其中对3处进行强制拆除,6处自行拆除。针对百灵庙镇城区内乱贴乱画、乱喷乱涂的城市“牛皮癣”小广告行为,采取多项措施进行治理。全年累计清除主次干道喷绘小广告1800多处500多平方米,维护更新主干道35处陈旧破损户外广告栏,并向居民发放《致居民的一封信》1000多封,倡导居民规范张贴宣传信息。执法队员对商贩认真宣传《包头市城市市容和环境卫生管理条例》,督促其自觉遵守法律法规,避免占道经营。将城区学校划给四个中队实行分片管理,上、下学有专人在学校门口进行轮班值守,确保学校门口200米范围内无流动商贩。

**【市政园林管理】**对百灵庙镇区790基路灯、会场560基路灯进行检修。对百灵庙镇主街道维修两侧人行道工字砖300多平方米。维修街道污水井盖14处,清掏街巷雨水井12处,更换雨箅子8处;检修景观河道水泵16台,钢闸坝2处。在后河生态园补植小云杉573株、恢复4座花雕、清理8500平方米公园广场花坛草坪杂草、废纸,维修照明灯50多基,维修公园喷泉水泵14台。已建成各类公园广场绿地13处,建成区绿地总面积达170.74公顷,建成区绿地率32.2%,人均公共绿地12.91平方米。

**【环境卫生管理】**自“非洲猪瘟”传入境内以来,迅速制定《达茂旗餐厨垃圾实施方案》,对百灵庙镇镇区内337家餐饮企业进行摸底排查,且全部建立台账,每日进行两次餐厨垃圾回收,日均回收垃圾约6吨。回收餐厨垃圾540余吨。监督指导其他11个苏木乡镇规范餐厨垃圾的回收。定人定时定点对城区90万平方米街巷进行清扫保洁。维修、更换各街道垃圾箱78个,清掏渗水井19眼;对各主干道堵塞、破损的103个收水口进行疏通、维修;为金三角、北辰、艾不盖小区等疏通下水管网1300米。生活垃圾日产日清,垃圾清运率达到97%。重点对各主次干道两侧人行道树坑、绿篱内积存的垃圾杂物等定时进行彻底清理。全年共出动装载机、翻斗车52台(次),人员125人(次),清理垃圾死角160多处、2100余吨。同时,定期对百灵庙镇四个出口及河道白色垃圾进行清捡,全年共组织132多人(次),清捡白色垃圾25次。对全镇45座水冲厕所进行定时检修,在临街5座厕所升级改造成国家二类公厕之后，新建1座固定式水冲公厕。2018年，共更换、更新果皮箱75个、垃圾清运桶103个;将街面、小区的单臂垃圾箱全部换成240升小垃圾桶，实行一天2次密闭化清运；规范垃圾运输车辆、转运站和填埋场的作业流程，做到垃圾清运密闭化，生活垃圾处理率达到97%。在百灵庙镇西出口设置建筑垃圾消纳场一处，并由专人负责管理，全年对百灵庙镇14家建筑工地开展监督检查6次。灾后组织环卫工人清理外环路、惠民小区周边、后河、燃料公司前、锦绣花苑、牧民小区以及淤积较为严重的党校巷内、工会门前街道及开心家园周边浮渣、泥土，共出动人员230余人次，装载机4辆，翻清运车6辆，清扫道路长度10公里，清运浮土、废渣270余吨，清运居民倾倒淹泡垃圾25吨，清掏沿外环路雨漏48个，修复、更换井盖21个，清理破损路肩300米，维修路灯20基，清掏杨克难巷内水冲厕所一座，疏通开新家园、黄金公司院内污水管道600余米。

**【获得荣誉】**年终工作考核，达茂联合旗城管大队以97.20的优异成绩夺得外五旗县区执法系统第一名，以99.05的成绩位列外五旗县区环卫系统第二名。

# 环境和生态保护

# 环境保护

**【减排工作】**制定《2018 年污染物减排方案》，强化管理减排措施，重点对冀东水泥、宝鑫特钢、鼎泰热力、聚峰稀土和污水处理厂监督管理。按照《固定污染源排污许可分类管理名录》，完成全年排污许可证企业的申报，包括黑色金属冶炼和压延加工企业 3 家、屠宰及肉类加工企业 2 家。

**【污染防治攻坚战】**制定《达茂旗大气污染防治三年攻坚计划(2018—2020 年)》，大力实施蓝天保卫战，重点对水泥、钢铁、供热等行业开展不间断、持续发力的巡查，完成宝鑫特钢公司在线监测设备的安装和百灵庙镇建成区内 10 蒸吨及以下小锅炉淘汰整治工作及巴润园区空气自动监测站的建设。全力推进 2 项大气污染防治重点工程，富磊热力公司完成煤场的封闭和脱硫塔建设，正在安装脱硝设备；巴润园区供热改造工程完成 6 家民营企业的电磁供热改造项目，巴润公司采取宝山公司余热供暖项目正在铺设管道。在水污染防治方面，加强全旗 4 处集中式饮用水水源地调查评估工作，制定《达茂旗集中式饮用水水源地整治实施方案》。扎实推进 3 项水污染防治重点工程进度，新达茂稀土公司工业废水处理资源化利用项目正在对硫酸铵废水进行调试；百灵庙镇生态景观工程由于被雨水冲毁，正在进行损失评估；百灵庙镇污水处理厂扩能及中水回用工程已完成前期手续的办理并开始施工，预计 12 月底完成反硝化深床滤池工程，2019 年 3 月投入使用，届时可实现出水水质达到《城镇污水处理厂污染物排放标准》(GB18918—2012)一级 A 标准。在土壤污染防治方面，完成重点行业污染地块调查工作，共调查企业 15 家。强化固体废物综合整治，制定《达茂旗加强工业固体废物管理整改方案》和《达茂旗废弃砂坑违规倾倒问题专项整治方案》，原黑脑包废矿渣堆场治理工程已完成废石清理 46 万吨，种植树木 3600 余棵。健全固体废物监管体系，开展固体废物大排查大整治行动，共对全旗 29 家固体废物产生单位和 27 家危险废物产生单位建立统一台账。

**【专项行动】**中央环保督查反馈问题涉及 12 项，已完成 11 项，1 项正在整改，即污水处理厂中水回用率低问题。自治区生态环境保护大检查反馈问题涉及 2 大类 2 个问题，1 项问题已完成整改，1 项问题正在整改。中央环保督察“回头看”期间转办13批次、11个问题18件信访案件,全部完成。

**【环境安全保障】**排查整治工业企业污染存在的突出问题,共出动执法人员625人次,执法车辆207台次,对全旗范围内90多家企业进行彻底的摸底调查,共查处各类环境违法案件29件。推进环保费改税,完成25家在产企业的信息录入工作。共受理19件信访案件,已全部办结,查处率和办结率均达到100%。完成项目环评审批22个、建设项目噪声和固体废物污染防治设施竣工环境保护验收项目7个。对2018年投资亿元以上的88个项目进行梳理,已完成环评审批手续41个、未完成环评审批手续的33个(其中8个项目已委托环评)、无须环评审批的14个,开工建设项目的环评执行率达到100%。高效运行沙尘暴和空气自动监测系统,共运行天数344天,有效天数342天,其中二级以上优良天数达314天,优良天数占有效天数91.8%,发生沙尘天气28天;完成百灵庙镇饮用水源地水质采样送样工作;完成全旗重点污染源统计审核工作,累计调查工业源15家、集中式污染治理设施1家、危险废物处理设施1家。

**【环保宣教】**“六五”世界环境日期间,通过在主要街道悬挂横幅、在商业大楼LED显示屏播放“六五”世界环境日主题海报、主题歌曲,联合交警、城管深入企业发放宣传单、环保知识手册,开展“美丽中国·我是行动者”专题宣传教育活动。

**【亮点工作】**根据全区生态红线划定工作总体安排,对生态红线划定区域再次进行核实,为生态红线的划定和发展经济协调有序开展奠定基础。根据遥感监测结果,对巴音杭盖自然保护区内160个监测点位进行实地核查,掌握自然保护区的基本数据。开展全国第二次污染源普查工作,共完成工业源103家、农业源14个、集中式2个入户普查和专网填报。完成国家重点生态功能区县域生态环境质量考核自查工作,争取转移支付资金582万元,为构建绿色生态安全屏障奠定基础。

# 林业生态保护

**【林业概述】**截至2018年底,全旗林业用地面积695.83万亩,有林地面积5.85万亩、疏林地面积0.08万亩、灌木林地面积378.98万亩、未成林造林地面积

85.3万亩、无立木林地22.45万亩、苗圃地面积0.06万亩、宜林荒山荒地面积202.05万亩，林业生产辅助用地1.06万亩，森林覆盖率达14.8%。

**【国家林业重点工程】**2018年，落实完成京津风沙源治理项目11万亩（落实资金1640万元），其中：封山育林9万亩、人工造林2万亩。落实完成退耕还林民生林业工程。农区巩固保护好21万亩的退耕还林一期工程（补助资金1890万元）和1万亩的新一轮工程，核查到期面积并按时发放补贴。落实新一轮退耕还林工程0.8万亩（投资1280万元，资金来源全部为国家投资）。

**【重点区域绿化】**围绕中心城镇百灵庙和苏木乡镇等重点村镇、美丽乡村建设，巩固续建存量精品绿化工程，推进重点乡村绿化，改善人居环境，建管并重，多渠道筹措资金并完成国土绿化续建和新造林1000亩任务，其中百灵庙周边300亩、104线通道绿化300亩、10村屯绿化100亩、满都拉口岸园区绿化300亩。

**【义务植树和庭院绿化】**在百灵庙镇和苏木乡镇所在地单位、社区、村边、庭院等美丽乡村绿化工程和义务植树活动，完成城乡国土绿化义务植树30.5万株。

**【森林资源保护】**配合国土对保护区原有13宗探采矿企业进行注销清退；共办理征占用林地手续3起，查处毁林案件8起。

**【林业产业】**牧区围绕生态公益林补偿项目，结合精准扶贫实际，落实牧户管护员，增加牧民收入。农区以精准扶贫为先导，以“合作社+贫困户”为对象，发展柠条林下经济和林带间种中药材和饲草等经济作物2000亩，带动500多农户参与种植。采取合作社和柠条加工厂牵头，扶持3个柠条加工厂和林业产业专业合作社进行柠条平茬。落实已争取3万亩柠条平茬项目，结合精准扶贫落实在农区四个乡镇贫困户相对集中区域进行，带动林业产业发展和农牧民增收。

**【生态扶贫】**围绕贫困户集中村实施新一轮退耕还林工程8000亩，覆盖贫困户57户234人，贫困户退耕面积998.93亩，五年分三次发放补贴119.8716万元，户均增收21030元，人均增收5122.7元；落实生态公益林补偿覆盖贫困户669户1505人。

**【林业改革】**稳步推进林草重叠等问题解决，结合林地变更和公益林落界调整等项工作已将领取补偿的公益林地块、面积核准，待自治区公益林落界调整批复下达后方可执行并发放补贴。同时在落实封育项目选择非基本草场在边境公共草场上进行，巩固完成国有林场改革任务。按照中央、自治区和包头市国有林场改革要求，推进完成国有实验林场改革任务。强化国有林场森林资源保护和国有林场权益保障，落实场圃2万亩低产林改造（投资200万元，资金来源全部为国家投资）和自营良种育苗等项目，提升场圃“造血”功能。

# 草原生态保护

**【脱贫攻坚】**召开精准扶贫工作动员会,成立精准扶贫工作领导小组,选派1名优秀年轻干部担任驻小文公乡拉兑九村驻村干部。基层组织建设方面,与拉兑九村党支部、国道335项目部临时党支部成立联合党支部,驻村工作队和责任单位对接后,由责任单位出资为拉兑九村委会办公场所安装电热地板180平方米。干部结对帮扶方面,领导班子成员、结对帮扶干部多次深入拉兑九村,对全村国贫户逐一进行走访,对贫困户家庭情况、生产生活情况、致贫原因等进行全面了解,建立帮扶档案。生产生活用水方面,派出技术人员寻找水源新打机井2眼,配装调频泵1台,拉兑九新村用水问题得到解决。农业生产用电方面,驻村工作队与帮扶单位包头供电局达茂供电分局联系协调更换高功率变压器,经驻村工作联系后,帮扶单位积极响应。2018年9月对涉及的三台变压器给予扩容更新,生产用电问题得到彻底解决。人居环境方面,驻村工作队向乡党委、政府申请旗财政“美丽乡村建设”项目,为拉兑九新村铺设水泥板路7000平方米,安装护栏800米,安装太阳能路灯8盏,平整村内菜园地50亩,并铺设低压管道。金融扶贫方面,协调农业银行将拉兑九村命名为信用村,为24户农户发放产业扶持贷款118万元。协调国道335项目部将办公地点设在拉兑九村。拉动集体经济方面,为拉兑九村购置农副产品配送车辆一台,帮助贫困农户运输、销售价值18万余元的各类农副产品。

**【中央环保督察反馈意见整改工作落实情况】**成立“中央环保督察反馈意见专项整治工作攻坚领导小组”,多次组织各基层草监所召开专题会议,安排部署整改落实工作;多次派出督察组,赴企业实地考察,就整改落实情况进行督察指导,多次对企业进行集体约谈和个别约谈,帮助企业完成组卷工作,加快整改工作进度。配合自治区农牧业厅、草监局开展项目复验工作。达茂旗境内涉及中央环保督察反馈意见整改工作中“未办理征占用草原审核审批手续”的企业共有125家,已全部完成旗县初审和盟市复审,通过内蒙古农牧业厅党组会审核121家,已上报内蒙古自治区农牧业厅待审核4家,整改工作进度居各盟市旗县前列。在整改期间共立案处罚各类企业110家,罚款

1443万元，收取临时植被恢复费52万元，已全部上缴达茂旗财政局，完成草原植被恢复1050亩。内蒙古自治区农牧业厅应收永久性植被恢复费4000万元，按照返还比例应返还达茂旗2800万元，已返还200万元。针对旗公益性重点项目存在的问题，派出专人协助项目补办手续，顺利完成国道210线、国道331线、国道335线、通用机场等项目的市级审核工作。针对中央环保督察组提出的旅游无序开发侵占草原问题，执法人员对希拉穆仁镇境内开展旅游接待工作的单位及牧家乐接待点开展全面的摸底调查，动员旅游从业单位办理征占用草原相关手续。多数业主主动联系补办手续，已完成项目勘验196家、出具行政处罚文书120份。

**【禁牧执法】**2018年制定《2018年禁牧工作实施方案》，开展草原生态保护和草原补奖政策宣讲和宣传教育活动。结合草原法律法规宣传月、草原那达慕、祭敖包、游牧文化旅游节等人员较为集中的活动深入到苏木镇、村嘎查开展形式多样的禁牧宣传教育活动。集中开展禁牧管护工作，针对养殖大户、钉子户进行说服教育、动员出栏，对租赁草场户责令限期迁出。并逐步清理偷牧散放户，规范养殖行为，要求存栏牲畜全部舍饲圈养。对于超载过牧的牧户，依照《中华人民共和国草原法》《内蒙古自治区草原管理条例》《内蒙古自治区基本草原保护条例》等法律法规规定严厉处罚。

**【草原防火】**将每年9月至次年5月作为草原防火重点时期，在此期间草原监督管理局执行24小时值班制度和领导亲自带班及车辆待命制度。编制《达茂旗草原监督管理局防火值班表》，安排人员24小时值班，设立防火报警值班电话，确保信息畅通，节前对全局车辆进行加油。2018年草原防火期内，全旗无草原火灾事故发生。

**【草原监测】**根据《全国草原监测工作方案》《内蒙古自治区草原监测工作方案》要求，开展草原监测工作，分别在5月下旬、7月、8月下旬对全旗不同类型的天然草原进行监测、分析工作，将编制的《达茂旗2018年草原监测报告》上报旗委、旗人民政府。监测数据显示，2018年旗不同类型的天然草原植被平均高度为26厘米，平均盖度为27%，每平方米植物种数平均为11种，平均亩产干草93.7公斤，草原生态总体情况好于往年。

**【公益服务】**2018年，草原监督管理局与达茂旗亿博力公益社团在共同开展公益劳动。共派出人员21人次，车辆10台次，对希拉朝鲁庙、巴特尔敖包等设施周边垃圾及堆放物进行清理。

# 交通运输

# 交通运输管理

**【交通事业】**截至2018年底,全旗基本形成以国道210线、335线、331线和省道211线、104线为干线,以县道、乡道为补充的"七纵七横二环十四出口"交通网络。公路总里程达2878.5公里, 其中: 国道387.2公里、省道175.4公里、县道662.5公里、乡道680.3公里、专用公路27.2公里、村道945.9公里,嘎查村通沥青(水泥)路率达100%。

**【农村公路】**投入资金6290.8万元,建设农村公路96.5公里,其中:实施园区路5.8公里、产业路1.5公里、国防路5.1公里、窄路基路面加宽改造项目5条52.7公里、嘎查村"畅返不畅"项目2条10.5公里,通村公路6条20.9公里。投入资金801万元,抢修"7·19"洪灾水毁县道143处,乡村公路24处。

**【公路养护】**承担全旗10条农村公路的养护工作, 总养护里程725.5公里。2018年,共投入养护资金788.2万元。在做好整修路肩、清扫路面、油路灌缝、水泥基层补修等日常养护的同时,实施公路安保工程9处26.6公里,完善标志标牌、警示标志和安全防护措施。完成油路补修罩面、换填基层4.2万平方米。所管养路线优良率达84.9%。

**【重点公路】**2018年,续建、新建重点公路共6条,其中续建4条,分别为省道104线希拉穆仁至百灵庙一级公路、国道210线满都拉口岸至白云鄂博一级公路、国道331线乌兰敖包至乌珠尔二级公路以及呼吉日图至满都拉旅游公路;新开工2条,分别是国道335线黄家滩至百灵庙二级公路、县道065百灵庙镇南出口道路改造项目。

**【路检路查】**设立县道管理中队1个和苏木乡镇路政管理中队2个,配备专用巡查车和录像机、照相机、录音笔、执法记录仪等执法取证设备。2018年,巡查公路4万余公里,共清理路域垃圾40余处300多立方米、纠正运输砂土苫盖不严货运车辆124辆。

**【公共交通】**全旗共有12辆公交车、70辆出租车投入运营, 开通公交运营线路3条。

# 航空建设

达茂联合旗通用机场位于百灵庙镇呼吉图嘎查，距百灵庙镇直线距离11公里，总投资9600万元，占地面积587.7亩，按照一类通用机场标准建设，飞行区等级为2B，规划运-12及以下机型。机场标高1415米。主要建设内容有：新建长1200米、宽23米跑道1条，长173米、宽15米滑行道1条，长103.5米、宽81米机坪1处，长32米、宽32米直升机坪1处，NDB导航台1套，航站楼、综合业务楼1座。同时，配套建设机场道路、宿舍、食堂、输电线路等工程。达茂旗通用机场确定了4条航线：达茂旗至包头二里半机场，达茂旗至呼和浩特白塔机场，达茂旗至乌拉特中旗通用机场，达茂旗至察右后旗土牧尔台机场。工程已竣工验收，完成校验飞行；食堂、宿舍内装修完工。聘请中国民航工程咨询公司编制完成达茂旗通航产业园规划。

# 信息通信

# 邮 政

**【业务工作】** 2018年，全旗邮政总收入完成837.18万元，完成市公司预算的101.16%，列全市第三位。金融业务方面，储蓄业务实现收入434.2万元，同比增长2.34%，保险业务完成85.76万元，完成市公司预算的186.43%，列全市第三位。包裹快递业务方面，全年共实现业务收入45.5万元，完成市公司预算的105.83%，列全市第五位。增值业务方面，业务收入实现78.54万元，完成市公司预算的76.65%，完比列全市第七位。其中短信业务实现收入51.73万元，完成年初预算的83.44%，完比列全市第三位；双代业务累计实现收入11.67万元。函件业务方面，全年累计完成收入61.07万元，完成市公司预算的101.84%。集邮业务方面，全年累计完成收入72.09万元，同比增长5.63%，完成市公司预算的148.03%，列全市第三位。报刊发行方面，全年累计完成收入50.08万元，大力开发健康类报刊订阅市场，2018年报刊大收订累计实现流转额140万元。分销业务方面，全年累计实现收入5.97万元。

**【网点建设】** 在市公司支持下，两个金融网点实现WIFI全覆盖，均配备叫号机。2018年，百灵大街营业所新增ITM机1台，乡下分支机构网点标准化装修4处，实现电子化办公，监控全覆盖。

**【工作成绩】** 2018年，全旗邮政乡镇通邮频次增加到1周5次，全旗77个建制村实现全部通邮。

# 移动通信

## 中国移动

**【网络建设】** 截至2018年底，境内移动用户达到6万户，服务集团400多个，共有基站近300座（其中17座为移动自留基站，其余为铁塔基站），全旗城镇、乡镇所在地，国道、省道、重点旅游景点覆盖率达到98%以上，除个别稀少偏远农牧区外，其余地区均实现信号覆盖，每月针对自留基站开展巡检工作。经营增值电信业务，从事移动通信、IP电话和因特网等网络设计、投资和建设；除提供基本语音、数据、短彩信业务外，开发推广丰富多彩的彩铃、飞信、车友助理等业务。

**【业务工作】**全年完成收入4600万元，通信用户数61500户，通信用户份额70.72%，移动宽带用户6700户。集团客户方面，2018年共服务集团405个，完成收入200万元，具有集团专线、和校园、企业宽带、IMS、集团视频彩铃、物联网、移动云、IDC等集团产品。

## 中国电信

**【网络建设】**2018年，全旗新建4G基站6个，覆盖1万多户居民。4G基站62个，其中1800M有17个，800M有45个；2G基站35个。4G站已基本满足辖区内用户无线上网使用，其中百灵庙、希拉穆仁镇已做到信号全覆盖。建设光缆长度达470公里，管道长度达20公里，2018年百灵庙镇（城关镇）光网格已建成，镇内接入业务均在500米之内。年初宽带开通小区31个，覆盖用户1.29万户，覆盖率为73%。农村通宽的乡镇，为石宝镇覆盖304户，预计2019年5月做到石宝镇宽带全覆盖，覆盖用户数达到1100户农村通宽的乡镇，达茂电信公司以“服务之上 用心服务”理念服务于家庭宽带2600多户、移动网5000多户以及政府办、经信局、财政局、教育局等重点客户。

**【业务工作】**达茂电信分公司服务宽带用户数为5180户，4G在网用户数为11500户，天翼高清先后发展完美酒店联盟18个客户，拉动宽带新入网1510户。达茂旗医院阳光病房129间。达茂电信分公司在达茂联合旗智慧城市项目WIFI覆盖工程已经完成，主要覆盖了百灵庙镇以及主要景区，中国电信特长是互联网专线的建设和物联网的研发，现中国电信研发并商用首张NB_lot物联网，专用于智慧城管、智慧旅游、智慧农牧、智慧矿山、智慧安监等项目的实施及应用。

# 教 育

# 综述

**【概况】**2018年，旗内有中小学、幼儿园19所，其中完全中学1所（寄宿学校）、九年一贯制学校2所（寄宿学校）、标准化小学6所（寄宿学校4所）、公办幼儿园6所、民办幼儿园4所。全旗在校中小学生、幼儿共计6008名，其中幼儿1827名（民办在园幼儿419名），小学生2852名（寄宿学生167名），初中生942名（寄宿学生187名）、高中生366名（寄宿学生321名）；全旗有教职工985名（在编教职工899人），其中专任教师690名（幼儿园专任教师160名、小学生专任教师305名，初中专任教师153名、高中专任教师72名）。

**【硬件建设】**投入资金500多万元，完成新建大苏吉小学附设幼儿园教学楼、满都拉国际小学教师周转宿舍，改造完成石宝小学教师周转宿舍、蒙校艺术教室、百中教师周转宿舍，建成石宝小学特殊教育资源教室，维修百二中特殊教育资源教室，开工建设石宝小学水冲厕所，为各幼儿园配置教学、信息化设备，维修因暴雨受损的3所学校院墙、蒙校供暖管网等基础设施。推进教育基础设施设备建设PPP项目入库审批，完成PPP项目社会资本方资格预审。投资290万元新建百灵庙中学体育活动室。投资190万元新建乌克小学、大苏吉小学、满都拉国际联谊小学体育活动室。投资234万元新建百灵庙第一小学体育活动室。

**【教师队伍】**全年各级各类校长、教师培训达2200余人（次）。派出蒙语授课校长、幼儿园园长、教师21人到蒙古国乌兰巴托市学习、考察。共计交流教师31名，交流比例达到规定要求。要求各学校、幼儿园有计划开展师德师风教育活动，不定期对师德师风工作进行检查，对家长反映强烈的热点问题，教师违规补课、师德有问题的教师严肃处理。完成国家三类城市语言文字的评估验收工作。推荐表彰包头市教育系统各类先进个人29人，表彰旗级各类先进个人120人、先进集体12个。

**【安全工作】**将学校和学生安全工作列入教育工作重中之重，纳入年终考核目标，加强校园安全“人防、物防、技防”建设，完成学校食堂“明厨亮灶”工程。加大校园安全检查力度，消除安全隐患；配合相关部门开展校园周边环境集中整治。加强安全知识宣传教育，开展各类安全实际演练,完善应急预案,确保校园安全工作落到实处。

【教育教学改革】制定达茂旗教育提升三年行动计划和2018年实施方案。成立“能动学堂”课改专家组,专家组成员兼职教研员,涵盖各学校、各学段和各学科。成立小学语文名师工作坊,组织开展联校教研、听评课、示范教学等大型活动5次,外地学校120多人次到达茂联合旗观摩“能动学堂”。推进教育“管办评”分离改革,委托第三方资质机构对各学校(园)进行每年两次考核评估。

【课题研究】结合《小组合作学习技能方法探究》课题研究,逐步修改、完善“能动学堂”各环节具体要求,初步构建起科学高效的课堂教学评价体系,增强课堂教学效益。开展已立项的“十三五”课题研究工作。组织课题研究教师进行教科研学习培训;邀请专家作教育科研专题讲座与教学实践活动指导。“十三五”第一批区市级课题正在组织,第二批正在研究征文。

【素质教育】开展“中华经典诵读”等系列主题活动,进行“美德少年”“新时代好少年”“三好学生”评选,组织全旗三年级以上学生到青少年德育教育基地参加“相约草原·中国梦” 主题教育实践活动。落实音体美卫课程,深入开展艺体活动,举办达茂旗第二十届少儿艺术节暨乡村学校少年宫文艺展演,开展“德润校园·欢乐歌声”合唱进校园活动,接受市委宣传部对旗学校合唱团工程的检查,派出11名音乐教师参加包头市合唱进校园工程合唱指挥专题培训。聘请足球专兼职教练3名,提高校园足球队训练和竞技水平。举办百灵杯少儿五人足球赛、“旗长杯”足球联赛、冬季越野赛。

【普高教育】百中高考普文普理二本上线34人,艺术类双上线20人,二本升学率41.9%,比上一年提高5.6个百分点,超额完成市教育局预测百中二本上线数的162%。有效落实高中分层教学改革经费,推进分层教学改革。2018年,百中129名学生参加高考,普文普理二本上线34人,艺术类双上线20人,二本升学率41.9%,比上一年提高5.6个百分点,超出市教育局预测上线率16.3个百分点,再次实现“低进高出”目标。

【义务教育】全旗共有义务教育阶段学校8所,其中九年一贯制学校2所(蒙古族学校、百灵庙第二中学)、小学6所[百灵庙第一小学、百灵庙第二小学、乌克忽洞镇小学(乡村学校)、石宝镇小学(乡村学校)、大苏吉小学(乡村学校)、满都拉国际联谊小学(乡村学校)]。百灵庙中学设有初中教学班。小学入学率保持在100%,初中净入学率保持在98%以上,九年义务教育巩固率达到95%以上,“三类”残疾儿童、少年入学率达95%以上。落实义务教育阶段学生课后服务改革经费,深化与青山区8所中小学结对共建,完成国家义务教育质量监测对旗7所样本校的监测任务,减轻中小学生课业负担,推进中小学家长学校建设，加强对留守儿童、困境儿童、孤残儿童的关爱，提高义务教育质量。2018 年全旗中考学生 347 名，市重点高中统招上线 52 名(不含分招 16 名)，中考重点升学率达到 15%，比上一年提高 9.7 个百分点，超出全市属地外统招比例 5 个百分点，中考成绩位居全市外围旗县(区)第一，中考重点升学率和人数双双实现翻倍提高。

2018 年有义务教育阶段学生 3810 人，其中蒙古族学校 582 人(小学 413 人，初中 169 人)，百灵庙第二中学 869 人(小学 165 人，初中 704 人)，百灵庙中学初中 90 人，百灵庙第一小学 809 人，百灵庙第二小学 1054 人，乌克忽洞镇小学 84 人，石宝镇小学 253 人，大苏吉小学 69 人。全旗义务教育毛入学率 100%，巩固率达 99.79%。

**【学前教育】**全旗有幼儿园 10 所，公办幼儿园 6 所，民办幼儿园 4 所，分别在乌克小学、大苏吉小学、满都拉国际联谊小学附设幼儿班共 5 个。全旗在园幼儿 1913 人，其中在公办幼儿园在园 1413 人、民办幼儿园在园 500 人。全旗现有幼儿教师 275 名，其中公办幼儿园 243 名、民办 32 名。截至 2018 年底，全旗学前教育三年毛入(园)率达 98.42%、公办在园率达到 74%、普惠性学前教育覆盖率达到 100%，均位居全市前列。

**【民族教育】**蒙校、各民族幼儿园组织开展跨盟市旗(县)和与蒙古国的教育交流，举办多学科、深层次教学教研活动，派出蒙授教师参加自治区、蒙古国各类教学教研活动并示范指导教学，提高旗蒙授“能动学堂”课改知名度。加强博克、射箭、马头琴、蒙古象棋、好来宝、足球等优势特色教育，促进民族教育优质、特色发展。蒙校派出 15 名运动员参加 2018 年自治区第十四届全运会，9 名学生获得决赛参赛资格，3 名学生分别获得分级别古典式摔跤 1 个第五名和 2 个第七名。

蒙古族幼儿园、红格塔拉民族幼儿园与蒙古国青格勒泰区第七十四幼儿园签订友好交流协议。邀请蒙古国校(园)长、教师到旗开展教学交流 4 批次共计 30 人次，民族学校(园)校长教师赴蒙古国教育交流 2 批次共计 28 人次。上半年，旗民族学校聘请蒙古国 1 名教师执教。教育局代表旗政府向东戈壁省哈登宝力格县捐赠价值 4.8 万元的幼儿教玩具。蒙校举办“中蒙两国三校教育合作交流汇报演出”，集中展示对蒙教育交流成果。

**【职业教育】**成职教以服务社会、服务家长、服务学生为原则，做好初中毕业学生报考职业学校的指导工作。组织学生 34 人、家长 20 人对呼和浩特(内蒙古卫生职业技术学校、呼和浩特环城职业技术学校、呼和浩特蓝天职业技术学校)3 所中等职业学校的办学条件、特色专业、师资力量、实训设备、实训场地、就业前景等进行实地考察，为旗中职生提供帮助。2018年,初中毕业学生未达到普通高中录取分数线的有148人，百灵庙中学补录20人，就读其他普通高中9人，复读和暂时未上任何学校、不再继续上学的学生27人,92人被职业高中、中等职业学校录取。

**【成人教育】**2018年,被中国地质大学网院招收学生38人、江南大学网院招收学生26人、东北农业大学网字招收学生10名、各级各类学生毕业100余人。

**【未成年人思想道德建设】**组织开展美德少年评选活动,开展书香校园和中华经典诵读活动。各学校开足开齐各种思想道德教育课程,充分利用思想品德课(初中为思想政治)、班团队活动课、心理健康课等开展未成年人思想道德课程教育,做到有教师、有安排、有教案、有记录。开展旗级文明校园创建活动,积极申报市级文明校园。百灵庙中学和百灵庙第二小学创建市级文明校园接受包头市教育督导专家组的检查验收。百一小、百二中、蒙古族学校已申报2018年第二批文明校园的学校创建活动。

**【干部档案专项审核】**抽调10名工作人员,于7月5日—15日,对重点排查整改内容进行详细核对、查漏补缺等系列工作。教育局管理教职工档案共2114人，其中在职986人（在编在岗的899人,合同制教师49人，特岗教师38人），退休1128人干部人事档案。重点对在职的899人进行审核。新认定13人(2015年及以后参加工作的),无另册管理人员。

**【学生资助】**为1143名大学生办理生源地信用助学贷款,贷款金额875.4万元,回收贷款金额326.4万元。其中回收本金206.3万元,回收利息120.1万元。新成立的达茂旗教育救助基金募集资金8.6万元,已发放资助金4.3万元。共为42名2018年城乡低保家庭子女普通高校新生发放资助金29万元，资助金额每生每年1万元；为13名建档立卡大学新生发放资助金13万元；为百灵庙中学408人次的贫困学生发放普通高中国家助学金40.8万元，平均每生每年2000元；共为55名在校建档立卡大学生发放资助金40万元,为138名建档立卡中小学在校生发放每生500元的交通费，发放金额5.65万元。为达茂旗47名残疾和建档立卡2018年大学新生争取“泛海助学金”23.5万元。

# 普高教育

**【概况】** 百灵庙中学位于内蒙古包头市达茂联合旗，是包头市示范性高级中学，创建于1958年。学校占地面积29690平方米，建筑面积13589平方米。2018年学校有教学楼3栋，宿舍楼（可容纳400人）、餐厅、综合服务楼各1栋，设有微机室、心理咨询室、录播室、同频互动室、图书室、阅览室、音乐活动室、美术活动室、书法教室、舞蹈教室及理、化、生、通用技术实验室等；配有电子白板教室24间，多功能报告厅1个。学校有在编教师104人，其中专任教师87名，国家级模范教师和优秀教师各1名，自治区优秀教师5名，包头市名教师4名；自治区学科带头人1名，市级学科带头人5名，教学能手13名，自治区和市级骨干教师34名；正高级教师1名（“5512”工程领军人才李凤良），副高级教师58名，一级教师23名；全日制硕士研究生、教育硕士9名。2012年起，旗在全市率先实现高中阶段教育“两免一补”免费教育。同年9月百灵庙中学又恢复初中招生。全校有教学班17个，其中初中3个班、高中14个班，在校生456人，初中生90人、高中生366人。

**【学校管理】** 优化课堂教学，科学制定五年发展规划，依据“管理强校(从2018年9月与包钢五中深度合作办学以来，高中年级实行全封闭管理)、教改兴校、质量立校”办学指导思想，树立“以人为本，一切为了学生终身发展”教育观念，走“小、精、特”(采取小班化教学，精细化管理，多培养音体美特长生)的办学路子，体现学校内在的发展需求，适应社会发展和现代教育要求。

**【教育教学】** 2018年百灵庙中学与包钢五中合作办学，抓好教学常规工作。针对教学时间进行新安排，提高常规工作要求，加强对教学“五量化”的检查，开设蒙语文乙，先后进行四次质量分析会。开展教研活动20次，参加听评课教师达260多人次；完成高二年级阶段性增值评价报告的解读和高一年级的基线测试工作；高中的分层次教学、培优补差、专题讲座、社团活动都取得良好效果；开展初中的课后服务活动；班主任职级制改革稳固推进；自治区课题2项已结题，1项已申报，正在进行1项市级课题。

**【德育工作】** 百灵庙中学开展系列教育活动，6—7月组织非毕业年级学生赴新宝德育基地、满都拉口岸开展“德润草原·中国梦——新宝之行”“崇尚英雄 传承红色基因”主题实践活动；8月和11月，组织高三、高二年级赴包头进行社会实践活动;9月中旬，教学处联合政教处分别组织召开毕业年级、非毕业年级(高一、初一、初二年级)、高二年级的家长学校会议,向家长们传递新学期实行封闭式管理的新举措、课堂教学时间的新安排、学校管理新制度等方面的新理念。

**【校园文化】**百灵庙中学设立指导思想、办学理念、教育目的、培养目标、办学宗旨、校训、校风、教风、学风、校徽、校歌等校园文化宣传栏。设有校史馆(陈列室),有板报、橱窗、校园广播站、荣誉室等文化载体。定期举办校园艺术节、田径运动会,师生参与率95%。

**【办学成绩】**2018年百灵庙中学中考重点上线率达到15%,高考本科上线率达到41.2%,其中:普理二本上线24人,普文二本上线10人。艺体类本科双上线22人。

# 初中教育

**【概况】**旗内初中学校有在岗教职工182人，其中研究生学历1人，本科学历146人;学生869人(其中小学生165人),28个教学班(其中小学8个教学班)。

**【德育工作】**根据学生实际情况、发展目标和教育资源,以“九年一贯、一年一心、循序渐进”的德育整体思路,一年级呵护童心、二年级培养孝心、三年级激发爱心、四年级开启慧心、五年级树立信心、六年级磨炼恒心、七年级陶冶诚心、八年级感悟真心、九年级体验责任心。分学段确定具体德育重点,初一年级以习惯养成教育为主，初二年级以心理健康教育为主,初三年级以理想信念教育为主。成立政教巡查组,负责学生日常行为、班级工作的检查,一周一公示,发现问题及时整改。开展少先队活动课35次,不同主题班会33次，国旗下演讲28期，为你读诗期354次。开展入学、入队、入团、毕业、新生入学、中考百日冲刺等仪式教育。组织初三年级全体师生、家长600人开展2018年中考90天誓师大会。5月份在小学部、初一、二年级开展家长进课堂活动,185位家长走进课堂听课16节。

与吉祥湾社区结对开展“我们的节日端午节”——吉祥湾社区走进学校慰问住校生、“爱在重阳情暖老人”——百二中学生志愿者走进社区关爱老人共2次活动。开展清明节、“向国旗敬礼” 网上签名寄语活动，全校861人参与活动，参与率达到99%。开展“迎中秋、庆国庆”主题画展活动、“缅怀先烈志 共铸中华魂”清明节主题系列教育活动。组织235名同学到新宝德育基地开展实践活动。

**【课堂改革】**加强教育理念、教育目标、课程设置、教学方式、教学评价等整体改革，从“临贴”到“破贴”，推行适合师生的个性化教学，促进师师、师生、生生之间互动合作，实现教学相长。每学期由四名校领导及环节干部成立四个听课组，深入各年级开展听“开门课”，实现所有任课抽查课全覆盖，并及时进行评课。各备课组、教研组推出观摩课、汇报课 23 节。组织全体教务人员开展所有科目教案、作业检查 2 次，每周进行 2 次巡课。充分利用与一机二中结对共建的资源，开展学校管理及教育教学、毕业年级工作方面的交流研讨，并积极与达茂联合旗一小、二小、石宝小学、包头一机四中、瑞星学校、二机四中、包五中、29 中开展校际交流。11 月，派出初二年级 5 名语文教师去包五中参加青山教研室“名师工作坊”活动。试行“错题教学法”，在初一年级数学，初二年级、初三年级数理化科目中开展教师引导、学生收集整理错题集，查漏补缺，发挥错题本的课后助教作用。构建“微笑课堂”。开展“蓝青工程”，现有 7 对师徒结对，共 18 人开展工作，同时选派石俊霞、李霞教师与一机二中闫志飞老师结为师徒。自 2016 年结对以来，徒弟先后 8 人次获得市级青功赛一、二、三等奖。积极开展课题研究，思想品德区级课题已批准结题，英语区级课题进入第二阶段研究，化学市级重点课题已顺利结题，留守儿童、英语课题进入申报结题阶段。

**【校园文化】**开展“双十”创建活动，“两学一做”学习教育常态化，组织全体党员集中学习 4 次，召开党员大会 2 次。组建健身操、乒乓球、合唱教师社团，在全旗第 20 届少儿艺术节中，学校合唱团的节目获教师组一等奖。开展微笑阅读、主题征文等系列活动，丰富学生校园文化生活。启动 3 至 8 年级“经典诵读”活动。开展主题班级文化评比活动、“苏敦娜荷芽”优秀童谣征集传唱活动，参加旗关工委征集的主题为“红旗飘飘，引我成长”主题征文。举办第三届“校长杯”足球联赛、第十三届“活力 拼搏 团结”田径运动会。带领各年级 20 名学生赴一机二中参加中国诗词大会三期擂主陈更博士讲座、签名赠书活动。学校每周安排一小时社团活动时间，每个学生都能根据自己的爱好特长选择到适合自己的社团，其中选派舞蹈《圆梦送福》参加包头市乡村少年宫展演，选派“三字经”“梦中的额吉”等节目参加达茂旗第 20 届少儿艺术节获优秀奖。

**【办学成绩】**2018 年中考取得优异的成绩，参考人数 287 人，重点统招上线 44 人、重点上线率为 15.3%，普高上线人数 187 人、普高上线率 65.2%。百灵庙第二中学被中国好老师公益行动计划办公室委员会、北京师范大学中国基础教育质量监测协同创新中心授予“中国好老师”公益行动计划项目校，百灵庙第二中学荣获“包头市未成年人思想道德建设工作先进单位”“优秀党建品牌学校”“全国青少年主题教育活动示范校”称号。

# 民族教育

**【概况】**2018年,旗蒙古族学校有教学班22个(其中小学教学班13个,初中教学班9个),在校生565人,住校生89人。教职工105人,其中专任教师76人。有教学楼、实验楼、学生宿舍楼、综合服务楼、标准塑胶运动场、体育馆、实验室、微机室、图书室及各类活动室。连接有光缆宽带网、远程教育网、校园网,各办公室配备有台式电脑,全体职工配备笔记本电脑,每个教室安装交互式白板多媒体教学设备。开设有博克班、马头琴班、射箭班、蒙古象棋、民族歌舞、蒙文书画班等民族传统文化特长班,组建足球、声乐、器乐等体艺项目兴趣班。

**【学校管理】**全面实施素质教育,深入推进课堂教学改革,发展特色教育。严格落实校园安全责任制,在校园各个环节层层签订安全责任书,成立“安全工作领导小组”,制定校园安全的实施方案,确定专人负责校园安全工作,细化和明确各部门的职责,要求任课教师把安全教育融入课堂教学内容。修改值周制度,将全员值班改为每周1名校领导带领4名环节干部进行24小时值班,确保全天候无死角校园安全管理和行政管理。学校每天对环境卫生、学生纪律、教职工出勤、违规违纪、教育教学常规、食堂宿舍管理等内容进行抽样检查,每周进行汇总公示。开展各类安全教育和地震、消防、急救等应急演练。依照每周一次自查、每月一次联合检查要求共进行10次安全自纠自查。修订和完善各项规章制度,按不同岗位,分类实施,量化打分,积分排名公示,作为年度考核、评优选先、职称评聘、激励竞争的主要依据。通过考核和奖励机制来引导干部队伍、教师队伍、班主任队伍的健康发展。加强师资培训力度,全年参加市级以上培训的教职工84人次,参加旗级培训41人次。开展校本培训5次,举办专家讲座2次,开展专业技能培训3次,校本培训人数达238人次。校领导班子参加培训13人次,10月校长赴上海参加为期一个月的跟岗培训。2018年,乌云塔娜校长获得“国培计划校长培训优秀学员”荣誉,斯琴托亚、达林太两位教师获得“希望杯全国数学竞赛优秀辅导员”荣誉,周玉荣老师获得“自治区蒙语授课初中汉语基本功大赛二等奖”,敖登格日乐、额尔登其木格两位老师分别获得“八省区蒙古族小学教师基本功大赛二等奖”,李桂花老师获得

“全区蒙古语授课小学蒙语文基本功大赛二等奖”。此外，荣获市级荣誉的教师5人，获得旗级荣誉的教师23人，毕业年级的12名教师获得“教学成绩突出奖”。

**【党建工作】**年初严格制定学习计划，组织党员干部开展理论学习，提高党员干部的政治理论水平。全年共组织集中学习28次，召开支委会8次，讲党课4次，聘请党校老师举办“十九大报告专题讲座”2次。落实党内组织生活会制度，提高“三会一课”质量，召开党支部组织生活会和“作风建设年”活动动员大会。10月召开党小组会议和党员大会，顺利完成党支部换届选举工作。开展“双创双培”和“党员星级管理”工作，2018年将2名骨干教师培养成为入党积极分子，1名积极分子转为预备党员。加强意识形态工作，健全完善意识形态工作责任体系，把意识形态责任落实到实处。注重精神文明建设，把社会主义核心价值观教育融入课堂教学中，巩固社会主义核心价值体系建设。重视开展统战工作，团结带领党外骨干教师，全身心投入到党的教育事业。开展脱贫攻坚工作，3名校领导和2名后备干部结对帮扶10个贫困户，并选派1名驻村干部，全年深入乡村开展入户调查和帮扶工作10余次，圆满完成所承担的脱贫攻坚任务。支部与新胜街社区建立结对共建联系，开展“双服务双认领”活动。

**【教育教学】**推行集体备课制度，提高教学设计和备课质量。重视任课教师“课程标准”培训和基本功培训，提高任课教师业务能力。注重校本教研和课题研究工作，2018年学校申请两项自治区课题，成为“自治区蒙语授课中小学理科教学研究基地”。举办各类学科竞赛活动和组织参加上级部门举办的比赛，带动学生的学习兴趣。举办全校蒙古语听写大赛、全校数学竞赛、小学诗歌朗诵比赛、初中蒙文规范字比赛、初中英语演讲比赛、第十六届校园艺术节和第十三届田径运动会、广播体操队列队形比赛、教职工书法比赛等丰富多彩文体活动。

**【德育工作】**制定出台“达茂旗蒙古族学校德育改革方案”和“达茂旗蒙古族学校行为习惯养成教育实施方案”被列为校本德育课题全面推行全校德育改革工作。开展各类主题教育活动，加强学生思想道德教育。注重家校合作工作，开展家长开放日活动，聘请心理咨询专家和家庭教育专家给家长们进行“家庭教育专题讲座”。开展贫困生帮扶工作，支部要求每个党员结对帮扶本校2名贫困学生到初中毕业。联系爱心企业和社会团体等筹集资金资助贫困学生，全年共筹集45600余元资助131名贫困学生。

**【校园文化】**创设三大主题班会：养成教育、感恩教育、心理辅导。学校坚持每周一的升旗制度，利用国旗下的讲话对学生进行正面教育，如爱国主义教育、前途理想教育、集体主义教育、文明礼貌教育、诚实守信教育等。开展音体美特长教学和民族传统文化特长教学工作，组建多个音体美兴趣班和特长班，安排专任教师利用课外活动时间和周末开展训练，为每个学生至少掌握两个体育特长和一个艺术特长提供条件。举办各类文体活动和比赛等，为有特长的学生提供展示舞台，吸引更多学生参加音体美特长班。2018年把好来宝、长调、呼麦等蒙古族非物质文化遗产引进校园，聘请达茂旗本地区民间艺人和传承人到校进行授课。组建校园足球队，聘请五名专业足球教练，其中从蒙古国聘请一名高水平专业教练员。加强与专业体校和专业俱乐部的合作，定期邀请专业教练到校进行指导和训练。

**【获得荣誉】**第八届“英立思杯”CCTV全国中小学英语电视大赛，学校有18名学生获得全市小学和初中组一、二、三等奖。参加“全区第二十四届小作家现场作文大赛”，有27名学生获得二、三等奖。在2018年“市长杯”校园足球联赛中校初中男队获得第六名、初中女队获得第四名、小学女队获得第七名的成绩。全区“体彩杯”青少年足球俱乐部联赛中学校的“达尔罕青少年足球俱乐部”获得U13、U14两个组别第三名的好成绩。校男队6名主力队员参加2018中国足球协会乙级联赛U15梯队挑战赛荣获冠军。初中男队获得2018年“包头市校园足球五人制联赛”第三名。博克班9名队员代表包头市参加“内蒙古自治区第14届运动会”获得古典式摔跤54kg级、50kg级第七名，自由式摔跤50kg级、58kg级第八名的成绩。“全区首届城市儿童那达慕博克比赛”中图浩布太获得冠军。射箭班5名队员代表包头市参加“内蒙古自治区第14届运动会”获得男子丙组团体银牌、女子丙组团体铜牌，女子丙组个人18米第5名、25米第7名的好成绩。蒙古象棋班学生包都兰在2018年“内蒙古自治区首届智力运动会”上获得少年女子组个人冠军。在2018年“包头市中小学生艺术展演活动”中选送的舞蹈《快乐的孩子》获得中学甲组舞蹈一等奖，《走马》获得中学甲组舞蹈二等奖，《草原连着北京》获得小学甲组器乐二等奖，《成吉思汗》获得小学甲组声乐三等奖。学校先后获得“第十二届全国青少年主题教育读书活动示范学校”“第二十届全国青少年五好小公民‘阳光校园·我们是好伙伴’主题教育读书活动示范学校”“自治区蒙汉双语授课中小学理科教学法实践体系及其应用研究基地”“全旗五一劳动奖状”“全旗教育教学工作先进单位”“全旗教学质量提升奖”等荣誉称号，先后获“全国体育传统项目学校”“全国足球特色学校”“全国国际象棋特色学校”“内蒙古自治区教育系统先进集体”“内蒙古自治区体育传统项目学校”“内蒙古自治区竞技体育后备人才基地”“内蒙古自治区民族团结进步模范集体”“自治区级红十字示范学校”“包头市民族文化教育基地”“包头市义务教育示范校”“包头市竞技体育后备人才基地”等荣誉称号。

# 小学教育

**【百灵庙第一小学】**百灵庙第一小学始建于1958年，是“草原英雄小姐妹”——龙梅、玉荣的母校。有在岗教职工81人，学生809人，教学班级25个，平均班容量33人。专任教师中拥有研究生学历2人，本科学历61人；学校有自治区级骨干教师1名，市级骨干教师15名，市级学科带头人1人，市级教学能手4名，市级卓越教师1人，旗级教学能手16人，旗级课改领头人12名。

**【百灵庙第二小学】**百灵庙第二小学创办于1971年，学校现有教学班34个，学生1054名，教职工118名。其中，自治区教学能手2名，市级以上学科带头人3名，市级教学能手4名，旗级学科带头人、教学能手18名。校园占地面积19810平方米，建筑面积10605平方米。校园内有新建成风雨操场、塑胶跑道及田径运动场，另有水泥硬化空地7000平方米。两幢教学楼内配有高清录播室、同屏互动教室、微机室、图书室、实验室、音乐教室、美术教室、书法教室、心理咨询室、卫生保健室、多功能教室等各类专用库室35间。40间教室内均安装多媒体电子白板，实现校园网班班通。

**【满都拉国际联谊小学】**达尔罕茂明安联合旗满都拉苏木学校始建于1962年，属于边境苏木学校。2003年，北京银达公司投资新建教学楼及辅助教学用房，校名更改为满都拉银达希望小学。2016年，上级部门筹措资金对原有校舍进行维修，并更名为达茂联合旗满都拉国际联谊小学，并附设幼儿园。满都拉国际联谊小学位于达茂联合旗满都拉镇政府所在地，距满都拉口岸15公里，距旗人民政府所在地百灵庙镇120公里。满都拉国际联谊小学是达茂旗唯一一所牧区公办小学、也是包头市唯一一所口岸学校。学校占地面积9110平方米，建筑面积3450平方米，设有18个教室，另建有食堂（餐厅）。新建1050平方米教师周转房，现投入使用。2016年秋季开始招收幼儿。2018年有蒙语授课幼儿班一个，学生9名（其中蒙古国籍学生2名），教职工6名，聘用2名临时工（炊事员1名，保安、锅炉工1名）。

**【大苏吉小学】**大苏吉小学占地面积20443平方米，建筑面积2504平方米，现有在编教职工35人，6个教学班，在校学生69人；附属幼儿园入园人数15人。

**【石宝镇小学】**石宝小学在编在岗教

职工68人,学生253人,教学班级12个,平均班容量21人。学校教师中拥有硕士学位3人,本科学历29人,专科学历32人,中师学历4人;拥有副高级职称33人,中级职称20人,初级职称15人;市级骨干教师5名;市级青功赛3名,旗级教学能手1人,旗级课改领头人8名;旗级名师3名。

**【乌克忽洞镇小学】**乌克忽洞镇小学位于达茂旗乌克忽洞镇。学校初建于1953年,2009年整合原达茂旗农区5所学校的资源,成立现在的乌克忽洞镇小学。2013年秋,新建教学楼和教师周转宿舍并投入使用。校园占地面积28000平方米,有4000平方米运动场,建有高清录播及多媒体教室、音乐教室、书画室、计算机教室、科学实验室、图书室、阅览室、综合活动室、心理咨询室、卫生保健室等10个功能室。学校2018年有教职工45人,在校生110人,其中小学生84人、幼儿26人。

# 学前教育

**【红格塔拉民族幼儿园】**全园设置12个教学班,有蒙、汉、回在园幼儿360名,其中纯蒙语授课班级3个,幼儿69名。在册职工28人。

**【第二幼儿园】**始建于1986年,是一所自治区级示范幼儿园是幼教系统的窗口单位。全园占地面积8100平方米,其中建筑面积3012平方米,绿化面积900平方米,开设10个班级,在园幼儿300多名。全园在册员工29人,其中中学高级职称6人、小教高级职称15人、初级职称9人,本科学历22人、大专学历7人。

**【蒙古族幼儿园】**2013年建成,是自治区级少数民族幼儿园,总投资近1000万元,总建筑面积3456平方米。全园设置大中小常规教学班9个(同步开设蒙授班和汉授班),园内有活动室、多功能厅、画室等,入园幼儿全部享受两免一补优惠政策。2018年,园生源已达282名幼儿,其中蒙古族166人、汉族113人、其他民族2人。有在编教师27名,其中蒙古族教师21名。

**【民族幼儿园】**建于1981年。总占地面积11000平方米,建筑面积3098平方米,2014年被包头市命名为“市级示范幼儿园”,2015年晋升为“内蒙古自治区示范园”。2018年共开设蒙汉11个教学班,在园幼儿320名,教职工59人。

**【希拉穆仁幼儿园】**始建于2014年,2015年正式招生,是达茂联合旗唯一一所牧区公办幼儿园。全园设置2个混龄班级(蒙授班和汉授班)。2018年有教工8名,其中蒙古族教工6名。

# 文化 体育 广电 旅游

# 文 化

**【基础设施】**2018年,达茂联合旗巩固完善三级公共文化服务体系,对12个苏木乡镇文化站开展第二次全区苏木乡镇综合文化站评估定级的工作,9月完成评估定级;10月为石宝镇、希拉穆仁镇、西河乡、小文公乡和达尔汗苏木各发放投影仪、幕布、音响等放映设备。“四个单体”中博物馆、纪念馆、传媒中心已基本具备使用条件,演艺中心内部建设正在招商引资。

**【群众文化】**开展春节、元宵节系列活动,春晚涵盖政策、交通安全法宣传、民风民俗等群众参与热情高、喜闻乐见的小品、长调、呼麦、舞蹈等节目,元宵节开展扭秧歌、舞龙舞狮、猜灯谜、全面健身表演等活动。为巴音敖包苏木录制楚拉嘎好来宝“十九大赞”,全旗范围内举办22场“守望相助好家园——首届全区农牧民文艺会演”系列活动,组织音舞协会文艺演员,开展送文化下乡精品文艺演出3场。开展图书流动服务活动22次,全民阅读推广活动3次。举办书画展2次,展出作品204幅,观众近1000人;举办书画笔会3次,参与民众1090人。开展“我们的节日”主题活动6场,送戏送电影下乡共1104场。

**【文化品牌】**总结前五届游牧文化旅游节工作经验,制定《第六届游牧文化旅游节实施方案》《第六届游牧文化旅游节暨第29届那达慕大会开幕式实施方案》《第六届游牧文化旅游节文体旅活动组实施方案》等相关工作方案,8月15日,举办第六届游牧文化旅游节暨第29届那达慕大会开幕式等系列活动共35项。

**【文艺创作】**乌兰牧骑完成自治区2018年评估工作,制定《达茂旗乌兰牧骑发展实施意见》,实施文化惠民工程,下乡慰问演出共103场。按照自治区文化厅关于“乌兰牧骑慰问部队巡回演出”活动安排,乌兰牧骑组织全体队员赴全旗边境线9个哨所3个连队进行慰问,3天组织演出13场;围绕党的十九大精神,创作楚拉嘎好来宝《前进中的乌兰牧骑》、歌曲《我们是草原的轻骑兵》,二人台《十九大是咱们的指路灯》等体现十九大精神且老百姓较为关注的热点。

**【全民阅读】**为苏木乡镇配备数字文化走进蒙古包设备12套(一级数字文化加油站),行政村嘎查配备“数字文化走进蒙古包”设备73套（三级数字文化加油站），并邀请自治区图书馆对全旗各苏木乡镇、嘎查村的管理人员进行培训。发放图书共3838册，其中：为所有草原书屋发放习近平总书记系列讲话读本《习近平谈治国理政(第一卷、第二卷)》《习近平新时代中国特色社会主义思想三十讲》共计438册、雅馨养老院1600册、西河派出所500册、查干哈达文化站600余册、旗市场监督管理局200余册、组织部500册。博物馆全部免费开放，免费接待、服务参观、考察团队，接待参观群众2000余人次；开展图书流动服务活动22次，全民阅读推广活动3次。

**【文物保护】**完成全国重点文物保护单位百灵庙抗日武装暴动纪念碑和全国重点文物保护单位安答堡子古城后续工作，申报百灵庙起义旧址和安答堡子古城的安防、消防项目，办理用地的文物勘测证明23处，配合消防部门对达茂联合旗的文物联合检查12次。编制大苏吉城圐圙古城、普会寺、希日朝鲁庙、推喇嘛庙抢险加固工程项目规划；完成草原英雄小姐妹党性教育基地建设项目。为全旗范围内的长城树立建桩764块，修复敖伦苏木古城网围栏110片；对重点文物保护单位进行文物消防检查，推进“草原神鹰”工程。完善博物馆、展览馆的展陈布展工作，共搜集文物38件。完成百灵庙东北方向石刻文物的挖掘入藏工作。

**【非物质文化遗产保护】**哈萨尔祭祀文化入选国家非物质文化遗产名录文字材料整理。

**【百灵那达慕文化产业园区管理服务中心】**做好元宵节活动的各项保障，维护基础设施，配合公安、武警、消防等部门进行园区的安保工作。明确专人引导游客及秧歌队入场，并清除应急通道、入口、看台等区域的积雪，严防拥挤现象和踩踏事件的发生。做好文化节开幕式的各项保障工作，在商贸区引进儿童游乐设施、民族手工艺品、美食等商家，开展为期三天的商贸活动，共接待游客38万人次。

**【文化市场综合执法】**开展安全生产工作，邀请包头市消防宣传员进行消防知识培训2次，培训网吧、歌厅经营者26人次，对草原文化宫的消防设施进行2次安全检查。开展重大节庆节点文化市场安全隐患排查、“3·15”消费者权益日、“3·18”全国文化市场法制宣传日和“4·15”民族政策宣传月的宣传和咨询服务活动，发放“打黄扫非”、《互联网上网服务营业场所管理条例》《中华人民共和国未成年人保护法》等宣传资料200余份，接受群众咨询30余人次。开展3次联合检查，组织开展各类专项检查56余次，出动执法人员1919人次，检查各类经营场所643家次，查处违规网吧9家。

**【业务工作】**开展《中华人民共和国未成年人保护法》、“扫黄打非”工作及有关法律法规的宣传活动，发放宣传单1500余份、销毁盗版书籍100余册。印发

《达茂联合旗文化市场联合执法长效机制工作方案》《达茂联合旗校园及周边文化市场常态化管理制度》等工作制度。开展“清源”“秋风”“护苗”“净网”“固边”5次专项行动，有效震慑违法违规行为。全年共出动执法人员600余人次，检查网吧220余家次、歌舞娱乐场所165家次、印刷复制企业140余家次、出版物市场50余家次、音像制品26家次、电子产品维修场所10余家次。

# 体 育

**【体育基础设施】** 全年向自治区争取体育彩票资金70万元，全面修缮全民健身中心。争取国家体育彩票资金50万元，建设巴音花镇小型健身中心。争取自治区健身路径3套，建成小型健身中心10个。争取自治区民委专项资金50万元，购置55套搏克服、20套中国式摔跤服、3套搏克训练器材，培训搏克运动员20名，裁判员10名。开展健步走、足球赛、健身操比赛等全民健身活动20次，开展体育经营场所安全检查12次。

# 广播电视电台

**【新闻宣传】** 提升《漠南时讯》质量，持续推出精准脱贫、两学一做、高质量发展、民族团结等有深度、有高度、有温度、接地气新闻报道；开设“新时代、新起点、新征程”“精准扶贫”等一批贴近群众、贴近生活的新颖栏目，全年共编发稿件、图片2400篇幅。提升达茂电视台质量，开设《新任务新征程》《精准扶贫》《新时代的奋斗者》等多个品牌新闻专栏；做好频道管理，整合划分频道为3大板块，开办26档蒙汉语节目，选播精品电视剧2128集、优秀电影912部、公益广告7850条次。提升102.8电台节目质量，全天播出节目达21档。提升“英雄达茂”公众号质量。每周发布7期，平均每条阅读量约1300人次，最高阅读量突破8.6万人次，粉丝量达2.6万人。加大外宣力度，全年共发稿699条（自治区级以上媒体发稿469篇幅）。

【公共服务】实施广播电视公共服务体系长效化建设,争取自治区“户户通”项目2000套,全旗共安装22150套,解决“常住农牧民不落一户”的问题。对接自治区新闻出版广电局,将“户户通”维护纳入全区考虑,为农牧民群众免费维护300多套户户通设备。实施广播电视发射台站标准化建设,完善中央无线覆盖补点工程,基本建成以达茂旗广播电视发射台为中心,以红旗牧场、满都拉、石宝转播台为重点,以其他8个补点台站为补充的完整的广播电视覆盖体系。实施传输体系一体化建设,推进市旗两级电视和达茂调频广播102.8节目覆盖体系建设,全旗除明安镇和小文公乡部分地区外,其他地区95%以上面积实现覆盖。

【媒体融合】融媒体改革工作得到自治区党委宣传部和中宣部认可,被确定为全国县级媒体融合改革发展试点。9月28日,自治区党委宣传部常务副部长周纯杰一行到达茂联合旗调研媒体融合改革建设情况,并为融媒体中心揭牌。9月30日,全市县级融媒体中心建设现场会在旗举办。

【获得荣誉】8月20日,纪录片《红砂》被中国广播电影电视社会组织联合会评为中广联2017年度(第29届)城市台电视新闻评析会三等奖。10月25日,公益广告《红砂》被自治区广电局评为2018年全区广播电视公益广告电视作品类优秀作品奖。新闻传媒中心被自治区广电局评为全区广播电视公益广告播出机构三等奖。

# 旅游

【重点项目】2018年,旗四个“重点旅游项目”已全部完成投资计划,共完成投资2.04亿元:自驾达茂旅游项目(创建“国家全域旅游示范区”建设项目)完成投资10200万元,吉穆斯泰景区建设项目完成投资3400万元,诗画草原蒙古包旅游项目完成投资4500万元,达茂旗天喜自驾游营地新建项目完成投资2300万元,进一步完善吉穆斯泰景区、红格尔敖包旅游景区、天喜自驾游营地、乌兰哈达景区基础设施,促进各景区提档升级。蒙古国境内距离满都拉—杭吉口岸的猎鹰国际旅游中心合作建设完成,已于2018年7月开始试营业,3条出境旅游线路基本形成。

【旅游市场秩序整治】推进依法行政,充分发挥“1+3”旅游综合执法队伍作用,联合运管、消防、物价等相关执法部门,加大全旗旅游市场综合监督检查力度,实施希拉穆仁旅游市场综合整治行动，全年共检查景区、星级乡村旅游示范户十八次，检查星级宾馆六次，检查导游300余人次，行政处立案1起，处理旅游投诉1起，保障旅游市场秩序文明、安全、有序。

**【旅游扶贫】**依托天喜自驾游营地、毕力格泰民族食品厂、套马沟农庄三个旅游扶贫重点项目，通过定点收购农副产品、产业扶贫资金入股、吸纳就业、流转土地等形式，带动贫困户56户、贫困人口108人实现增收。组织套马沟农庄、毕力格泰民族食品厂、天喜自驾游营地申报包头市旅游扶贫示范基地和自治区旅游扶贫示范项目，三家旅游企业都已被列入包头市旅游扶贫示范基地。争取市旅游扶贫资金24万元，支持国家旅游重点扶贫村乌克镇碾草湾、小文公乡西拐子村基础设施建设和旅游产业发展。

**【旅游宣传】**“走出去”，参与包头市旅发委组织的福建省五市推介活动，做好在目标客源地精准宣传；“引进来”，举办吉穆斯泰、乌兰哈达景区推荐会暨“5·19”国家旅游日惠民活动，邀请区内外200余家旅行社了解达茂，宣传达茂。举办希拉穆仁第五届草原旅游文化节暨额尔登敖包祭祀那达慕。在希拉穆仁景区开展食品安全、消防安全培训各一次，组织套马沟农庄、天喜自驾游营地参加自治区乡村旅游培训班。通过上述宣传培训活动，提升达茂联合旗旅游知名度和服务能力，增强旅游发展综合软实力。

**【景区提档升级】**组织那仁艾木嘎旅游景区等3家景区申报国家AAA级旅游景区。组织希拉穆仁草原情度假村等14家旅游接待户申报自治区星级乡村旅游接待户，其中9家接待户通过验收，全旗星级乡村旅游示范户达到33家。持续推进厕所革命，在希拉穆仁花海景区、乌兰哈达景区、草原明嘟牧家乐新建五座旅游厕所。2018年，全旗累计接待游客人数261.4万人次，实现旅游收入18.4亿元，同比分别增长12.9%和22%。

**【创建国家全域旅游示范区】**2018年5月，按照自治区旅发委要求，达茂联合旗就“国家全域旅游示范区”创建工作开展自评工作，并将自评材料上报自治区旅发委；2018年7月20日，自治区旅发委下发了《关于开展全域旅游示范区创建现场检查工作的通知》，旗在自治区15家“国家全域旅游示范区”创建单位中脱颖而出，顺利通过材料评定环节；9月6日接受自治区旅游委专家组现场检查，根据专家组意见制定整改方案，建立整改台账，完善软件资料。

# 档案管理

**【法治建设】**“国际档案日”前后，组织干部职工开展以“档案——见证改革开放”为主题的宣传活动，在百镇主要街道悬挂宣传横幅，张贴宣传画，制作宣传展板2块，宣传档案知识及档案法律法规，发放宣传资料200余份。举办金融系统档案业务知识培训及档案法律法规宣传，宣传档案相关知识，提高档案意识和法制观念。

**【业务工作】**制定下发《关于做好2018年档案归档和档案资料收集工作的通知》，督促做好机关文件归档整理工作，对各苏木乡镇和旗直重点单位开展档案督导检查工作。同时与住建局、人社局、民政局、教育局等部门协调做好归档文件整理工作。加大全旗重大活动、重大事件档案的登记、收集工作，对全旗重大活动、重大事件实行跟踪，并将此类档案在第一时间接收进馆。根据《内蒙古自治区机关档案工作测评办法》和《内蒙古自治区机关档案工作测评标准》，把机关档案室规范化管理和测评工作作为重点。10月，旗政协办公室档案工作通过包头市档案局验收，晋升为自治区档案管理一级；11月，巴音花镇档案工作通过包头市档案局验收，晋升为自治区档案管理一级。

**【档案馆业务】**档案馆馆藏档案内容按历史时期划分，可分为两大类：一是中华人民共和国成立以前的旧政权档案；二是中华人民共和国成立以来的现行档案。截至2018年底，档案馆馆藏文书档案140个全宗92227卷；科技档案134卷，专门档案6680卷，中华人民共和国成立前历史资料8册，照片档案20册581张，馆藏图书资料7160册。

**【档案资料征集管理利用】**接收人社局、民政局等单位的档案2751件，接收人事档案438件。征集到巴音花镇80年代、90年代的部分婚姻档案，组织人员进行抢救整理。

**【馆库建设】**档案馆占地面积1350平方米。其中档案库房面积930平方米。设置有查阅室、目录室、微机室、监控室，配置“八防”设施，档案装具有铁质密集柜26列10组，配置复印机、吸尘器、微机、扫描仪等设施。开展信息化建设工作，先后投入39.8万元开展档案数字化工作，录入文书档案文件目录3.3万条，全文扫描63万页，实现婚姻、人事、干部任免、知青、旗委馆藏档案的计算机检索。全旗63个立档单位安装信息化软件并开展档案信息化工作。

# 图书发行

**【概况】**内蒙古包头市新华书店有限公司达茂旗分公司，成立于1952年11月，归属乌兰察布盟新华书店，1996年归属包头市新华书店。2018年达茂店在职职工10人，有1个门市部，1个全民阅读基地。

**【服务理念】**达茂店担负着全旗蒙汉文8所中小学、高中以及13所幼儿园教材、教辅、政治读物及一般图书、音像制品、电子出版物等发行任务。坚持双效合一，遵守国家有关出版发行法规和发行纪律，秉承“课前到书、人手一册”的经营宗旨，始终把服务好每一所学校、每一位学生作为目标，坚持做好送书到校、分书到班、发书到生的工作理念。

**【社会公益】**2018年，书店销售政治读物6000余册，特别是《习近平谈治国理政》第一、二卷，销售达到2000册。围绕达茂旗宣传部开展的达茂旗机关单位“学习讲堂”讲习会为主题，让每一个机关单位都走进全民阅读基地学习习近平总书记的思想理论精神，全年共举办活动75场。截至2018年底，全民阅读基地有5000多个品种，10000余册，价值32万元，其中蒙文图书有1000多个品种，3000余册，价值15万元。借阅人数为1.8万人次，借阅3万多册，价值70多万元。

**【草原书屋】**赠送农村牧区2家草原书屋价值2万元的精美图书。

# 卫生 计划生育

# 综 述

**【概况】**2018年,全旗有各级各类医疗卫生计生机构86个,其中直属医疗卫生计生机构5个、苏木乡镇卫生院(爱卫办计生协会)21个、社区卫生服务中心3个、社区卫生服务站3个、一体化管理嘎查村卫生室36个、私营诊所18个。全旗实有床位数633个,在职职工649名,其中卫生技术人员563名,管理人员33名,工勤人员28名,其他技术人员25名。卫生技术人员中,执业医师163名,执业助理医师46名,执业护士177名,药(士)29名,检验技师(士)16名,影像技(士)19名。全旗万元以上医疗设备421台,其中百万元以上医疗设备11台。全旗医疗机构总诊疗人数236398人次,住院8672人次。

**【卫生管理】**强化旗蒙医医院蒙中医专科专病建设和医联体协作,蒙医院3月20日搬迁新址,国家基层特色专科疗术科和内蒙古重点专科脑病科诊疗环境和设备得到改善。在新址院内种植5种道地蒙药,收集12个蒙医传统验方并开展新品研发工作。6个卫生院完成"蒙中医馆"建设。以满都拉口岸常年开放为契机,与蒙古国建立蒙医蒙药常年合作服务机制,组建学术交流和医疗合作技术小组,开通绿色通道,为蒙方过境人员开放便利就医服务。引入物业管理公司积极开展社区卫生死角清理工作,部分苏木乡镇引入保洁公司开展环境卫生整治工作。组织开展全旗各类健身运动,各医疗机构开展万场健康巡讲活动,健康教育咨询和宣传260期以上。强化健康行为干预,开展基线调查和居民健康素养测试,调查各类群体500多人次,随机抽取600名居民和干部职工填写健康促进评估人群调查问卷,并制定相应干预措施。

**【公立医院改革】**推进旗医院和蒙医院现代医院管理制度建设,继续开展住院患者先诊疗后付费、单病种付费、分级诊疗、药品零差率销售等工作。按人头、按病种付费的病种数均为51种,控费幅度分别为20%和22%,临床路径病种分别为71种和20种。旗医院加强心脏内科建设,邀请上级专家成功完成冠脉造影和心脏搭桥手术1例。蒙医院推进人事分配制度改革创新,建立人员工作岗位动态调整。

**【基层医疗卫生】**为一体化卫生室配备36台健康一体机和20台平板电脑,为基层卫生院配置3辆体检车。深入开展建设群众满意卫生院和卫生室工作，达到创建标准的卫生院和卫生室分别达到57.1%和27.3%。社区卫生服务中心建立名医工作室1个。积极开展“三个一批”（大病集中救治一批、慢病签约服务管理一批、重病兜底保障一批）工作。全旗国贫人口健康档案建档率99%；服务协议书签订率99%；家庭医生团队签约率99%；免费健康体检率81.1%；发放医疗健康精准扶贫手册100%；17种大病23人全部完成救治，救治率100%；鉴定45种特殊慢性病567人；完成378名慢性病贫困患者送医送药服务，累计送达价值10.78万余元的药品。全国健康扶贫动态管理系统因病致贫返贫核准率为100%。

**【优生优育】**制定《达茂联合旗实施全面两孩政策改革完善计划生育服务管理的实施意见》，按时完成全面两孩政策评估调查工作，入户调查200人。推进以“两免”为重点的免费孕前优生健康检查、免费生殖健康检查和免费婚前医学检查，实施妇幼重大公共服务项目。完成国家“三项制度”申报工作，全年计划生育家庭奖励扶助1264人，计划生育特别扶助66人，西部地区“少生快富”工程奖励6户。开展创建幸福家庭示范活动，建成3个爱心妈咪屋，在5个社区卫生服务中心（站）成立家庭健康服务中心，百镇朵兰戈尔社区和民政福利园区被确定为包头市“新家庭计划”试点。开展自治区计划生育管理规范试点旗创建工作，规范计划生育各项管理制度，卫生和计生工作进一步融合。

# 卫生监督

**【卫生许可】** 2018年依照《公共场所卫生管理条例》及其《实施细则》，全年共发放各类公共场所卫生许可证197户，包括72户美容美发、108户住宿（其中百灵庙镇65户、基层乡镇43户）、8户娱乐场所、3户洗浴、4户超市、1户汽车站、1户生活饮用水供水单位等公共场所，从业单位建档率100%，监督覆盖率100%，持有效证件率100%（卫生许可证和健康证）。

**【医疗卫生及传染病监督】**成立打击非法行医专项行动工作领导小组，开展打击非法行医、非法采供血和非法鉴定胎儿性别、非法终止妊娠等打击“两非”专项行动，对1户非法开展诊疗活动的“黑诊所”和2家社区卫生服务站超范围开展检验项目及14家卫生院医疗废物收集处置不规范等违法行为进行处罚。对基层卫生协管工作进行2次督导检查及培训。结合传染病流行情况，分别对9所中小学校和

10所幼儿园开展春、冬季呼吸道、夏季肠道等传染病防控专项检查工作，做好各类突发公共卫生事件应急演练，确保学校卫生安全。共监督检查旗直医疗机构4户、社区卫生服务中心(站)5户、疾病预防控制中心1户、乡镇卫生院21户、个体诊所20户、村卫生室46户等共计96户。

**【职业卫生监督】**2018年，职业卫生重点是放射卫生监督，强化放射诊疗机构许可准入意识，重点检查放射诊疗机构的“放射诊疗许可证”及“放射工作人员证”办理情况。共有放射诊疗设备的医疗机构6家，其中持有“放射诊疗许可证”有6家，持证率100%，6家医疗机构X线诊断机6台，CT机2台，放射工作人员6人，持证6人，持证上岗率100%，放射工作人员均配有个人计量计，个人防护用品配备齐全，机房外均有明显电流辐射标志及工作指示灯。

**【公共场所卫生监督】**对72户美容美发、108户住宿、8户娱乐场所、3户洗浴、4户大型超市、1户汽车站等共196户各类公共场所开展经常性卫生监督检查，落实消毒制度，统一要求亮证经营、持证上岗，对13户达不到卫生条件的小型旅店进行停业整顿，严防各类突发公共卫生事故的发生。

**【生活饮用水卫生监督】**重点对百镇供水站、石宝镇供水站和希拉穆仁镇旅游点38户进行监督检查，主要对供水单位水源地保护、水污染事故应急措施、水质净化和消毒设施运转情况以及工作人员持证上岗等方面进行检查。同时，对全旗乡镇271处集中供水点进行监督检查，监督频次达1次以上，防范饮用水污染危害人体健康。2018年发生洪水期间，对各乡苏木被淹地区50多口水井进行巡查、消毒和水质监测，巡查频次达4次/井以上，确保大灾之后无大疫，未发生饮用水突发事件。

# 疾病预防控制

## 疾控中心

**【宣传工作】**围绕包头市疾病预防控制中心卫生宣教工作要求，以防止突发公共卫生事件为重点，以提高人民健康水平和生活质量为目标，结合本地情况，重新调整宣传工作领导小组，成立由“一把手”为第一责任人，分管领导主抓，宣教科负责的领导机构。重点开展“3·24”世界结核病日、“4·14”创建文明旗县城暨第29个爱国卫生月、“4·25”全国儿童预防接种日、“4·26”全国疟疾日、“5·31”世界无烟日、“7·28”世界肝病日、“10·8” 全国高血压日、“10·10”世界精神卫生日、“11·14” 糖尿病日、“12·1”世界艾滋病日等宣传工作。

**【传染病防控】**贯彻执行《中华人民共和国传染病防治法》，全旗共报告法定传染病病人546例,总发病数与上年同期相比上升62.5%(2017年同期336例)。发病种类主要是乙类传染病共7种467例;丙类5种78例。发病病种按位次排序分别为:布病285例、梅毒81例、乙肝43例、肺结核40例、流感24例、其他感染性腹泻21例、急性出血性结膜炎20例、流行性腮腺炎12例、丙肝8例、淋病6例、痢疾2例、手足口病1例、猩红热2例。

**【地方病防治】**按照包头市疾控中心的监测抽样要求，组织专业人员采集8-10岁儿童家庭碘盐200份，孕妇家庭碘盐100份,现场半定量均合格。实验室按照GB/T13025.7直接滴定法测定盐中碘含量,测得结果采用食品安全国家标准《食盐碘含量》(GB26878)判定,合格300份，合格率为100%。2018年共计监测3个高氟村,其中未改水村3个,占监测村数的100%。在3个未改水村，水氟含量>1.2mg/L且≤2.0mg/L的村有2个，占未改水村的66.7%,覆盖人口0.023万人;水氟含量>2.0mg/L且≤4.0mg/L的村有1个,占未改水监测村的33.3%,覆盖人口0.007万人。

**【免疫规划】**疫苗接种率:1—11月共出生299名儿童,建卡、建证299人,卡介苗应接种299人，实种299人，接种率100%;脊灰疫苗应种2064人,实种2060人,接种率99.80%;百白破疫苗应种1753人,实种1753人,接种率100.00%;白破类疫苗应种473人，实种463人，接种率97.89%;麻疹类疫苗应种823人,实种802人，接种率97.45%;乙肝疫苗应种1119人,实种1117人,接种率99.82%,其中第一针及时接种率为97.99%;A群流脑疫苗应种926人，实种926人，接种率100.00%;A+C流脑疫苗应种786人,实种779人,接种率99.11%。乙脑疫苗应种953人,实种952人,接种率99.89%;甲肝应种523人,实种522人,接种率99.81%。

二类疫苗接种:狂犬疫苗接种2576人次，水痘疫苗接种356人次,HIB疫苗接种486人次，口服轮状疫苗450人份，流感疫苗220人次。

**【结核病防治】**截至12月31日,结防门诊共接诊初诊病人255例,确诊为活动性结核病人40例，其中涂阳病人18例,涂阴病人22例。已为40例结核病病人免费提供抗结核药物进行规范化治疗，并已纳入项目管理。非结防机构网络直报疑似结核病病人46例，转诊到位41例，重报患者数5例,转诊到位率为100%。对40例结核病人全部纳入正规治疗，18例涂阳病人施行全程督导管理，其他22例病人施行全程管理方式治疗。截至12月

31 日，应检查涂阳患者密切接触者 36 例,涂阳患者密切接触者检查率为 100%,未查出肺结核病人。

【慢性病防治】旗内常住人口 97200 人，居民健康档案规范建档 78023 人,建档率 80.27%;高血压患者 6903 人,规范管理高血压患者 6386 人，规范管理率为 92.51%;2 型糖尿病患者 1361 人,规范管理糖尿病患者 1229 人，规范管理率为 90.30%；最近一次随访血糖达标患者数 806 人,血糖控制率 59.22%;重症精神疾病患者 454 人,规范管理 454 人,规范管理率为 100%；全旗 65 岁以上老年人数为 8555 人，截至 11 月 30 日接受健康体检人数为 6986 人,体检率 81.66%。

【获得荣誉】旗疾控中心荣获“2018 年全区农村环境卫生监测工作先进单位”。

## 妇幼保健

【婚前孕前医学检查】2018 年叶酸发放 487 人,发放叶酸 2538 瓶,叶酸服用依从率是 74.53%，知晓率是 95.85%；免费婚检 1282 人(641 对),检出疾病 30 人,结婚人数 1390 人 (695 对)，婚前医学检查率为 92.23%;孕前优生健康检查人数 638 人(319 对,目标人群为 340 对),完成率为 91%。

【妇幼保健】全旗形成旗、乡、村三级妇幼网络,利用基层卫生院、卫生社区服务中心(站)的职能,对孕产妇和 0—6 岁儿童,做到底数清、管理到位的服务模式。2018 年,0—6 个月婴儿纯母乳喂养率达到 85.66%。全年共出生新生儿 290 人(其中男孩 160 人,女孩 130 人),剖宫产 119 人、顺产 171 人,第一胎 132 人(其中剖宫产 53 人)、第二胎 158 人(其中剖宫产 66 人)，没有发生一例孕产妇和院内新生儿死亡事件。

## 达茂联合旗医院

【医务工作】2018 年达茂联合旗医院引进耗材管理系统,开展临床路径管理系统,开通与北京协和医院的免费会诊，与北京东软集团开展影像会诊,核磁、CT、DR 在 2—4 小时内做出诊断报告。以内蒙古医院为平台,和北京、上海等地各大医院开展临床会诊,患者与专家面对面会诊。与全旗9家卫生院签订旗域医共体协议,对卫生院在医疗技术等方面予以支持,定期巡诊,轮换派驻骨干医生到卫生院坐诊。在门诊二楼增设慢性病窗口,在导医台开设党员示范岗,免费量血压、测血糖。检验科新开展一般细菌培养+染色+鉴定+药敏、结核病项目、急诊五项(肌钙蛋白、肌红蛋白、C-反应蛋白、超敏C-反应蛋白、降钙素)、过氧化物酶抗体测定、血气分析等项目;外科开展腹腔镜下胆囊切除+胆总管探查"T"型管引流术。

**【公益医疗服务】**2018年旗医院实行药品零差率销售,执行新价格调整、实行耗材零差率销售,开展临床路径,每月下乡义诊。

**【医保工作】**按医保相关政策对职工、居民医保门诊慢性病进行现场报销,确保医疗保险接口、国贫人口一站式报销正常运行。执行物价政策,督查违反相关价格政策,私立项目收费、分解项目收费、超标准收费的情况。

**【血液药品管理】**将原有28家药品供应商整合为5家,完善药品集中网上竞价采购工作,加强特殊药品管理工作。加强对医疗药品购销合同的签订履行,按时回款工作;完善中药饮片有关管理制度,加强中药饮片各环节的管理,保证中药饮片质量,保证临床用药安全有效,从饮片的购进、保管、调配、煎煮等方面进行严格管理,保障用药安全。

**【基础设施】**2018年旗医院引进宫腔镜、医用血管造影X射线机,妇产科有红外乳腺诊疗仪、数码电子阴道镜、激光治疗机、便携式全数字彩色超声诊断系统、高频手术系统、冷冻手术治疗仪、输卵管造影通液给药、超声波妇科治疗仪等设备,康复科设备有平衡评定及训练系统、空气压力波治疗系统、吞咽障碍治疗仪、肢体智能康复工作站、偏瘫站立训练系统等康复设备,眼科设备有数字眼底照相机(造影照相一体机)、激光光凝仪、光学相干断层扫描仪、眼科超声乳化治疗仪等,耳鼻喉科设备有内窥镜摄像系统、听力计、声阻抗、听觉诱发电位+耳声发射、电子鼻咽喉镜等高端医疗设备。

## 达茂联合旗蒙医院

**【医务工作】**截至12月31日,住院患者2850人次,同比增长30.76%,次均费用5090.40元,同比增长1.74%;门诊患者19622人次,同比下降17.81%,次均费用139.88元,同比下降4.73%。

**【扶贫义诊和公益服务】**全年共下乡

义诊、健康保健知识宣传等医疗卫生服务16次,健康知识讲座6次,共为900余人次进行免费诊疗、测血压,发放预防保健、医疗救护、健康教育、卫生法律法规等宣传资料1200余份,发放价值5000元的药品。组织医护人员到结对帮扶的额尔登敖包嘎查为当地牧民义诊1次,义诊患者共58人次,减免费用3800元,免费发放价值1100元的药品。开展"54321"干部下乡帮扶工作,开展扶贫义诊3次,义诊患者共150人次。义诊费用减免15000余元,免费发放价值3600元的药品。走访慰问7户国贫户5次,送上价值1200元的米、面、月饼以及常用药等慰问品。建立定期巡诊和轮换派驻骨干医生制度,对卫生院人员业务培训10次,向上转诊21人次。完成国贫免费体检691名,国贫人员慢性病鉴定423例,农牧民共体检746名。

**【蒙中医药标准化建设】**加强特色科室建设,以疗术科、制剂室、康复科、汗蒸房、心身医学科等科室建设为特色,利用现有的蒙成药炮制加工生产线,在每年自行配制蒙药已获得准字号65种的基础上开发研究传统验方和院内制剂准字号,传承发扬蒙医药事业,以特色吸引周围地区患者。

**【继续教育】**组织医护人员进行专业技术、医德医风、继续教育等培训36次,对医护人员进行业务理论、实践操作考试6次,每周在病区内进行基础护理知识学习和护理操作示范演练。共引进蒙医药紧缺专业技术人才5名,充实医院人才队伍,加强人才梯队建设。选派53名专业技术人员参加学术交流活动。

# 红十字会

**【救灾救助帮扶】**开展"博爱送万家"活动,救助受灾贫困农牧民家庭和企业贫困职工等共500户,每户发放价值208元的米、面、油一份,发放救助物资总价值10.4万元。建立社会救助工作台账和贫困救助长效机制,救助贫困群众和学生170人,落实救助金14.96万元。救助的贫困群众中,建档立卡贫困户25人。开展红十字"光明行"社会公益活动,联系包头朝聚眼科医院深入各苏木乡镇开展"光明行"义诊筛查活动,共筛查农牧民及社区居民群众2000余人,对困难家庭白内障患者实施免费复明手术210例、翼状胬肉手术67例。277例手术中,建档立卡贫困户21人。开展"7·19"洪灾救灾工作,及时发出倡议书,向全旗广大爱心企业和爱心人士发出募捐倡议。灾情发生后,立即组织开展受灾群众的救助工作，第一时间保障受灾群众的生活应急所需,并做到按时报告和公示。

**【应急救护】**开展红十字基本知识、防灾避险和应急救护知识培训班及演练活动,将红十字知识、人道法、志愿捐献造血干细胞知识有效融入其中，组织应急救护培训师资志愿队,利用“5·8”世界红十字日、“5·12”全国防灾减灾日、“世界急救日”等纪念日走上街头，深入学校、社区、机关和苏木乡镇等地开展宣传培训。2018年共举办培训班及演练活动3期,培训急救员203名,开展普及性宣传培训10余次,普及人数达3500余人。在红十字示范校百一小、百二小、蒙校及蒙医院等人员密集地开展避险逃生应急演练活动5次，提升在校师生和群众应急救护和防灾避险能力和意识。

**【人道服务】**利用“5·8”世界红十字日、“5·12”全国防灾减灾日、“世界急救日”等纪念日走上街头,深入开展器官遗体、造血干细胞捐献和无偿献血知识宣传,发放蒙汉文宣传资料。2018年,全旗已有捐献器官、遗体志愿登记者11名,其中3名登记者已实现捐献，新登记遗体器官捐献者3名。7月25日,在旗医院组织开展捐献造血干细胞志愿登记者血样采集活动,现场采集捐献血样25例,全部进入中华骨髓库。组织红十字志愿者参与无偿献血宣传活动，现场发放宣传资料1500余份，无偿献血者60人，献血24000毫升。实施2018年“五个一”项目,在小文公乡大井村开展“博爱家园”项目1个,在百灵那达慕文化产业园区设置红十字应急救护点1个,在百灵庙中学和蒙古族学校各设置应急救护角1个,在新胜街社区建立人道文化传播点1个,将百灵庙中学创建为自治区红十字示范校。

**【筹资工作】**2018年，累计筹集募捐款物达424.359万元。其中,通过开展“博爱一日捐”等活动，募捐款物达117.455万元;“自强基金”筹资19.5万元;“7·19”洪灾接收募捐款物达287.404万元,包括捐款257.53万元,物资价值29.874万元。

**【宣传工作】**全年上报稿件62件;被市级以上媒体采纳127篇次，其中被国家级媒体采纳8件，被自治区级媒体采纳19件,被市级媒体采纳56件,被旗级媒体采纳44件。开展理论研究,撰写理论文章2篇。

**【基层组织】**全旗共有团体会员单位94个、会员8500名(青少年会员4500名)、志愿工作者227名。共有苏木乡镇红十字会12个,嘎查村、社区红十字会26个,学校红十字会11个,以上红十字基层组织人员均为兼职。苏木乡镇、学校、社区建会率均达到100%,嘎查村、企业建会率达30%以上，行政事业单位建会率达95%以上。

**【志愿者服务】**制定年度工作计划，建立志愿服务工作台账，开展志愿者登记、注册和培训。年内组织开展慰问、救助、无偿献血、志愿捐献造血干细胞等各类志愿服务活动30余次,其中依托志愿服务基地开展活动10余次。12月22日召开全旗志愿服务表彰活动,10名红十字志愿者被旗文明办表彰为红十字优秀志愿者。

**【获得荣誉】**达茂联合旗红十字会获得包头市红十字会系统2018年度综合实绩突出单位(综合排名第一)的荣誉。

# 民政 民族 宗教

# 民政管理

**【城乡社会救助】**救灾物资储备方面，存储衣物2000套、被子800套、帐篷50个、蒙古包80顶。“7·19”洪灾发生后，协调自治区民政厅调拨救灾帐篷50顶、折叠床100张、棉被300条、大衣200件、发动机1台、照明设备1套。将637.71万元救灾款拨付到各苏木乡镇，解决冬令春节期间受灾户、特困户等困难群众生活急需。低保工作方面，城镇低保由每人每月620元提高到每人每月670元，农牧区低保由每人每年5200元提高到每人每年5700元。有城镇低保对象230户、356人，发放城镇低保金245.53万元；有农牧区低保对象883户、1681人，全年发放农牧区低保金658.21万元。特困人员供养方面，农牧区分散供养金由每人每年5000元提高到每人每年7410元，集中供养金每人每年1万元，城镇“三无”人员分散供养金和集中供养金分别由每人每月1000元和1400元提高到每人每月1200元和1600元。全年为674名农牧区特困人员发放供养金537.1万元；为45名城镇“三无”人员发放供养金66.98万元，为54名失能人员发放护理补贴32.5万元。投资159万元对民政福利园区、石宝镇中心敬老院、乌克镇中心敬老院进行维修。其他社会救助方面，2018年资助2238名城乡低保人员、城镇“三无”人员、“特困人员”参加城镇居民基本医疗保险和农村牧区医疗保险，支出救助金31.94万元。审批城乡大病救助对象397人，支出救助金186.44万元。孤儿分散供养和集中供养标准分别为每人每月1500元和1800元。为41名孤儿发放69.51万元供养金。临时救助方面，救助208人，发放资金36.8万元；急难救助31人，发放救助资金20.7万元；救助国贫户1015人，发放救助金76.83万元。

**【双拥优抚】**双拥工作方面，慰问全旗24个驻军单位，发放慰问金42万元。退伍安置方面，接收38名退役士兵，组织13名退役士兵，在包头市职业学院等7所职业学校参加为期3个月的职业技能教育免费培训，将9名符合安置条件的安置到事业单位。优抚政策落实方面，在乡老复员军人生活补助每人每月提高100元，带病回乡退伍军人生活补助每人每月提高50元；现役军人家属优待金达到每户每年2.1万元。

**【基层政权和社区建设】**对百灵庙镇

社区进行重新划分,撤销百灵庙镇大街社区,将原大街社区部分划归水塔街社区和部分划归艾不盖社区管理。做好第十届嘎查村居委会换届选举工作，截至8月31日，全旗77个嘎查村7个居委会全部完成换届选举。

**【社会事务】**宣传《中华人民共和国婚姻法》和新《婚姻登记条例》,规范婚姻登记工作，全年办理结婚登记663对、离婚登记310对、补办结婚登记876对。做好春节期间祭祀工作，规范祭祀活动,设置集中焚烧点8处、集中放置焚烧箱80个。落实老龄政策,完善60岁以上老年人的数据库，全年为642名60周岁以上的老年人发放了老年爱心卡,为2483名80周岁以上的老年人发放218.13万元高龄津贴。按照第二次全国地名普查的要求，对767条新增地名录入全国地名区划系统,按时保质保量地完成旗的地名补查工作,完成达茂旗与乌兰察布市、巴彦淖尔市界线的联检工作。认真落实《社会团体登记管理条例》《民办非企业单位登记管理暂行条例》登记条例,年内对28个社团和7个民办非企业单位进行年检,新办民办非企业单位1个。截至2018年底,全旗有社团28个,民办非企业单位8个。

# 残疾人联合会

**【概况】**全旗有残疾人7252人,占总人口的6.04%。截至2018年底,持证残疾人有4227人，其中重度残疾人2502人(一级残疾人371人,二级2131人),占总残疾人数的34.5%。轻度残疾人1725人(三级残疾人1159人，四级残疾人566人),占总残疾人数的23.8%。持证残疾人按残疾类别分为:视力残疾496人,占总残疾人数的6.84%，听力残疾410人,占总残疾人数的5.65%,言语残疾72人,占总残疾人数的0.1%，肢体残疾2433人，占总残疾人数的33.55%，智力残疾454人,占总残疾人数的6.26%,精神残疾342人,占总残疾人数的4.72%,多重残疾20人,占总残疾人数的0.28%。持证残疾人占总残疾人数的58.29 %。

**【残疾人康复】**为辖区近300名残疾人提供康复训练、心理疏导、志愿服务。在市康复中心免费为5名脑瘫儿童实施康复训练,实施孤独症儿童免费康复训练1名。联合包头市朝聚眼科医院开展“白内障复明手术”,共为12名残疾人实施免费白内障复明手术。通过市辅具中心假肢装配已实施3例,上报智能假肢3例还未实施。全年共为听力残疾人发放助听器93个，为109名残疾人发放适配辅助器具,其中拐杖10副、助行器8台、轮椅87台、坐便椅4个。

【教育就业】共救助271名贫困残疾学生及残疾人子女，投入资金15.15万元，争取社会各界爱心人士、慈善组织和优秀企业家参与贫困残疾人家庭子女教育救助活动，通过“泛海助学”行动，共救助35名残疾学生及残疾人子女，每人5000元，共计资金17.5万元。以小文公拉兑九村委会为试点，以合作社＋农户的形式，扶持10户残疾人农民种植绿头蒜来实现增收，给予每户种植绿头蒜的残疾人2000元补贴，以产业带动就业，为10名残疾人增收5000元。征收残疾人就业保障金111.4万元。

【社会保障】配合民政部门做好重度残疾人护理补贴和困难残疾人生活补贴发放工作，每人每季度240元，全年残疾人护理补贴累计发放4764人，补贴资金228.68万元。困难残疾人生活补贴按月发放，每人每月100元，累计为2592人发放资金155.52万元。元旦、春节期间，结合各类残疾人活动日，开展慰问，共慰问贫困残疾人166户，投入8.55万元。为全旗1086名残疾人参加意外保险进行投保补贴，投保费用由市及旗县区残联分别承担37.5%，残疾人个人承担25%，其中110名建档立卡贫困残疾人免去个人费用部分，分别由达茂联合旗残联和市残联承担，共投入资金33680元。为692名一、二级重度残疾人分两批发放就业券，年底享受200元优惠券家政服务，总计投入资金13.84万元。

【组织维权】全年共为全旗117名残疾人办理残疾人证；开展残疾人专(兼)职委员业务培训2期，培训人数240余人；及时发放全旗93名嘎查村社区专(兼)职委员的工资，共发放专(兼)职委员工资及补贴31.92万元。全年累计接待处理残疾人来电来访126件。对符合条件的50户残疾人家庭，为他们实行“量体裁衣”个性化改造，包括轮椅适配、坡道、卫生间扶手、辅助器具适配等改造方式。为555名残疾人发放燃油补贴资金14.43万元。

# 民族宗教

【民族工作】巩固民族团结进步活动创建成果，创建“一周两月”宣教平台，组织开展民族政策宣传活动，教育引导各族干部群众牢固树立“五个认同”和“三个离不开”思想，筑牢中华民族共同体意识。发挥民族团结进步活动示范引领作用，争取160万元项目资金，选树16个先进单位，打造4个全国命名的民族特色村寨亮点工程,扶持嘎查集体经济。

**【民族经济】**推进民族经济工作,规范少数民族发展资金的使用程序。2018年,争取到少数民族发展资金和兴边富民项目资金1710万元。围绕全旗中心工作,经过严格筛选、实地调研、公开公示等环节,最终确定涉及农牧民切身利益的项目10个,做到少数民族发展资金项目覆盖全旗12个乡镇苏木。

**【城市民族工作】**在牧民创业基地投入210万元项目资金,扶持民族食品和民族手工艺商铺30户。在朵兰戈尔社区举办民族服饰手工制作培训班,为创业者提供提高技能平台。完成120万名进城农牧民手工艺培训项目相关前期手续。弘扬传承民族文化,举办传统民间祭火、"制作吉祥馍和装饰祭火羊胸叉比赛",举办巴音宝格达敖包传统祭祀,游牧文化旅游节期间的祭苏力德、祭火活动。

**【蒙古语文工作】**多层次举办活动,承办包头市金秋蒙古语诗歌标准音朗诵大奖赛,投入37万元出版达茂旗诗人诗集丛书10本。加强社会市面蒙汉文并用工作,对百灵庙镇各街道进行大检查6次,对100余块问题牌匾进行整改。与18个牌匾制作企业对接,为14名商户下发限期整改通知书,宣传《包头市社会市面蒙汉两种文字并用管理条例》,打造步行西街社会市面蒙汉文并用规范一条街。开通基层干部学习蒙古语的微信讲授和实体讲座合二为一的学习平台。

**【宗教工作】**开展宗教"四进"活动,确保各宗教场所进国旗、进宪法、进宗教政策法律和社会主义核心价值观。发挥全旗30户党员中心户"红色蒙古包"阵地作用,宣讲民族理论和民族政策。加强宗教场所执法,对全旗7个宗教场所开展安全大排查,没有发现邪教非法组织境内外渗透等现象以及违规活动等问题。发挥民族宗教三级网络作用,重新调整三级网络人员,配齐兼职统战委员和民族宗教干事,为84名三级网络人员每年分别发放补助1800元,其中上级财政补给30%、当地财政出70%资金。

# 人力资源和社会保障

# 综 述

**【公务员管理】**2018年,政府部门新录用公务员19名,完成新录用19名公务员初任培训和64名新任职行政干部任职培训,完成全旗科级非领导职务及以下工作人员2017年年度考核工作,办理3名调任期满领导干部公务员登记手续和公务员信息采集工作,完成公务员年度统计工作。安置6名退役士兵及2名随军家属。

**【专技人员管理】**组织完成1557名专业技术人员参加继续教育在线培训学习、197名申报高中初级职称专业技术人员的继续教育在线培训学习审验工作。完成2018年度131名专业技术人员高中初级职称申报工作。

**【工资与退休】**兑现发放津补贴,审批机关事业单位退休113人、丧葬费52人,发放丧葬费及抚恤金共计696万元。调整退休人员养老金待遇9551人,调整艰苦边远地区津贴3678人。调整事业单位第四轮聘用人员工资待遇726人,全部兑现发放;开展"吃空饷"问题再清查。印发《关于2018年全旗机关事业单位防治"吃空饷"问题再清查和集中治理的通知》,对全旗308个机关(含参公)、事业单位,共3678名在职在编工作人员进行全面再清查和集中整顿工作,建立长效机制,强化监督管理。

**【就业再就业】**全旗实现农牧民转移就业22764人,完成目标任务21000人的108.4%;城镇新增就业1516人,完成目标任务1500人的101%;城镇登记失业率为3.72%。农牧民转移就业技能培训1121人,完成目标任务1100人的102%;城镇失业人员就业培训317人,完成目标任务200人的158.5%;家庭服务业培训303人,完成目标任务200人的150%;创业培训513人,完成目标任务500人的102%。发放创业担保贷款2050万元,完成目标任务3000万元的68%。

**【社会保险】**扩大全旗社会保险覆盖面,养老保险、城镇职工养老保险累计参保人数达17461人;城乡居民养老保险参保人数达73464人。医疗保险,城镇职工医疗保险累计参保人数达18619人,城乡居民医疗保险参保人数达78869人。生育保险累计参保人数达8223人,工伤保险累计参保人数达8746人,失业保险人累计参保人数达5958人。各项社会保险累计征缴基金13899万元,累计支出基金2

亿元。

**【劳动保障监察与劳动人事争议仲裁】**开展清理拖欠农牧民工工资专项检查活动,“十个全覆盖”建设项目发放劳务费5208.4万元，共涉及劳务人员1472人;政府投资建设项目发放劳务费1709.3万元,共涉及劳务人员427人;对270户用人单位开展用工备案、劳动合同签订、工资支付等检查,涉及劳动者5988人;解决2起欠薪案件，为46名农民工追回拖欠工资105.2万元;“两网化”信息系统企业累计录入523户，其中书面审查录入户数270户,电子地图标注268户;劳动用工网上备案应备案企业数1296户,已备案有效企业数392户，无用工企业数814户,地址不详企业数43户;劳动用工备案人数546人，劳动用工备案率达96%，网上实际审查有效备案企业数392户,备案率100%;全年累计开展4次劳动保障相关法律法规知识宣传活动,发放宣传资料2500份；建立用人单位“诚信档案”,加大失信惩戒力度;加大劳动人事争议仲裁力度,累计受理案件171起,涉及劳动者171人,涉案总金额106.05万元,其中:立案受理案件12起,159起案件因超逾仲裁受理期限不符合受理条件及时作出不予受理通知书；促进和谐劳动关系。共受理劳动争议案件42件,审结42件,结案率100%;建立达茂旗协调劳动关系三方委员会,全年建会企业集体合同和工资集体合同共签订43家，集体合同签订率达85.4%,已全部备案审查。

**【脱贫攻坚】**就业创业扶贫,全旗建档立卡贫困人口中劳动力范围内有创业就业愿望的19人,已实现全部就业。在小文公乡西圪旦村和乌克忽洞镇碾草湾村举办2期养殖业技术培训为主的就业技能扶贫培训班,共84名建档立卡的贫困人员和有培训意愿的劳动力参加,开展“就业扶贫行动日”活动暨现场招聘会，其中有1名贫困人员现场与企业达成就业协议。落实社会保险扶贫政策方面,2018年完成2813名建档立卡贫困人口中的2800名政府代缴医疗保险费47.6万元,有13人由于个人原因未能实施代缴(识别后至缴费期开始已经死亡5人,8人不能提供其个人身份证信息)。全旗建档立卡贫困人口住院医疗费报销448人次,医疗总费用415.02万元,报销394.27万元，其中基本医疗报销267万元、大病保险报销13.26万元、商业保险报销33.09万元、医疗救助基金报销80.92万元。门诊慢性病报销153人次，总费用13.38万元，报销12.71万元,其中基本医疗报销10.02万元、医疗救助基金报销2.69万元。2018年,提供享受补差政策贫困人口1211人，补差金额为124万元。

# 关心下一代工作委员会

**【概况】**1991年成立，共建有关工委组织126个，其中包括12个区、乡镇苏木85个村嘎查社区、10所学校和19个旗直单位。从事关工委工作人员2461名，其中老同志693名。

**【日常工作】**组织五老开展“学党史国史”主题教育、“中国梦”宣传教育、“传承红色基因，争做时代新人”、“讲达茂精神”、“守护童年·牵手共成长”假期儿童关爱服务、“关爱明天·普法先行”法制教育、“五老弘扬好家教好家风”、“树家风、讲家训、传美德”征文以及“最美家庭”评选等活动。各学校设立心理健康咨询中心（咨询室）、“青少年之家”、知心姐姐，成立内蒙古心理健康教育分中心，配有专职心理健康咨询教师。完善“贫困学生信息档案”的管理和发放，对确实贫困的学生进行救助，募集资金51万元，资助631名贫困青少年。

**【服务青少年】**创新工作思路，丰富工作手段，抓住“党建带关工委建设”这个根本，完善党建带关工委建设工作机制。推广总结好“1344”工作经验，对“五好”基层关工委创建活动进行回头看，强弱项、补短板，真正实现健全基本组织、建强基本队伍、开展基本活动、落实基本制度、强化基本保障，把基层关工委建设得更强更实更优。

# 苏木乡镇

# 百灵庙镇

【脱贫攻坚】对全镇常住农牧户进行大排查大摸底，发放各类宣传资料2000余份，共采集全镇505户、1135名农牧民信息。通过数据比对、贫情分析、综合研判，全镇非建档立卡农牧户无达到国贫人口标准，无错退、漏评现象。落实各项帮扶政策，为全镇2户建档立卡贫困户每人代缴170元新农合参保费用，进行健康体检，并申请廉租房；为1户体弱多病的贫困户申请每月475元的低保，另1户贫困大学生申请每年1万元教育资助。向达茂旗扶贫办申请3万元扶贫项目资金，建立2018—2020年产业化项目库，将每人1万元产业扶贫资金投放到维众物业公司，年收益1000元。于10月29日完成1户建档立卡贫困户脱贫任务。

【农牧工作】4个嘎查村春耕总播种面积2.99万亩，完成12180亩、6.4万元种植业保险投保工作，发放各类农牧补贴152.8万元。完成春季动物防疫防控工作，扎实部署非洲猪瘟防控工作，建立防控24小时值班制度，全力保障群众食品安全。在黄花滩村原有35座蘑菇大棚的基础上，新建蘑菇烘干车间一座，种植蘑菇菌棒36万棒，已产蘑菇220吨，实现利润40余万元；三座草莓大棚种植的城市绿化花卉已经开放，待设施设备进一步完善后，采用轮作方式接续种植草莓。

【城建工作】开展棚改入户动迁工作，累计签订棚改协议2474户，剩余311户。配合完成街景立面改造、新城区市政基础设施等续建工程。清理城镇牛皮癣等顽疾，累计清除沿街单位店铺破旧对联、橱窗广告3582处；治理私搭乱建、占道经营、乱堆乱放916处。制定南出口道路改造项目征占地方案；开展国道335线道路征占地工作；推动天翊达风电供暖项目和富磊新能源供电线路征地工作。推进住宅小区物业自治管理，16个居民小区引进物业公司，4个老旧小区推行住宅小区物业自治化管理。

【抗洪救灾】“7·19”洪灾时，组织抗洪抢险，发动全镇党员干部、居民、志愿者306人次，出动各类救援车辆10余辆，共动员转移居民1082户1660人，确保全镇范围内无一起重大安全事故发生。开展灾后重建，出动干部职工140人次，装载机10台次、三改四8台次、单臂车6台次、翻桶垃圾车5台次、吸污车1台次，全面完成清淤工作。协调小区物业，清理下水井119眼,维修漏水管163根,修补工字砖2933.2平方米，实施混凝土硬化128平方米。累计维修受灾地区通村道路23.8公里，为受灾群众及时发放救灾物资,累计发放矿泉水1000余件、家庭包100余包、折叠床15张、被子50套、米面油等各类生活物资200余件,全面保障受灾群众基本生活需求。

**【新农村新牧区建设】**年初与辖区内矿业、新能源等15家企业签订环境保护责任状。开展环境整治行动,组织全镇干部职工清捡垃圾,社区开展以“美丽家园我是行动者”为主题的环保公益活动,累计清理镇区内建筑垃圾893立方米,清运各类生活垃圾8848立方米，清理公路沿线垃圾31立方米、积存垃圾1485立方米。完善嘎查村环境卫生设施配备,建立专门保洁队伍,集中清理生活垃圾、建筑垃圾和田间地膜残留物等300余吨。草原生态保护补奖政策落实方面,对辖区120户草场承包户逐户摸底调查,发放禁牧补贴215.24万元。草原执法监督方面,严厉打击开垦、非法征占用、私挖盗采等违法行为。制定《包头市达茂旗百灵庙镇全面推行河长制工作方案》，明确河长制实施范围、河长组织体系、河道管护目标、主要任务、责任分工以及保障措施,建立百灵庙镇河长制三项制度，不断完善制度体系。对辖区内的河流进行实地摸排清查,全面掌握各河道基本状况,并对存在的问题及时整改。贯彻落实全旗《关于进一步加强固废管理强化废弃砂坑治理工作的通知》，对全镇范围内废弃砂坑进行摸底排查,共摸排废弃砂坑5处。

**【社会治理】**开展扫黑除恶专项斗争,重点对影响当地社会治安稳定的各类带黑恶性质组织团伙和外出务工人员进行摸排,通过全方位集中排查、滚动排查,共摸排上报线索1条。以嘎查村（社区）“两委”换届为契机,宣传扫黑除恶专项斗争会议精神,加强对嘎查村(社区)“两委”候选人的资格审查,共向旗公安局、信访局、法院、检察院、纪委监委等征求嘎查村(社区)“两委”候选人审核意见127人次,坚决防止“村霸”、涉黑涉恶等不符合条件的人员进入嘎查村(社区)“两委”班子。加大宣传力度,通过微信公众号、微信群等线上载体宣传法律基础常识,悬挂宣传标语9条,发放宣传资料200余张。落实安全生产责任制,印发《2018年百灵庙镇安全生产工作计划》，与辖区内商户居民共签订安全生产责任书和消防安全责任书7452份。组织开展安全生产大排查、大整治活动，对全镇21家非煤矿山企业进行安全生产检查并签订责任状;对烟花爆竹零售户进行走访排查,对存在的问题的4家烟花爆竹销售户进行复查,消除安全隐患;对全镇“地条钢”企业生产状况进行摸底排查,确保安全隐患彻底消除。

**【社会事业】**实施低保动态管理,取消不符合条件低保户44户，新入保62户,发放低保补助金197.7万元、临时救助金44.6万元、大病医疗救助19.4万元；全面开展80岁高龄老年人、优抚、三民、养老保险等验证工作；开展公租房入住申请登记工作，第一批公示64户，第二批公示212户。全面宣传二孩政策，认真完成孕前优生检查。针对下岗失业人员，开展3期面点、化妆培训，共培训学员120余名；开展为期7天的4050人员培训2期，为下岗职工培训工作技能。联合旗就业服务局组织居民开展“月嫂”“财会”“驾驶员”等各类职业技能培训8期，培训学员共计282人，全镇新增就业271人，同比增长3%。

**【人大工作】**研究制定“三四五六”工作标准、“五个一”工作机制、“1334”工作模式等各具特色的工作方法。申报五星级“人大代表之家”3个，三星级“人大代表之家”1个，于3月和9月，分别召开第三届人民代表大会第二次、三次会议。每月4日“人大代表之家”固定活动日，共接待选民27次，征求选民建议意见28条，以朵兰戈尔小区的2个车棚作为试点，安装电动车充电桩并投入使用；配合展开联合执法行动，对选民反映垃圾箱污水流出问题，进行督促整改；修缮塔日更敖包嘎查22.5公里村路，保障农牧民的出行安全。办结率达到95%以上。入户走访联系选民16次，代表持证视察、调研活动14次，集中学习11次，共报送人大工作各类信息35条。

**【基层组织】**党建工作责任制方面，年初镇党委与各嘎查村（社区）党组织签订党建工作责任状，制定党建责任清单。推进“两学一做”学习教育常态化制度化，开展镇党委中心组学习16次，组织全镇党员干部开展集中学习9次，领导干部讲党课14次，嘎查村（社区）党组织开展支部学习60余次，党员干部自学、讨论30余次，参学党员干部达2236人（次）。完成全镇第嘎查村（社区）“两委”换届选举工作，全镇7个社区、4个嘎查村共依法选举产生嘎查村（社区）“两委”干部90人，7名旗直机关事业单位优秀党员被选举为社区党总支专职副书记，3名镇机关党员被选举为嘎查村支部副书记，嘎查村（社区）党务工作者队伍切实增强。服务群众专业化方面，各社区以书香墨韵、情暖夕阳等主题文化为载体，制定“阅读 悦生活”“阿吉太那素坦”“朵兰课堂”等服务群众专业化项目7个，先后开展系列主题活动81余场；开设三线琴、蒙古服饰制作、化妆、烘焙等各类培训126期，培训居民2402人次，服务群众专业化、精细化、规模化水平日益提升。各社区党总支与辖区机关企事业单位对接开展“双服务·双认领”活动，共有77个旗直机关企事业单位、“两新”组织党组织和936名在职党员到社区报到。

**【党风廉政】**压紧压实“两个责任”，召开专题会议研究党风廉政建设5次，与各嘎查村（社区）党组织签订党风廉政建设责任状11份，制定《党委主体责任和纪委监督责任双报告制度》《廉政谈话制度》《“三重一大”集体决策制度》。与嘎查村(社区)签订《党风廉政建设“一岗双责”目标责任书》;开展“四个专项集中整治”工作,制定工作方案,完善组织机构;制定《百灵庙镇全面推进“三务”公开实施方案》,明确职责分工、细化实施步骤、落实具体要求;投入9万元更新镇党政机关、各嘎查村(社区)传统“三务”公开专栏12块,购置触摸查询机4台,公开各类信息160余条,在镇微信公众号“魅力百灵庙”开设“三务”公开专栏,公开内容271条。以“作风建设年”活动为抓手,推动“两学一做”学习教育常态化制度化,开展各类学习30余次,参学干部达2236人(次)。

# 石宝镇

**【组织机构】**石宝镇人民政府位于石宝村委,共设立1个党政综合办公室和3个事业单位,3个事业单位分别为农牧业服务中心,计划生育服务中心,社会事务保障服务中心。在编人员55人(其中公务员27人,事业编28人)。

**【脱贫攻坚】**石宝镇2018年有建档立卡贫困户349户693人,其中已脱贫315户616人、未脱贫34户77人,全年共计投入产业帮扶资金101.35万元。

**【农牧工作】**全年共计播种面积21.89万亩,产业种植转化逐步形成,由过去的红皮小麦、玉米、马铃薯向黄芪、马铃薯、玉米、蔬菜进行转化过渡,并按计划完成春秋牲畜防疫工作。

**【社会事业方面】**全年共审核报送最低生活保障农户196户293人,对430人发放高龄补贴,为2461人办理养老保险,对447名残疾人发放生活补助,全面推广计划生育新政策,扎实做好“二胎”政策宣传。

**【债务化解】**石宝镇制定专项化债方案,主动化解风险隐患,健全风险隐患预警和应急处置机制,全年共防范和化解财政债务140万元。

**【基层组织】**全镇累计组织党委理论中心组学习16次,专题研讨1次,领导干部讲党课6次,各支部学习128次,自学、集中学习、研讨63次,安排全镇党员每天自学半小时。通过对党员逐一的登记摸底,消除“口袋”党员和失联党员。党委书记深入基层党组织讲党课6次,包片领导领学10次。深入开展“不忘初心、牢记使命”主题教育,认真履行“三会一课”、组织生活会等各项政治生活制度,在腮乌素新建基层党组织阵地1处。

# 乌克忽洞镇

**【组织机构】**乌克忽洞镇辖乌克忽洞、乌兰忽洞、碾草湾、腮忽洞、大毛忽洞、东河、大西滩、太平、二里半、大汉海、东山畔11个村委会，镇党委辖13个支部（机关支部1个，联合支部1个，11个村支部），拥有党员678名，女性党员114名。

**【脱贫攻坚】**年初与贫困户签订有机种植合同208份，种植面积4650亩，主要品种有旱地红皮小麦、良种莜麦、荞麦和油菜籽等。在甜菜种植、中药材种植等方面鼓励合作社与市场对接，增加贫困户收入。支持太平村委和丰域合作社实施乡村旅游综合开发项目，推进乌克村委和西口子合作社土地流转和养猪场建设项目，乌兰村仓储物流库，东河引进发展鱼塘养殖，大毛、大汉海村流转土地进行有机粮油种植，大西滩、碾草湾村实施光伏扶贫试点项目。组织包片干部、第一书记及驻村工作组对405户国贫户开展产业发展摸底清查，根据需求引导国贫户发展生产。全镇配合农业部门为国贫户发放化肥34吨，涉及6个贫困村。对于部分年老体弱多病的国贫户，继续实施养老保险兜底、大病报销95%等帮扶措施以外，将部分产业资金入股效益好的新能源企业实施股金分红，对个别大病特殊户还在低保、红十字等其他救助方面给予救助，并更多地安排生态帮扶项目。加强对全镇常住人口的动态监测和管理，对接近贫困线的32户边缘户进行重点摸排，防止漏评和错评现象的发生。

**【农牧工作】**总种植面积22.9万亩；退耕还草3万亩，退耕还林6500亩，实施种薯繁育工程，培育种薯600万粒，实现良种全覆盖；实施土地整理、节水灌溉等项目。在推动合作组织建设上，通过走“合作社＋农户（基地）”的模式，发展各类合作组织123个，初步成为农牧业典型带动、示范引领的试验田。西口子合作社流转123户农民的5000亩土地，尝试适度规模集约化种植的发展道路。在有机绿色品牌产品建设上，打造“艾不盖”“草原明珠”等一批农牧业品牌。建设莜荞、小麦、油料等有机绿色产品基地，其中套马沟丰域合作社与农户签订有机种植小麦3000亩，并吸收全旗贫困户入股，乌克镇共涉及428户，忠兴合作社与农户签订有机种植莜麦、荞麦、小麦共4100亩；白记粮油合作社与农户签订有机种植油菜籽3200

亩,板蓝根种植2600亩。

【新农村建设】实施乌克忽洞村农村小型河道整治建设项目,一期800米河道已完工,二期工程正在做前期工作;完善镇区绿化亮化硬化工程;结合“三创”工作开展“三清”行动,对沿路两侧、各村周围垃圾及镇区巷道垃圾进行整治清理,对于碾草湾村建筑垃圾以及拆迁房的废土,全部自行清理。在新村管护上,按照乌克忽洞镇新村实施管理办法,对全镇新村卫生采取公司化管理管护。

【社会管理】重点信访人33人,其中涉法涉诉3起,涉边1起,涉及民办教师2起,涉及承包经营3起,失地农民要地24起。制定扫黑除恶实施方案,召开扫黑除恶专项斗争工作部署会议,开展扫黑除恶专项斗争,广泛宣传动员宣传,利用LED宣传栏、横幅、广播、微信平台等在全镇形成对黑恶势力、黄赌毒人人喊打的浓厚氛围。对镇域内的所有行业、生产经营单位、人员密集场所进行3次检查,发现隐患18处,现已全部排除。疫病防控工作重点对街区饭店、超市等地进行排查并在检查站点实行24小时应急值班制度,防疫密度达100%,草场确权逐步开展。完成换届选举工作,开展退役士兵登记工作,现已登记120名,预计12月15日,登记全部结束;协同农牧业局开展土地功能区划工作。

【社会事业】349户、737人享受低保;166名五保户享受补贴83万元;58名三民人员享受补贴556800元;20名60周岁以上农村籍退役士兵享受补贴55680元;11名精减退职人员享受补贴74580元;18名优抚对象享受补贴261075元,20名孤儿享受补贴295680元;489名80岁以上老人享受高龄补贴533200元,15875人参加养老保险,4986人领取养老金,16250人参加新农村合作医疗保险,参合率73%。面对2018年严重灾情,乌克忽洞镇立即启动防洪防汛应急预案,全镇干部职工、村“两委”干部以及驻村干部100余人分配到11个村委全力抗灾,全镇领导干部职工实行24小时在岗值班制,冒着暴雨连夜抗洪抢险。组织各村委会开展自救工作,并对受灾情况进行详细核实。

【基层组织】投入15万元将大汉海、东山畔等5个村党支部打造成凝聚群众、引领发展的阵地。强化后备干部队伍建设,镇村两级形成老中青有序衔接的党员干部队伍。开展民主生活会和组织生活会,落实“三会一课”,组织开展党委书记、支部书记、第一书记讲党课49次,坚持“两学一做”学习教育常态化制度化,全镇12个党支部、649名党员参加活动,取得明显的成效。2018年嘎查村“两委”换届中3名大学生村干部、2名后备干部、2名退伍军人、2名35岁以下村支书加入到村“两委”行列,实现“两委”班子学历、结构两优化。加大各项政策的宣传力度,制作固定标语130多条,发放宣传材料

5600多份。始终坚持把统战、工青妇、武装等工作放到中心工作大局中通盘考虑，统筹安排。

**【党风廉政】** 从严落实“两个责任”和党风廉政建设实施方案，将反腐倡廉工作任务分解，与中心工作同安排、同部署、同考核。强化镇纪委监督责任，先后组织党员干部开展警示教育6次。坚持用制度管人、管事，完善干部日常管理、请销假等多项制度。执行中央“八项规定”，深入开展扶贫作风建设的专项整治行动，严防“四风”反弹。从严落实“三重一大”制度，发挥镇纪委、村监委的监管作用。组织开展廉政谈心谈话。开展“三务”公开工作，开通公众号、新建改建防雨公示栏12个，配置3台电子查询机，实现权力运行“阳光”化。

**【创新工作】** 完成达茂旗游牧文化旅游节所承担的各项工作任务，筹备镇第五届“晋情”文化旅游节暨第一届套马沟田园文化艺术节，争取到二里半慢生活体验休闲区的命名，组织文化大院开展演出比赛、剪纸寒燕比赛及赏万亩生态林、千亩马铃薯、千亩油菜花、品农家菜一日游、清水湾水库垂钓观光游等活动，使农业与文化旅游深度融合。

# 希拉穆仁镇

**【脱贫攻坚】** 坚决打好脱贫攻坚战，落实精准扶贫动态管理及信息采集工作，分四个阶段出动工作人员共125人次，完成信息采集1216户、2470人，经过综合研判分析，全镇无贫困户。突出民生基础工程，提高各类优抚对象抚恤金和社会救助金达104.11万元，救助牧民330余户、700余人。

**【农牧工作】** 完成哈拉乌素嘎查2000亩饲草料基地管道改造，新打井8眼，维修2眼，电路改造8000米，安装变台7座。完成巴彦淖尔嘎查1300亩滴灌管网改造升级工程。完成牧区水窖工程建设143户，人畜的饮水问题得到解决。沙源治理工程2万亩，已完成人工造林1万亩。应对先旱后涝多重自然灾害，开展草原灭蝗工作，通过飞机喷洒和牧鸡捕捉相结合，灭蝗面积达到80万亩。引导牧民参加种植保险，完成种植户投保19户、4840亩。排查非洲猪瘟疫，防疫生猪48头，杜绝疫情流入。开展牲畜疫病防控和布氏杆菌病抽血检验，连续4年未检测到疫病，防疫密度达到100%。加强草原防火工作部署会，从严从细抓好火灾防范，杜绝一切火灾隐患。及时发现上报并处理火情共3次，保护牧民的财产安全。

【新农村新牧区建设】通过健全土地承包经营制度，完成希拉穆仁镇花海项目二期、红格尔敖包景区项目、库列古城项目土地流转租赁，增加流转性收益；进一步完善标准化射箭场和采摘大棚基础设施建设并向外承包，增加资产经营性收益；通过探索多渠道开发项目，争取上级各类扶持项目，增加多样性收益。全年实施集体经济项目共8项，其中亿元以上项目2个，实现收益项目7个，共计收益132.9万元，牧民直接或间接收益96.4万元。

【社会管理】推进祖国北疆安全稳定屏障，开展扫黑除恶专项斗争，及时成立领导小组，按照“领导包片干部包户”的网格化工作机制，对3个嘎查进行管控，入户发放宣传资料1000余份，制作墙体宣传标语5条。实施“五级包联”制度，开展“百日攻坚、化解矛盾积案”大走访大排查活动，共排查化解各类矛盾积案12起，成功调解11起，正在调解1起，调解成功率为92%，化解信访矛盾问题。推进“七五”普法等宣传工作，发放宣传单（手册)2000余份。按时完成嘎查“两委”换届，基层基础建设得到加强。落实安全生产监管职责。按季、按月召开部署会议14次，完成安全隐患排查223处，查出无照经营28户，无许可证49户，无健康证或过期50户，索证索票不全的126户。

【社会事业】建设宜居宜业的美好家园，完成希拉穆仁风景名胜区调查工作。参加第二次全区苏木乡镇文化站评估等级工作，被评为三级文化站。承接接待出席2018中非合作论坛北京峰会的尼日尔总统伊素福。举办希拉穆仁第五届草原旅游节暨额尔登敖包祭祀活动、职工运动会暨冬季那达慕、敖包祭祀活动和内蒙古民族艺术剧院走进基层惠民演出等文化活动共开展7场次。协旗级执法部门整顿排查违规建筑11处，为182家企业办理土地征占用前期手续。开展全国第四次经济普查单位清查工作，通过“地毯式”清查二、三产业各类单位及个体经营户共清查单位78个，个体户420个。

【基层组织】严肃民主生活会和组织生活会，全年完成党员承诺践诺140余名，重温入党誓词220余人次。完成嘎查“两委”换届选举工作。定期完善党员信息系统，按要求培养吸收党员12名，培养嘎查后备干部6名。完善嘎查阵地上下水、取暖设施1处。制作党员中心户各类牌匾48块，发放学习资料250余册。认真落实集体经济“清零递增”，通过健全土地承包经营制度，完成希拉穆仁镇花海项目、红格尔敖包景区项目、库列古城项目土地流转租赁，增加流转性收益；完善基础设施建设，完成射箭场、采摘大棚向外承包，增加资产经营性收益；探索多渠道开发项目，推进旅游接待点和民族手工艺品厂固定资产投资并入股，争取组织部党费扶持项目，增加多样性收益。全年实施集体经济项目8个，其中亿元以上项目2个，实现收益7个，共计收益132.9万元，牧民直接或间接收益96.4万元，牧民就业增加400余人。

**【党风廉政】** 落实“两个主体责任”，强化执纪监督问责力度，办理群众信访案件3起，立案1起，了结1起，初核1起，移送1起，提醒谈话4人。高度重视“三务公开”，设立防风雨公开栏3处，安装LED公开显示屏1个，购置查询机1台，全年公开362条。完成旗监察委员会派出希拉穆仁镇监察办公室挂牌。

**【创新工作】** 全年实现牧民人均纯收入为15927元，同比增长8.5%；旅游人数达到135.75万人次，旅游收入达到6.52亿元，同比分别增长3.92%和3.99%。落实自治区暗访组整改任务，重拳整顿旅游市场，查封蒙古大营旅游接待点32家，拆除蒙古包5顶，拆除不达标的卫生间、马桩22处，铲平马场和卡丁车场所6个，依法取缔全镇卡丁车、沙滩摩托车娱乐项目，暂扣车辆50多台，责令停业整顿乘马活动，暂扣70多匹马，设立草原湿地保护围栏7公里，设立生态环境保护警示牌10处。

# 明安镇

**【组织机构】** 核定编制50名，行政编制22名，事业编制28名，实有工作人员44名，其中在职人员38名，协理员11名。内设机构有农牧业服务中心、计生服务中心、劳动社会事务保障所、财政所、党政综合办等。党组织机构基本情况，镇党委下辖8个党支部，共有党员185名，其中女性党员51名，少数民族党员153名。

**【农牧工作】** 乌日根菊拉专业合作社带动周边12户牧户受益。都仁专业合作社转型草原深度游，全年接待游客11000多人。欧格德专业合作社年采马血清15吨，带动周边22户牧民参与，12人就业。西佰图专业合作社依托市旗改良站，带动周边牧户进行杂交改良，改良率达87%以上，加工转化率55%。前三季度共发放禁牧补贴资金3263万元，购房补贴44万元。种植玉米5206亩、谷草4000亩、葵花1700亩、甜菜200亩，为2018年牲畜过冬度春提供饲草料保障。春秋季羊痘、三联疫苗、羊五号、牛五号注射率达100%，布苗灌服15.2万只，猪防疫注射64头只。执行猪瘟防控值班制度，开展生猪排查工作，宣传猪瘟防控知识，未发生猪瘟病情，未流入带有猪瘟的生猪，屠宰生猪50头。宣传抗旱政策，开展灭蝗喷洒药物

30万亩,组织牧民抗旱自救。

【新农村新牧区建设】推进河(湖)长制,17条河流全部明确河长,年内巡河2次;"7·19"以来连续发生大暴雨,积极开展灾后重建工作,鉴定15户D级危房,重建完成2户,修缮3户;临时安置4户,发放救灾物资232户;修复冲毁路段28处,防洪坝2处,漫水桥6处,水井71眼,设置警示牌5处。取缔巴音杭盖自然保护区13宗采探矿证,填埋废旧矿点8处。通过发放宣传单和手机微信,环保意识家喻户晓。平整废弃矿点3处,回填竖井12眼,清理采矿设备8台(件)。协助处理偷运销售矿石2宗案件。与风电、光伏企业签订安全生产责任状,与嘎查签订草原防火责任状,定期进行隐患排查,全年未发生安全生产及草原火灾事故。落实环保督查整改任务,清理垃圾38处,改善人居生活环境。完成巴润工业园区环保督查整改尾矿库修缮项目和供热管道改造项目。

【社会管理】防范打击各种渗透颠覆破坏活动、宗教极端活动。开展扫黑除恶专项斗争。实行"综治、信访、司法、调解"四位一体的工作机制,引导牧民群众依法有序信访,受理信访事项10件,处理缠访2件,未发生到市、赴区、进京越级上访情况。

【社会事业】实施临时困难救助20人,合作医疗参合率100%,农牧民新型养老保险参保1048人,兑现老年补贴、低保政策、五保户、残疾人、教育补贴、购房补贴等惠民政策,落实失地牧民政策,申请公租房5户,登记转移就业764人,未发生拖欠农牧民工资现象。新增出生人口9人,落实计生相关政策。签订食品药品安全责任书,开展全民健康教育检查工作,无适龄儿童辍学。

【基层组织】深入学习贯彻党的十九大精神,开展中心组专题学习会、党员大会等活动,集中学习19次600余人。新建明安镇"学习讲堂"和巴音杭盖嘎查"学习讲吧",组织党员干部参加"赤心向党、马上学习"知识竞赛和"习近平用典讲习会"活动。确保"三会一课""四定三评两考核"和"三项制度"等党内组织生活制度执行常态化实效化,召开民主生活会1次,各支部召开组织生活会2次。深入集中开展"不忘初心、牢记使命"主题党日活动,开展"作风建设年"活动,领导班子和全体党员查摆问题,建立台账,定期整改。深化"四个一"联系服务群众工作模式,实施北疆基层党组织固本工程,实施"村企共建",选优配强包片领导、干部,明确党建指导员,完成嘎查"两委"换届选举工作,并健全配套组织,助推脱贫攻坚。转正2名预备党员,培养2名入党重点对象、1名入党积极分子。落实意识形态领域"两个责任",定期研究重大舆情、社情民意中的苗头性问题,及时研判上报旗委宣传部。全年推送网络宣传信息700余条,对外宣传标语80余条,上报工作信息94期。组织干部职工参与微互动"赛一赛"竞赛活动4次。莎茹塔拉嘎查被命名为全区文明村镇，明安镇和呼格吉乐图嘎查被命名为包头市文明村镇，镇边防派出所被命名为包头市文明单位。以“一周两月”为载体，结合哈萨尔祭祀等活动，开展宣传教育，深化民族团结进步工作，落实党的民族宗教政策，实施“兴边富民行动”，规范社会市面蒙汉文并用及文字材料、会标的翻译工作。依法规范宗教活动，发挥“三级网络”人员的积极作用，推动统战工作健康发展。强化党建带群建、党管武装工作，完善镇机关“职工之家”建设。组织青年、妇女开展传统民族手工艺等培训工作，带动牧民增收致富。完成镇、嘎查两级“智慧团建”系统更新工作。开展女性恳谈活动，及时解决嘎查妇女实际困难和问题。加强民兵组建工作，征集40名基干民兵。配备武装部办公室、青年民兵之家等活动场地，配齐各类装备。完成兵役登记21名，应征入伍2名。做好退役军人信息采集工作。加强镇人大建设，开好一年两次人代会，提高人大代表素质和履职能力。全镇摸排425户1559人，识别国家贫困户5户7人，均为因病致贫。健康扶贫：镇卫生院提供免费体检，落实基本医疗保险、大病保险。产业扶贫：将贫困户扶贫产业发展资金和帮扶资金共18万元入股辖区金杰电力有限公司，年人均增收2057元；市民委扶贫帮扶资金20万元，发展莎茹塔拉嘎查集体经济。社会救助：倡议风电企业通过助老助残助病争取每人每月500元。金融政策扶贫：上报3户贫困户贷款意向表。生态补偿：按时发放生态补偿款。部署2018年度扶贫对象动态管理和信息采集工作，调整帮扶人员，增加党员带头人，完成贫困户信息采集定位。

**【党风廉政】**学习新修订的《中国共产党纪律处分条例》，观看警示教育片、邀请旗纪委廉政教育下基层活动3次，培训200余人；开展廉政谈话活动。将党风廉政建设责任制列入党委、政府的重要议事日程。每半年部署召开一次党风廉政建设和反腐败工作专题班子会。制定《明安镇领导班子成员2018年党风廉政建设责任目标分解方案》，将基层党支部党风廉政建设落实情况纳入年终考核，切实履行“一岗双责”。严格执行“三重一大”制度，强化对重点项目、大额资金支出等方面的监督。全年承办信访件4件，已初核了结2件，立案审查2件；完成“十个全覆盖”和扶贫领域专项巡察工作。扎实开展四个专项整治活动，重点监督扶贫领域腐败问题和政府资金使用情况。全面推进“三务”公开工作，定期更新“达茂旗三务公开查询监督数据平台”内容，实现公开内容规范化、全覆盖。申报46名“清风干部”、1名“清风干部标兵”。

**【创新工作】**年初设计明安镇旅游规划并纳入旗旅游总体规划；哈萨尔民俗展厅进行布展，充实文化旅游内容；哈萨尔景区设置标志标牌，整修公路28公里，进行哈萨尔景区4A级景区申报工作。举办满汉敖包、查干敖包祭祀。积极参与全旗游牧文化旅游节各项活动,承办哈萨尔祭祀文化节,举办射箭比赛活动,活动共吸引7个盟市100余名弓箭手,全年吸引游客3.8万人次。服务各风电、光伏企业,不定期召开协调会,有效化解工牧矛盾,确保风电、光伏企业顺利运营。风电并网规模208万千瓦,光伏并网规模17万千瓦,风电年发电量25.05亿千瓦时,光伏年发电量2.45亿千瓦时,经济总量位居全旗苏木乡镇前列。

# 巴音花镇

**【组织机构】**巴音花镇核定编制共43个,其中:行政编制24个,实配人数23人;事业编19个,实配人数19人,其中农牧业服务中心13人、劳动社会保障事务所3人、人口和计划生育服务中心3人。按照“一办三中心”服务模式下设党政综合办公室、产业统筹发展服务中心、公共事业保障服务中心、社会综合治理服务中心等办事部门。中共巴音花镇委员会辖吉忽龙图、敖龙忽洞、乌兰宝力格、白音敖包、白音查干、开林河6个嘎查党支部,1个机关党支部,共有党员207名,牧民党员153名,占74%;少数民族党员144名,占70%。嘎查“两委”班子成员共28人。

**【脱贫攻坚】**经上级研判,公示确定国贫户为3户10人,清退出4户10人,自然死亡1人,剩余3户10人。按照“两不愁三保障”的总体要求和“54321”工作举措,精准识别,做细做实产业扶贫、教育扶贫、医疗扶贫、生态扶贫、政策兜底扶贫、商业保险扶贫,确保全镇贫困人口如期脱贫。

**【农牧业工作】**全镇2个饲草料基地和3个园区的12980亩耕地的种植结构进行调整,以种植玉米和谷草为主变为种植玉米、葵花、谷草、土豆等,占比为40:29:17:14,并为种植户投农业保险面积达7432.6亩。争取兴边富民项目资金80万元,购买德美优质种公羊200只,进行良种繁育。全镇养殖肉牛由上年22160头变为2018年存栏29870头。落实草原生态保护补奖机制,推行全面禁牧。

**【乡村振兴战略】**为全镇260户人畜饮水困难牧户,实施牧区水窖工程。为边境一线132户牧民解决生产生活用电,其中为110户实施新能源(风光互补)用电系统升级工程;为22户实施新能源转网电工程。配合重大项目办理公路土地征用手续,帮助乌兰敖包至乌珠尔边防公路、百满一级公路以及通往红旗牧场雷达站柏油路5.1公里全线开工;翻新修通百满公路经布格其漫水桥到原红旗牧场2公里水泥路;百满一级公路半幅通车。巩固创建健康旗县成果，争取40万元新建巴音花镇牧民体育健身馆1处。

**【社会管理】**在镇区主要街道、路口、商店、牧家乐等人流聚集地安装电子摄像头设备，降低偷盗案件的发生。网络化管理方面，按照网络划定区域，开展社会矛盾排查工作，建立矛盾排查台账，对重点案件实行领导包案制，特别对“三类人员”（即1997—2002年大中专毕业生、复退军人、民办教师）、红旗牧场解体时遗留问题、工牧矛盾、邻里草场矛盾、草场征用矛盾作为重点，进行矛盾化解。开展安全生产大检查、大排查活动，对全镇非煤矿山企业进行逐一排查，与施工企业均签订安全生产责任状和安全生产承诺书。对全镇牧户开展安全生产隐患排查，就易燃易爆物品贮存、保管食品药品安全、消防、防洪、疫病管理（主要排查猪瘟疫情）等知识进行宣传排查。对2个卫生院、4个小饭馆、4家商店、2个牧家乐开展食品药品安全宣传与检查。以镇司法所为平台，对全镇6个嘎查开展普法宣传工作，借助智能手机向牧民发送各类信息和政策法规知识，加大禁毒力度，做好“七五”普法工作。

**【社会事业】**低保资格审核方面，对全镇低保户实行动态管理，定期公示，全年共确定核准低保73人、五保10人。救助资金发放方面，按要求按时准确发放各类救助资金，全年发放各类救济款98.8万元。为全镇1465户牧民及时兑现禁牧各类补贴；参加社保1956人，比例达到86.7%；参医合3456人，达到100%。参加各类就业培训436人，同比增长10.2%。

**【基层组织】**执行从严治党“1+3”制度体系，实施北疆基层党建固本工程。按照“三会一课”制度要求，开展党员活动，各党支部均开展组织生活会，认真开展批评与自我批评，将问题查摆和整改落实作为组织生活会的主线。抓住自治区用3年时间将嘎查村集体经济“清零递增”的有利时机，在敖龙忽洞嘎查、原红旗牧场东、沿百满公路西边建立一处50亩的采摘园。引导吉忽龙图嘎查和乌兰保力格嘎查牧民合作社重组为那仁满达合作联合社，在百灵庙成立销售与体验为一体的绿色农畜产品输出商店，将“巴音花戈壁羊肉”商标产品通过国家绿色认证。在镇区建立一个便民服务大厅，在白云、百灵庙、白音查干、敖龙忽洞嘎查建立便民服务站，工作人员和各项办公服务设施均已配齐，认真开展“下基层抓落实促发展”调研活动。推进“两学一做”制度化常态化，在所属7个支部党员中认真开展“比忠诚、比干净、比担当”承诺践诺活动，拉清单、建台账，在5月专门召开“两学一做”常态化制度化动员部署大会。由党委书记给嘎查两级干部讲一堂党课，详细解读十八届六中全会精神，同时要求全体党员认真学习《党章》和《关于新形势下严肃党内政治生活的若干准则》《中国共产党党内监督条例》，撰写1篇心得。组织干部参加试题竞赛,不断巩固学习效果,组织全体干部职工收看党的十九大电视直播,大会闭幕后又专门邀请十九大代表潘志荣、党校老师王兆忠宣讲十九大精神及镇党委书记讲党课的形式开展学习,学习贯彻十九大精神做到全覆盖。

**【党风廉政】**落实党委主体责任,认真履行"一岗双责",坚决贯彻落实中央"八项规定"精神和各级配套规定,组织党员特别是党员领导干部签订"廉洁自律承诺书"。召开全镇两级干部大会,组织观看党风廉政建设类警示教育片,动员部署推进"雁过拔毛"式腐败问题集中整治活动,公布举报电话,与36名嘎查"两委"成员和环节干部开展廉政谈话。

# 满都拉镇

**【组织机构】**镇区总人口649户、1455人,镇区现有人口56户、178人。全镇农牧业人口593户、1277人。辖额尔登敖包、巴音哈拉2个嘎查。满都拉镇党委下辖2个党支部,共有党员113名(包含机关党支部和嘎查党支部),少数民族党员97人,无流动党员。

**【脱贫攻坚】**为2户5人国贫人口争取各类资助补贴共1.25万元,免费体检5人,协助国贫户医疗费用报销15.1万元,并促成国贫户及额尔登敖包嘎查(国贫人口所在嘎查)与满都拉口岸港务公司达成协议,共投入企业15万元,以资产性收益的方式进行增收,为国贫户按期脱贫提供稳定收入来源的同时进一步壮大嘎查集体经济,发挥第一书记和驻村干部作用,联系宝鑫钢铁公司,助国贫户1人就业,完成国贫人口脱贫1户3人的年度任务。

**【农牧工作】**宣传禁牧政策走访入户322户,提高牧民禁牧意识。改造塔拉赛罕园区饲草料基地水浇地,更新水井配套和农田灌溉设施,新增机电井4眼、井房12间、更换水泵2个、新铺低压管道8千米、新增滴管面积600亩,农业保险投保4164亩。扶持壮大"赛瀚戈壁""边疆牧业"等本地专业合作社,大力宣传本地戈壁牛羊肉产品,扩大市场营销,总结牧民代表考察通辽市养殖技术经验,鼓励引导2户牧民建设肉牛养殖基地,按时完成全镇防疫工作,保持防疫率达到100%。

**【新农村新牧区建设】**协助推广电信普惠工程,架设通信网线43公里,升级牧点住户用电用水条件,实施"水窖"工程覆盖牧民104户,实施"农村牧区电网改造”工程惠及牧民73户，实施“风光互补”惠民工程惠及牧民62户。投入450万元续建景观道路绿化工程，完成补植绿化树木800株和日常养护工作；投入50万元，续建活佛旧居改造工程，完成屋顶防水和内外墙体抹灰；投入120万元，续建商贸中心一期工程，完成玻璃安装3850平方米。配合交通部门开展G210国道、G331国道、旅游公路建设工作。

**【社会管理】**成立由镇党委书记任组长的工作领导小组，把法治满都拉建设工作摆上重要议事日程，制定完善议事规则、村规民约。塔拉赛罕园区农民开荒案件中，与执法部门协同，依法处理涉案牧民5人，在全镇范围内起到震慑和警示作用。推行“三务”公开、依法办事、法律顾问等相关制度，准确把握和贯彻落实“民主集中制”，坚持“三重一大”集体商定，深入开展“法律宣传进万家”、“法律六进”、《中华人民共和国宪法》宣传等活动，全年依法处理信访案件4件，无越访、非访现象。开展扫黑除恶行动和法治示范创建活动，创建法治示范村1个，无传销、无邪教嘎查2个。

**【社会事业】**开展环境整治活动31次，处理生活垃圾8吨，与商铺签订门前“三包”责任状36份，提高广大群众环保意识。做好口岸粉尘污染防治工作，镇政府协调物流园区周边牧民，协助口岸局顺利完成2号3号封闭式储煤大棚建设。落实各项惠民政策，走访入户宣传382人次；按时完成低保公示和“五保”审核工作；开展经济普查工作，清查个体经营户、法人单位、合作社等217家，完善镇域内组织登记；持续加大对困难群体的关怀，按时发放五保户、低保户、三民等补贴32.03万元，完成辖区内66名退伍军人信息采集工作；满都拉国际联谊小学教师周转房建成投入使用，学校硬件得到提升；完成新生儿入保工作，组织111名牧民免费体检，47名牧民参与白内障检查，城乡居民医疗保险坚持全覆盖；高度重视“双拥”工作，“八一”建军节慰问走访驻镇部队、边防派出所，送达慰问金1.8万元；加大对边境牧民生活关怀力度，申报592户边境牧民生活补助，发放补助118.4万元；协调解决草场纠纷35起，工牧矛盾8起，推动重大项目建设进程，得到牧民和企业的认可。在“7·19”和“8·6”洪涝灾害中，开展巡河预防工作，实地巡查9次，提前消除洪水流域隐患3处，把洪灾破坏力降到最低。救灾工作中，第一时间救助转移受灾牧民4户9人。围绕食品药品安全领域进行大排查11次，联合执法3次，对镇域内工矿企业、口岸物流园区企业个体进行安全生产检查16次，联合检查8次；成立“非洲猪瘟”防控工作领导小组，制定应急预案，联合市场监督管理局第一时间检查全镇32家饭馆、批发部等涉及猪产品行业，下达整改通知书3份，分别在四子王旗、巴音花镇与镇交接处设动物疾病防控关卡,对来往1500余辆车进行消毒和检查。全力支持2个嘎查牧民组织敖包祭祀活动,鼓励乡风民俗长久延续,受蒙古国哈登宝力格县邀请共同举办民歌比赛。推行“河长”制,对辖区内16条河委派1名总河长、6名河长加强河道管理和治理。

【**基层组织**】建立健全党建工作责任制,履行党委书记第一责任人职责,多次召开专题会议,研究制定满都拉镇党建工作计划和责任清单。对照中央巡视“回头看”、自治区巡视反馈意见及旗委巡察反馈意见,累计查摆问题18项,并逐步整改落实到位。认真学习十九大精神,凝聚边境党员群众精神魂魄。结合实际,认真开展“两学一做”学习教育常态化制度化工作,深入学习贯彻习近平新时代中国特色社会主义思想,在学懂弄通做实上下工夫,将每周三定为学习日,以党委书记带头领学、讲学方式进行集中学习3次,党政其他领导带头领学集中学习32次;成立由党政领导为组长的10个学习讨论小组,形成主要领导总体抓,组长具体抓的良好学习氛围;建立宣传理论微信群,发送学习信息34条,撰写心得体会9篇、调研报告1篇;重点打造2处红色蒙古包,组织牧民党员学习2次。通过采取个人自学、典型引学、集中培训等多种形式和途径丰富学习内容,营造学习氛围。北疆联合党委举办庆“七一”活动,通过组织十九大知识竞赛和各类体育赛事加强成员单位联动联建,组织党员对受灾牧民进行捐款,深化和巩固基层党建长廊建设成果。以“三会一课”“三项制度”等制度落实为枢纽,加强党组织建设,确定各支部分别细化的10大项、共43小项工作目标,并与党支部星级评定进行有机衔接,圆满完成嘎查党支部星级评定工作,结合党员履职承诺,明确党员职责,引导有履职能力的89名党员,承诺193条。制定专题学习制度,累计开展集中学习8次,专题研讨12次,讲党课12次。依托北疆党建示范点、红色蒙古包、北疆堡垒户、党员中心户持续增强党员服务群众能力。加强党员管理,持续坚持非公经济组织和社会组织“两个覆盖”,开展嘎查集体经济“清零递增”工作,深化“四个一”联系服务群众工作模式,办理各类事项183件。发展大学生党员3名。更新嘎查后备干部人才信息库,1名后备干部入选“两委”班子;投入36万元,对额尔登敖包嘎查阵地进行提档升级。完成嘎查“两委”换届选举工作,2个嘎查共选举产生嘎查“两委”班子成员7人,1名大学生村干部当选党支部副书记,1名年轻后备干部进入班子,支部书记和嘎查达完成“一肩挑”比例100%,“两委”班子“双向进入、交叉任职”实现100%。持续加强意识形态责任制落实,压实党委书记抓意识形态第一责任人,专题研究意识形态工作2次,进行2次自查,将存在的问题作为民主生活会的整改内容，进行跟踪落实。召开分析研判会2次，坚持把社会主义核心价值观贯穿融入精神文明建设工作中，推选“身边好人”1人，选树“守边户”阿迪亚，树立好人有好报的价值导向。

**【党风廉政】** 完善“一把手”负总责制度，签订党风廉政建设目标责任书11份，层层传导压力，督促班子成员认真履行“一岗双责”，党风廉政业务工作同抓同落实。执行“四准则两条例”，坚持把纪律与规矩挺在前面，把落实中央八项规定精神化作自觉行动，改进工作作风，结合嘎查“两委”换届选举工作，开展拉票贿选警示教育和“四风”问题明察暗访工作。镇纪委全年共进行初核提醒谈话1次，初核立案1起。成立由党政主要领导为组长，分管副职、环节干部、嘎查“两委”负责人为成员的领导小组，由镇纪委全程负责监督“三务”公开机制建立和运行，通过公开栏、“三务”公开查询机、微信公众号为载体，公开党务事项29项，政务、财务事项41项。嘎查公开党务事项共14项31件，村务、财务事项8项19件。

# 西河乡

**【组织机构】** 共有人口3653户12960人(其中外出人口9064人)，共有党员390名(其中农牧民党员356名、女党员58名)。总耕地面积123682亩，能保灌的水浇地11340亩。属于贫困落后乡镇。西河乡共辖设西河、前河、厂汉、德令沟、德承永、什拉文格、石兰哈达、本不台8个村民委员会。核定行政编制22人，事业编制33人。2018年有工作人员74名，包括正式行政、事业编制55名，协理员10名，村干部、西部志愿者、公益性岗位6名，政府借调人员4名。

**【基层组织】** 九个支部书记共讲党课36次、召开党员大会36次、主题党日活动120次，在“七一”时各村党支部开展慰问老党员、重温入党誓词、观看电影等形式多样主题党日活动；8月开展西河乡各支部党建、扶贫知识竞赛；机关支部组织开展纪念“九一八”活动；10月底之前九个支部组织召开学习郑德荣等7名“全国优秀共产党员” 先进事迹专题组织生活会。于8月28日完成全乡两委的换届工作，共选举产生新一届两委成员41名(女委员9名)，全乡9个党支部配备支部副书记6名(包括女性副书记1名)。根据包头市扶贫开发领导小组文件要求和旗委安排部署，为推动精准扶贫，整合集体力量，任命5名市派驻村干部为驻村第一书记，8个行政村分别派驻一名旗派驻村干部。从年纪轻、文化高的群众中培养入党申请人24名、积极分子10名、重点发展对象4名；按月足额收缴全乡2018年党费17206元。村集体经济逐步壮大，投资200万元，在五个村委会组建两个机耕队，前河、厂汉已购置22万元的机械设备；西河、什拉文格和石兰哈达现已投资51.8万元购置2台大型拖拉机、1台玉米收割机、1台捆草机和1台动力耙；投资45万元在本不台、德承永两个村委会建成的蔬菜大棚，已开始出售蔬菜；德令沟村委投资56.2万元发展光伏发电项目，已建设完成。

**【党风廉政】** 按照自治区第四督导组对“两个责任”查摆出需要立行立改的5个问题、长期整改的4个问题，深刻剖析反思，梳理对比，及时整改。落实乡党委主体责任，每季度专题研究一次党风廉政建设工作；落实纪委“监督责任”，对“雁过拔毛”式腐败问题整治。发现问题线索7条，已整治完成3条，其中：立案审查办结1条，免去支部书记1人并开除其党籍，由乡纪委完成初步核实2条；正在查办的问题线索4条，其中：立案审查1条，拟对违纪党员给予警告处分，正在初步核实的3条。扶贫领域腐败问题和作风问题专项治理，发现在扶贫养殖项目落实方面的问题1条，即个别国贫户享受养殖补贴，但因生活困难又将购回的部分基础母畜出售，经乡纪委初步核实，所反映问题失实；形式主义、官僚主义“十种表现”专项治理，查找出个别干部工作散漫、不履行请销假制度、无故脱岗缺岗等问题1条，递交书面检查2人，开展提醒谈话5人次。

**【新农村建设】** 对全乡50多个养殖场、农牧业合作社进行第二次污染源清查；继续完善新农村建设。新建梁房27套，拆除危旧土房72套，同时清理各村的建筑垃圾；动员农户搞好家庭清洁卫生，清理田间“三废”，对乡政府所在地周边进行卫生清理、整顿乡政府所在地街道两边建筑垃圾。完成杨油坊水库小流域综合治理工程，治理面积为30平方公里；认真做好森林草原防火和防汛抗旱工作，全面落实“河长制”，切实加大河流巡查力度，认真编制应急预案，执行值班制度，准备防汛物资。

**【农牧工作】** 对辖区内9名村级防疫员重新调整包片区域，抽调乡村两级防疫10人，开展畜间布病溯源灭点工作，完成全乡大小牲畜防疫10.06万头(只)，注射疫苗50万头(只)，免疫率达100%，免疫密度达100%；开出产地检疫证明26份；登记农畜产品场站53处；开展禁牧工作，出栏牲畜6万多头(只)；种植各类农作物16万亩，完成13.8万亩农作物的入保工作。联系旗财政局和农牧业局，给156户村民发放产业棚圈补贴资金93318元。通过改良站，给8户村民购买种公羊9只，发放补贴14400元，给国贫户购买34只种公羊。新打深井6眼，安装低压管道9万多米，实施滴灌10870亩；配合旗林业局完成德令沟村委退耕还林1000亩。发放2016年西河乡1万亩退耕还草补贴33.8万元。

**【脱贫攻坚】** 新识别10户18人、清退39户91人,标注稳定脱贫(不享受政策)23户60人,共有国贫人员122户272人。按照产业帮扶实施方案的要求,落实各项脱贫措施。2018年种植帮扶29户75人、811亩,发放化肥489袋;养殖帮扶养猪9户、24口,养鸡11户、385只,养羊16户、145只,盖棚圈9户、508平方米。实施雨露计划救助6户6人;实施教育救助16户16人。同时完善扶贫产业项目库建设,完成2018年—2020年项目库建设规划。

**【社会事业】** 实行阳光低保动态管理,新增低保户45户,停保33户,调整79户。慰问各类对象56名、救助临时困难家庭478户,发放大病救助资金12.4万元,为4名两癌妇女每人争取到自治区救助金各1万元;对在村1088名空巢、留守老人和64名困境、留守儿童进行逐一登记造册。给20名残疾人补缴意外保险,足额发放278名重度残疾人护理补贴和残疾人子女和残疾人教育补贴。完成全乡2018年的合作医疗收缴和录入工作,参合率达到95%以上;办理居民养老保险191人(其中新参保25人),办理因死亡停保45人,60周岁养老保险人员的静脉验证工作。完成对293名高龄老人、34名优抚(三民、精退)对象、60名五保人员,进行待遇认证工作。

**【社会管理】** 深化“四个一”工作模式,推进“六个明白”工作法,设置乡村两级综治中心,探索推行社会综合治理网格化管理。规范“和谐矿办”设置和运行,及时化解矛盾隐患。加快“平安西河”建设,实现政府所在地视频监控全覆盖。联合司法、派出所深入8个行政村对全乡不稳定因素进行全面的排查,排查可能引发群体性事件的矛盾纠纷,共排查出各类矛盾纠纷线索68件。抓农村信访处理,共接待群众来访35批421人次,办理信访事项5件,办理“市长热线”52件;重大节假日期间,实行乡领导带班接访、干部24小时值班和信访“零报告”制度。强化基层民主政治建设,召开乡人代会2次,收集整理新农村建设、精准脱贫、产业发展等代表建议意见33条,及时转交乡人民政府办理,办结率达85%以上。投资4万元对3个“人大代表之家”进行提档升级,编印100本《人大代表学习资料》,开展学习培训6次。组织人大代表走访群众625人次,集中视察调研活动3次,收集整理意见建议81条,代表向选民述职1次,接待选民35批次,解决群众诉求35件。推进普法进村工作,利用“综治宣传月”活动,发放宣传资料2800余份,悬挂横幅4条,组织全乡领导干部观看反邪教警示教育片1次,进行平安西河建设、反邪教宣传教育、反恐怖主义、开展禁毒和反传销工作,扎实推进综治工作深入开展,保证全乡56个自然村全部为无传销、无邪教、无毒村的好成绩。由乡党委、纪委及派出所联合开展

“扫黑除恶”专项斗争工作,制作墙体宣传标语8条,通过发放宣传材料1700余份、入户走访、设立24小时举报电话和9个举报箱向社会公布等方式,及时收集群众的来电来访,深入摸排涉黑涉恶犯罪线索,确立线索清单。

# 小文公乡

**【脱贫攻坚】**截至2018年底,全乡共有国贫户405户885人,未脱贫44户86人,脱贫享受政策287户613人,稳定脱贫74户186人;种植业帮扶39户,每户发放化肥19袋,价值3000元;实施养殖业30户,共计12.91万元;为8户贫困户每户发放了1只种公羊。退耕还林241.9亩,涉及19户46人;雇佣4名护林员,每户每年领工资800元。养老兜底331人,涉及金额322670.42元;60岁以下二级以上伤残兜底14户14人,涉及金额49056元,实施政策兜底292元养老保险补差。实施雨露计划救助8户8人,共发放1.2万元;为47名国贫户的中小学生每人发放500元的交通补助。发展形式多样的村集体经济,9个行政村有资金入股收益,并谋划和实施实体集体经济项目。大井村孵化基地、拉兑九村恒温库、黄合少村农畜产品直营店、西拐子村光伏发电站全部投入使用。稳步推进腮林村绿头蒜繁育基地,西圪旦村光伏发电项目、波罗图村种养殖示范基地等项目。

**【农牧工作】**种养殖业方面,种植滴灌马铃薯10326亩,滴灌葵花51200亩,旱地覆膜56000亩。集体经济逐步发展壮大,大井村孵化基地孵化养殖青年鸡24000只,集体经济收入达到6万元;拉兑九村大蒜恒温库储存项目、西圪旦温室大棚种植项目等集体经济项目稳步推进。“文公乡情”品牌方面,成功申报“小文公大蒜”国家地理标志保护产品,“文公雪菊”种植产业初见成效。合作社种植绿头蒜项目采取“党支部+合作社+种植基地+贫困户和残疾户+互联网”与农民利益共享的产业化经营模式,项目可带动10户贫困户脱贫,户均增收5000元左右。合作社种植雪菊项目采取“合作社+种植基地+贫困户+游客(观光旅游)+互联网”的经营模式,通过直营店销售、帮扶责任单位采购等多种途径,至年底已销售2000余桶,每户可增收600元。庭院经济方面,通过种养殖小产业,发展庭院经济。为全乡所有贫困户发放雪菊60株,用于发展庭院经济,每户收益800元左右。为政策兜底户每户发放30只本地鸡，通过“撒一把米，捡个鸡蛋”的方式，发展庭院养殖，每户可增收2400元左右。

**【新农村新牧区建设】** 拆除危旧土房方面，全面完成厂汉村、波罗图村的自建房屋后续工程。化解美丽乡村遗留问题，保障房屋、道路、水、电等工程质量过硬，提高群众宜居水平。乡村交通路网建设方面，在拉兑九新村实施了街巷硬化，主街加装护栏，平整维修了村前蒜园，实施村委会阵地提档升级等工程，促进美丽乡村建设。积极推动335国道小文公乡境内征拆任务，完成108户的征拆协议签订工作，发放122万元土地征用补偿款，全力保证国道的顺利修建。环境卫生整治方面，对全乡9个行政村、72个自然村1000余吨建筑垃圾进行清理，基本实现村庄街道路面整洁，无乱堆乱放现象。

**【社会管理】** 信访方面，完成上级转办信访事件3件。严格落实信访责任，明确16名重点信访人的矛盾化解工作，明确五级包联责任人职责。重点行业和重点领域安全监管方面，组织安检人员深入西泉子金矿、三号铁矿、各超市、加油站开展安全生产大排查10余次。做好非洲猪瘟值班排查工作，截至年底生猪存栏283头，未发现疫情。

**【社会事业】** 落实各项惠民富民政策，为89户五保户、92户低保户发放生活费，积极落实残疾人就业扶持政策，为222户重度残疾人进行登记，发放残疾生活补贴，为其中49人代缴保费2940元，为10户补贴2万元绿头蒜种子，并与合作社联合种植，保证年底每户分红3000元。建立健全失独家庭和农村留守儿童、妇女、老人关爱服务体系，为23名困境儿童进行了系统录入和审核。加强医疗卫生建设，配齐乡村流动卫生计生服务站，提升医疗服务水平。截至年底，协调有关部门为全乡困难群众免费义诊4次。人大代表履职方面，及时解决热点难点问题20项，完成人大代表培训100人次，完成乡政府人大代表之家提档升级工程，建成基础设施配套、功能作用发挥较好、制度健全、管理规范的人大代表履职活动中心。退役军人登记工作方面，截至年底，累计登记退役军人112人。人武工作方面，完成适龄青年兵役登记，应征入伍上站体检12人，应征入伍当兵3人；完成民兵应急排登记、民兵点验工作。完善乡武装部器材库、民兵活动室、民兵之家等活动场所。做好经济普查工作，摸清家底，做实做细数据调查，确保经济普查实效。

**【基层组织】**“两学一做”学习教育常态化制度化方面，年内组织全体党员干部集中学习4次，组织乡村全体党员集中学习23次，主要领导上党课10次，学习教育做到全覆盖。年内开展中心组学习、支部学习共16次，累计培训党员干部462人次。以“查摆问题”为关键，通过调研走访、召开座谈会、发放征求意见表等形式，深入查找梳理各类问题121个，其中领导班子查找问题5个，班子成员查找问题92个，普通党员查找问题26个。基层党建工作，按照“一村一品”“一村一特色”的思路，全面实施基层阵地提档升级工程，在完善3个重点基层阵地的提档升级的基础上，全力推进剩余6个村阵地的提档升级工程。对定为软弱涣散的村党支部展开了集中整治，针对存在的3大类问题建立整改台账、细化整改措施，明确整改任务，已全部整改完毕。年内全部完成村集体经济清零递增工程，所有村集体收入累计达49万元，9个行政村全部有实体产业的集体经济。意识形态工作方面，利用各类会议，强化理论学习，教育广大党员干部职工，确保理论武装到位。通过驻村帮扶、脱贫攻坚、安全生产大调查等入户工作，及时了解村民所思所想，抓好舆论引导，传播凝聚正能量。

**【党风廉政】**坚持把党风廉政建设工作纳入重要议事日程，结合实际召开专题会议，对党风廉政建设工作进行全面安排部署。强化廉政教育，筑牢拒腐防变思想防线。健全完善相关制度，强化日常工作管理。加大三务公开力度，完成三务公开软硬件设备更新，完善公开机制，实现村内公开栏、三务公开查询机、“活力文公”公众号三同步更新和实时查询机制，确保权力在阳光下运行。严格遵循规范程序，及时约谈涉嫌轻微违纪问题的党员干部，做到监督常在、提醒常在。综合运用批评教育、谈话提醒、公开通报、组织处理、纪律处分等形式，严肃查处懒政怠政、为官不为现象。全年对6名党员进行了提醒谈话。全年共查处各类问题线索6件，立案1件3人，初核失实了结5件6人。认真开展“四个专项集中整治”工作，全力做好旗委巡察反馈意见的整改落实，对乡提出7大类21项问题，制定详细的整改方案，细化措施，明确责任领导，年内全部整改完成并向社会公告。同时做好“十个全覆盖”工程、扶贫领域等专项巡察整改落实工作，强化监督问责，确保整改实效。做好“清风干部”评定工作，经过正面宣传、严格申报、多方审核3个阶段，共评选出“清风干部”99人、“清风干部标兵”2人，并向社会公示公告。

# 达尔汗苏木

**【组织机构】**下辖6个嘎查，即查干敖包嘎查、希拉哈达嘎查、阿拉腾图格嘎查、阿拉腾敖都嘎查、哈沙图嘎查、额尔登敖包嘎查。共有党支部7个，其中机关党支部1个、嘎查党支部6个，共有党员197名。

**【农牧工作】**一产方面，注重畜种改良，实施人工授精1167只，自然改良15944只；完成疫病防治工作，防疫密度达100%；全年共投保玉米215亩、小麦686亩、葵花3040亩、油菜籽865亩，完成3876.7亩玉米种植核查工作。二产方面，协助天翊达、中节能2家风电企业完成牧民的补偿安置工作，现均已开工。协助辖区工矿企业补办草原征占用审批手续，完成渝丰化工企业的草原补偿费缴纳和亿立萤石公司采矿许可证续期申报工作。三产方面，协助呼和浩特市富邦房地产开发公司完成“达尔汗大草原旅游区”项目前期工作；举办“首届达茂旗草原羊领养节暨烤全羊大会”“达尔汗苏木查干敖包第七届‘策格’文化节”等系列民俗活动，接待游客达1万余人次。改善生态环境方面，落实新一轮草原生态补奖政策，发放禁牧补贴1336.39万元；实行“河长制”，设置河长6名，每月巡河1次；配合旗国土局对2处废弃矿坑和1家矿山企业进行综合治理；加大对森林草原火灾排查力度，全年未发生森林草原火灾。

**【新农村新牧区建设】**争取项目资金750万元，用于镇区基础设施建设，已开工。为35户牧民安装了新能源设备，99户牧民实施水窖工程，共打井4眼，结束了长年饮用地表劣质水的历史。完成公租房初步审核工作、自治区“四好农村路”创建、验收工作，以及335国道涉及的48户牧民的征地工作，落实补偿金913万余元。

**【社会管理】**顺利通过“四星级”“人大代表之家”验收，被推行为民生实事项目人大代表票决制和履职积分公示制试点单位。开展扫黑除恶专项斗争，通过公开举报电话、悬挂横幅、发放宣传资料等形式，营造扫黑除恶强大声势。并与各嘎查正式候选人进行提醒谈话。深化矛盾纠纷排查调处工作，共调解各类矛盾纠纷43起，处理旗信访局交办案件5起、市长热线8起。加大安全生产监管力度，开展安全生产大检查活动，全年未发生安全生产事故。开展食品药品安全工作,重点对节假日期间的食品药品进行安全检查,做好过期食品和假劣药品查处工作。做好应急工作,“7·19”洪灾发生后,立即启动防洪预案,实行24小时值班制。第一时间开展自救工作,出动大型机械5台,发动干部职工70余人次,及时对破损路段进行疏通,对受损房屋按程序落实补贴。做好非洲猪瘟值班检查工作,设临时检查站1处,24小时对过往车辆进行登记、排查、消毒。

**【社会事业】**对4名特殊人群和20户困难家庭进行入户慰问;为361户受灾牧民发放民生生活救助金29.84万元。按时发放重度残疾人护理补贴,完成五保、三民等特殊人群验证工作,登记退役士兵74名。新型合作医疗参合3090人,社会养老保险参保162人,缴费金额8.1万元。落实计划生育政策,新增奖励扶助11人,无计划外出生人口。评选出旗级“最美绿色家庭”“美丽庭院”3户,组织314名妇女进行免费体检,救助2名“两癌”妇女和3名贫困妇女,救助资金共计2.3万余元。成立基干民兵组成的民兵应急排。

**【基层组织】**深入学习贯彻习近平新时代中国特色社会主义思想和党的十九大精神,制定学习计划、研讨交流、印发专题学习资料,并明确周二为固定学习日,全年为全体干部职工编印学习资料20余期,举办专题讲座5期、专题党课3期,撰写心得体会30余篇,累计报送各类信息183条,自治区级媒体采用2条,旗级媒体采用30余条。完成嘎查“两委”换届选举工作,6个嘎查共选出“嘎查”两委成员26人,其中妇女委员9人,交叉任职7人,6个嘎查中的5个嘎查实现书记、主任“一肩挑”,比例达到83%。特别是查干敖包嘎查“两委”班子成员平均年龄34岁,大学本科学历2人。阵地提档升级,对3个嘎查阵地进行规范化建设;投入资金3万元,在4个嘎查高标准打造4处党员中心户。严肃党内政治生活,开展民主生活会1次,专题组织生活会3次。强化党员教育管理,对全苏木197名党员基本信息进行更新完善,全年新发展党员3名;对党员发展、党组织关系转接情况进行梳理和信息登记备案。2018年,达尔汗苏木荣获全区爱民固边模范苏木乡镇。

**【党风廉政】**落实党风廉政建设责任制,制定《达尔汗苏木2018年党风廉政建设和反腐败工作方案》《达尔汗苏木深化廉政风险防控工作实施方案》以及《达尔汗苏木党风廉政建设和反腐败工作领导责任分工》,对苏木2018年党风廉政建设和反腐败工作进行了全面部署。开展“清风干部”评定工作,通过推荐、初审,共评选出“清风干部”48名,“清风干部标兵”1名。全年共开展廉政讲堂2次、观看警示教育片4次,累计参加人数达500余人次。推进“三务”公开工作,安排专人定期上传、维护,保障公开工作的时效性。

# 查干哈达苏木

**【组织机构】**查干哈达苏木辖哈达哈少、那仁宝力格、腾格淖尔、巴音赛汉4个嘎查村。苏木党委下辖5个党支部，共有党员145名，流动党员32人，少数民族党员104人，有党代表33名。

**【脱贫攻坚】**查干哈达苏木2018年共有国家级贫困户3户3人(其中哈达哈少嘎查1户1人、那仁宝力格嘎查2户2人)。致贫原因主要是自身致富动力不足。主要通过“一户一策”方法帮助贫困户脱贫。针对哈达哈少嘎查贫困户宝日呼，对接嘎查合作社，雇佣其进行肉牛饲养，并通过配种站的修缮解决其住房问题，合作社每月支付其工资300元，一年共计3600元；针对那仁宝力格嘎查贫困户格日勒，根据苏木扶贫帮扶资金使用计划，帮助其从赛那农牧业专业合作社购买德美基础羊12只，交由赛那合作社代养，每年赛那合作社给格日勒3000元代养受益资金，保障贫困户有稳定的收入；针对那仁宝力格嘎查贫困户青格勒，帮助其在那仁宝力格嘎查风电场落实清扫垃圾工作，风电场每季度给青格勒发放500元工资，一年共计2000元。此外，苏木落实旗扶贫资金3万元，帮助3人在购买肉羊交由赛那合作社代养，每年分别向三人支付收益金1000元，帮助3人脱贫。10月底，完成边缘户排查工作，共排查边缘户13户。

**【农牧工作】**农业工作方面，支持内蒙古金绥润农牧业发展有限公司，种植马铃薯1200亩、紫花苜蓿1200亩、玉米280亩。牧业工作方面，完成羊三联63103只、羊口蹄疫52800只、牛口蹄疫2969只、包虫病389条、小反刍兽11000多只疫苗接种工作，全年动物免疫率和免疫密度均达到100%；加强禁牧管护，配合草监部门做好禁牧宣传，鼓励牧民群众进行产业转型，利用合作社带动进行现代化养殖；成立猪瘟疫情防控领导小组，在苏木与四子王旗交界处设立检查站，实行24小时值班严查过路车辆，确保不发生疫情。共安排工作人员130人次，检查消毒过往车辆80余台次。

**【新牧区建设】**组织开展牧区水窖建设，自筹水窖建设168户，完成130户。做好风光互补项目建设，对实施的222户风光互补项目人员进行申报，完成对该项目120户牧民自筹款的协助收取工作，安装完成74户。开展自2013年以来危房改造自查工作，对全部111户项目实施户进行排查核实,全部符合条件,并已录入系统;完成上报2019年守边固边工程中央预算内投资建设计划,其中仅涉及腾格淖尔嘎查立面改造37户,危房改造32户。

**【社会管理】**做好扫黑除恶专项斗争,成立工作领导小组,制定扫黑除恶专项斗争工作方案,组织各嘎查、司法所及便民服务站人员,开展全方面无死角的涉黑涉恶排查工作,排查苏木辖区内的6家工矿企业和所有常住牧户,此外每季度开展排查工作1次,未发现涉黑涉恶行为。抓好信访工作,共有7名重点信访人员,按照信访工作要求,成立信访工作领导小组,落实信访责任人,实行一人一策管控措施,确保各个时间节点不失控,全年未发生进京上访事件。

**【社会事业】**全苏木享受高龄补贴人员27人,发放补贴32400元;优抚对象2人,发放救助金19464元;60岁以上退役军人2人,发放生活补助7560元;五保户4人,发放保障金51452元;“三民”人员13人,发放生活补助129940元;此外,救济救助国贫户、五保户、低保户、大病户、困难户、贫困大学生等47户,共发放59000元;低保户5户,发放低保资金34500元、重度残疾人护理补贴36480元、残疾人临时救助1500元,有效做到救贫帮困。领取养老保险待遇资格认证人员共245人,较2017年新增17人;养老保险缴费人员157人,133800元;新农村合作医疗保险缴费人员1675人。

**【基层组织】**落实党建工作责任制,认真组织开展“两委”换届,并于8月31日完成全部工作。嘎查党支部换届工作,于6月19日、20日全面完成,本次换届共产生新任嘎查支部委员12名,其中支部书记4名、女性6名、蒙古族11名,平均年龄43.7岁,大专以上学历人数占总人数的33%。嘎查牧民委员会换届工作于6月27日全面展开,8月31日全部完成,共产生新任嘎查牧民委员会委员12人,其中党员9名,女性4名、蒙古族10名、平均年龄43.5岁,大专以上学历人数占总人数的25%。按照党员发展流程,年内转正党员5名,发展党员2名。组织开展中心组学习11次,各支部共开展集中学习72次,举行“一把手”廉政党课1次,各支部书记讲廉政党课5次。建立苏木级“学习讲堂”1个、嘎查级“学习讲堂”1个、党员中心户“学习讲吧”1个,开展学习活动12次。

**【党风廉政】**抓好责任落实,组织召开党建及党风廉政建设工作专题会议,专题研究部署全年党风廉政建设各项工作,成立廉政建设领导小组,明确责任分工。定期召开党委会议专项研究廉政建设工作,做到常抓不懈。抓好“四个专项集中整治”工作,对“四个领域”可能存在的问题进行深入细致排查,建立工作台账,找准问题、严肃追责。落实“三务”公开制度,通过两种方式对苏木及各嘎查党务、政务和财务进行公开,利用朵兰戈尔办事处公示栏、牧民“一卡通”自助查询机和苏木“三务公开”自助查询机，方便牧民群众及时查询相关惠民政策及各类补贴发放情况。

# 巴音敖包苏木

【组织机构】苏木核定编制共43个，其中:行政编制23个，实配人数23人;事业编20个，实配人数20人，其中农牧业服务中心14人、劳动社会保障事务所2人、人口和计划生育服务中心2人、综合执法中心2人。党员26名，占总人数的60%;少数民族27人，占总人数的63%;苏木干部职工男女比例为24∶19。苏木下辖巴音宝力格、巴音花、巴音乌兰、乌兰察布、毛都坤兑、格日乐敖都、达布希拉图七个嘎查支部。嘎查两委班子成员共34人，其中书记主任一肩挑2人;男女比例为21∶13。

【脱贫攻坚】制定《巴音敖包苏木2018年扶贫工作实施方案》，并组织包片领导、干部和嘎查两委召开2018年动态管理部署会。开展贫困户动态摸底完善档案资料，准确计算年度收入，年内没有新增国贫人口。对于1户2人建档立卡贫困户，通过实施医疗救助，住院报销比例达到95%，为其提供60平方米的周转住房。投入资产收益性资金12万元，其中2万元资金与吉穆斯泰旅游景区签订分红入股协议，年内国贫户可分红2000元。市长帮扶10万元资金，与都荣草原牧家乐度假村签订合作入股协议，年内可分红1万元。通过民政救助、帮扶责任人帮扶等，帮扶5600元。综合国贫户固定收入、劳务收入、上级帮扶和分红利润，年收益将达到28000元，已达到脱贫(享受政策)标准。按照上级规定，对辖区内1户2人国贫户按照入户调查、收入测算、召开嘎查牧民代表大会表决、嘎查公示、苏木研判、苏木公示、旗科扶办公告等退出程序，如期实现脱贫。

【农牧业产业】争取饲草料地灌溉机井建设项目，在巴音宝力格嘎查东阿玛乌素、巴音花嘎查红海饲草料基地等地新打机井6眼，维修机井6眼，铺设输水管道2430米，新建井房2间，配套高压线200米，低压线618米，80千伏变压器1台。扶持“茼香”“红柳”“乌力吉图”“阿都秦”“圣洁”等农牧业专业合作社加快发展，为茼香、阿都秦、圣洁等合作社争取少数民族发展资金156.8万元，用于发展肉羊养殖产业、马产业。强化牲畜疫病防治，年内完成接种疫苗羊三联11.68万头、羊痘12.75万头、羊口蹄疫11.2万头、小反只6.3万头、牛免疫3080头、鸡免疫580只、猪免疫71口。做好非洲猪瘟防控工作，开展流动宣传巡查防疫工作，鼓励农牧民生猪早出栏、早收益。全苏木共71头生猪，出栏45头。做好农业保险工作，为7383亩农作物缴纳农业保险3.6万元。

**【美丽乡村建设】**引进蒙草公司，在苏木所在地、西阿玛乌素、南营所等地续种各类树木1万余株，增加绿化面积100余亩。并对所栽种树木进行合理浇灌，存活率达到80%。

**【防汛抗旱】**2018年7月，在遭受洪涝灾害后，成立抗洪工作领导小组和4个防汛抢险应急分队，形成苏木、嘎查、企业联动的应急体系。抗洪期间，苏木境内共转移安置受灾群众3户7人，出动各类救灾车辆35车次。汛情过后，苏木、嘎查两级干部及时入户了解受灾情况，统计数据并上报旗委、政府及相关部门，协调相关部门开展救灾工作。开展灾后重建，引导牧民开展自救，修复水毁路段5处、3.2公里，修复生产生活用机电井9眼，电线杆14个，变压器1台，网围栏13200余米。

**【生态环境】**推进生活环境治理，组织人员开展27次垃圾集中清理活动，清理生活垃圾、建筑垃圾以及死畜皮毛等顽固垃圾共370余吨。落实中央环保督察组回头看期间群众反映的沙石乱堆乱放等问题整改工作。落实达茂联合旗新一轮草原生态保护补助奖励政策，开展宣传动员，督促牧民履行禁牧合同，多渠道帮助牧民加大牲畜出栏，确保草原生态环境持续改善。落实河长制，确定苏木、嘎查两级班子成员为苏木境内17条河流的河长和副河长，定期进行巡河，未发生乱采乱挖、乱倒乱排等现象。

**【社会管理】**开展各类隐患排查整治，累计排查化解草场纠纷等涉及群众切身利益的矛盾隐患3件，累计接访10批30人次，答复市长热线11件、旗长热线4件。开展扫黑除恶专项斗争，发放蒙汉双语宣传单300余份、制作宣传标语10余条，制作宣传栏3版，提高群众知晓的覆盖面。同时充分利用苏木理论学习群、巴音敖包之韵等微信平台和“三务公开栏”公布举报电话及宣传内容，形成宣传合力。推动民主法治示范苏木（嘎查）、无毒、无传销、无邪教苏木（嘎查）创建，未出现邪教、吸毒、传销事件及人员。

**【社会事业】**发放民政救灾救济款、最低生活保障金、“三民”补贴款、退役士兵生活补助、大病救助款、“五保”补贴款等各类补贴90.1万元。做好低保人员动态管理，新增低保7户12人、取消低保4户7人。为巴音花受洪灾群众捐款1.4万元。做好城乡居民养老保险个人缴费工作，共缴费175人、22.8万元，新参保113人，灵活就业人员办理退休14人。开展城乡居民养老保险待遇享受人员生存认证420人。2018年，全苏木共出生婴儿9人，计划内9人，死亡人口7人，人口自然增长率0.84‰。

【基层组织】围绕习近平新时代中国特色社会主义思想、十九大精神及习近平系列重要讲话精神、习近平总书记考察内蒙古重要讲话和参加内蒙古代表团审议时重要讲话精神，以集中领学、流动送学和网络促学等形式相结合开展学习，累计开展干部职工集中学习20余次，发放蒙汉文党章200余册、蒙汉双语十九大报告全文200余册、流动送学收音机40台，利用微信平台发送学习内容50余条。加强思想建设，中心组开展学习10余场次、开展书记讲党课1次、邀请宣传部讲师团成员开展专题讲座5场、组织党员观看《榜样3》《厉害了我的国》等专题片5部、参观达茂旗博物馆1次、参观警示教育基地1次。严肃党内政治生活，严格执行“三会一课”制度、组织生活制度，召开3次专题组织生活会。强化党员教育管理，新发展党员4名，对苏木205名党员开展集中轮训，对新任职的34名嘎查“两委”成员开展任职培训。完成嘎查“两委”换届选举工作，7个嘎查选出新一届支部委员会成员22个，支部书记7名，副书记2名，委员13名；选出新一届嘎查委员会委员21名，主任7名、副主任7名、委员7名。新一届“两委”成员中交叉任职10人，占比30%；女性13人，占比39%；少数民族22人，占比67%；大专以上学历15人，占比45%。做好阵地提档升级工作，对嘎查剩余5个嘎查阵地进行提档升级，对嘎查进行粉刷、牌匾的规范化建设。

【党风廉政】强化两个责任落实，制定出台《巴音敖包苏木2018年党风廉政建设和反腐败工作任务安排》《2018年党风廉政建设主体责任清单》，召开专题研究党风廉政建设工作会议2次，听取苏木纪委专题汇报1次。加大案件查办力度，共受理旗纪委监委转办案件4件，结案1件，初核了结3件，其中开除党籍处分1人。推进“四个专项集中整治”工作，共开展“上访变下访”活动2次，深入3个嘎查，入户9户。开展“清风干部”评定工作，上报清风干部45名，标兵1名。巴音敖包苏木人大代表之家被包头市人大常委会评为“五星级人大代表之家”。